普通高等教育会计系列规划教材

国家级一流本科专业建设点
国家级一流本科课程

会计学

王艳丽 李薇 主编

东北财经大学出版社
Dongbei University of Finance & Economics Press
大连

图书在版编目（CIP）数据

会计学 / 王艳丽，李薇主编. —大连 ：东北财经大学出版社，2023.11
（普通高等教育会计系列规划教材）
ISBN 978-7-5654-4981-9

Ⅰ.会… Ⅱ.①王… ②李… Ⅲ.会计学-高等学校-教材 Ⅳ.F230

中国国家版本馆CIP数据核字（2023）第200071号

东北财经大学出版社出版
（大连市黑石礁尖山街217号 邮政编码 116025）
网 址：http：//www.dufep.cn
读者信箱：dufep@dufe.edu.cn
大连图腾彩色印刷有限公司印刷 东北财经大学出版社发行

幅面尺寸：185mm×260mm 字数：374千字 印张：16.75
2023年11月第1版 2023年11月第1次印刷

责任编辑：王 莹 周 慧 责任校对：一 心
封面设计：张智波 版式设计：原 皓

定价：42.00元

教学支持 售后服务 联系电话：（0411）84710309

如有印装质量问题，请联系营销部：（0411）84710711

前言

经济越发展，会计越重要。我国高校会计学教育顺应时代的发展发生了深刻变化，会计理论研究和改革也在不断深化。为了规范会计核算工作，提高会计信息质量，2006年财政部发布了39项企业会计准则，标志着与国际趋同的企业会计准则体系正式建立，近年来准则仍在持续修订。随着会计工作规范化和国际化程度的提高，会计学人才培养模式的创新与发展、课程体系的建设与完善、教学方法的更新与变革等问题，都被提到了高等院校会计教学改革的日程上来。教育的根本任务是立德树人，“我们的教育是为人民服务、为中国特色社会主义服务、为改革开放和社会主义现代化建设服务的，党和人民需要培养的是社会主义事业建设者和接班人”。我国高等教育要坚持将立德树人作为中心环节，实现“三全育人”。教育部印发的《高等学校课程思政建设指导纲要》中明确提出，全面推进高校课程思政建设，发挥好每门课程的育人作用，提高高校人才培养质量。

会计学是工商管理类、应用经济类相关专业的基础课程，也是其他诸多人文社科类专业的通识性课程，还是广大实务工作者的普及性课程。为此，本教材着重体现时代性、前沿性、现实性和实用性，可作为高等院校会计学、财务管理、审计学等专业以及其他经济管理类专业的会计学相关课程教材。本教材以会计信息生成与披露流程为主线，阐述会计确认、计量、记录和报告的基本原理与基本方法，主要内容包括会计概述、会计信息、会计要素、会计账户、记账方法、会计确认、会计计量、会计记录、账户记录、会计报告、会计规范等。本书具有以下鲜明特色：

1. 内容完整。在编写本书的过程中，我们不仅吸收了最新的会计理论成果和会计准则，借鉴了国内外同类教材的编写经验，而且将课程组集体讨论的课程思政成果纳入其中，突出二十大精神进教材，丰富了教材内容，将价值引领、知识传授和能力培养有机统一。

2. 体例新颖。为体现本课程基础性和应用性较强的特点，书中每章都设置了学习目标和本章小结，为学生全面、系统了解章节知识提供了现实路径。同时，每章根据教学需要设置了多种类型的课后习题，便于学生巩固所学的知识。

3. 案例生动。立足时代背景，考虑到会计人才培养的目标和要求，本书每一章的案例讨论题均融入了思政元素，期望实现润物细无声的育人效果。

本书由新疆财经大学会计学院和新疆科技学院会计学院的老师合作完成，王艳丽副教授、李薇教授任主编，负责设计全书结构、草拟写作提纲、组织编写和统稿工作。各章具体分工如下：第一章由汤琦瑾教授编写，第二、三章由王艳丽副教授编写，第四、六章由朱丽丽老师编写，第五章由迈扎尼副教授编写，第七章由李薇教授编写，第八章由王晓菁老师编写，第九章由孙文娟副教授编写，第十章由周通老师编写，第十一章由曹莉媛老师编写，第十二章由热娜古丽·卡德尔博士编写。

本书在编写过程中参考了有关书籍和资料，得到会计学国家级一流本科专业建设点、财务管理国家级一流本科专业建设点和审计学国家级一流本科专业建设点项目资助，在此表示衷心感谢！

由于作者水平有限，书中难免存在疏漏之处，敬请读者批评指正，以利修正和提高。

编　者

2023年8月

目录

第一章

总论

学习目标

1. 理解：会计的产生与发展、会计的概念与特点。

2. 熟知：会计的目标、会计对象。

3. 掌握：会计的职能、会计核算方法、会计职业道德。

课程思政

1.价值塑造

•树立正确的唯物主义历史观，敬畏会计在人类历史长河中参与安邦治国和理财致用的历史贡献。

•明确唯有诚信、客观、公正、科学、专业才是会计学科不断发展壮大的不竭源泉。

•增强受托责任意识，培育经世济民、报效祖国的情怀。

2.知识传授

•以史为鉴可以知兴替。通过对中西方会计文明的介绍，让学生理解每一种会计制度、每一种会计方法的产生都有其深刻的社会背景，受到政治、经济和技术的影响。要知其然，更要知其所以然。

•充分了解会计的职能，尤其要理解“会计治理”在个体、组织和国家层面的作用，逐渐培养学生作为“会计人”的社会责任和家国情怀。

•微观领域，随着所有权与经营权的分离，经理人受股东的委托，负有使股东资产保值增值的受托责任。

•道德品质方面，通过案例“区分会计主体与非会计主体的活动”的训练，培养学生严格区分“公与私”的界限，恪守诚信原则，约束在职消费、化公为私、侵吞公司财产的犯罪行为。

3.能力培养

•培养学生开阔的视野，具备从宏观到微观、从微观到宏观，透过现象看本质的能力。

•培养学生的自信心，建立对中国文化的认同，使学生拥有为中国的会计文明而自豪的情怀，树立传承会计文化的信心和决心。

•基于受托责任观的视角，培养学生有担当并勇于承担责任的优良品质，具备高度的受托责任感和有效解决代理问题的能力。

▸▸▸▸▸▸▸ 第一节 会计的变迁与发展

一、会计的产生与发展

经济活动中一直存在着资源稀缺和信息不对称问题，合理配置资源的基础是必须准确、完整地对物质生产的消耗与产出进行记录、比较和分析。随着社会生产发展到一定阶段，会计作为人类社会的一种经济管理活动及信息管理系统产生了，并随着商业活动的复杂化不断扩展其外延和内涵。会计的发展主要经历了古代会计、近代会计和现代会计三个时期。

（一）古代会计

古代会计从旧石器时代的中晚期至封建社会末期。在原始社会末期，随着剩余产品的出现，"结绳记事""刻木记数"等计算生产成果的会计萌芽形式产生。西周王朝建立起了至今仍为世人所称道的会计机构，设立了大宰、司会、小宰、宰夫等官职掌管国家和地方的"百物财用"，并设有司书、职币、职岁等负责账簿记录的会计人员，将"会"与"计"组合为"会计"一词也始于此。清代焦循在《孟子正义》中总结西周会计概念，指出"零星算之为计，总合算之为会"。《周礼·天官》中指出："会计，以参互考日成，以月要考月成，以岁会考岁成。""日成"为十日成事的文书，相当于旬报；"月要"为一月成事的文书，相当于月报；"岁会"为一年成事的文书，相当于年报。

随后，"龙门账""天地合账"等集合了古人的智慧，为中式簿记的发展做出了重要贡献。唐宋时期，产生了《元和国计簿》《太和国计簿》《会计录》等代表性的会计著作，记账规则开始有了比较一致的做法，会计账簿和会计报表的设置也日益完备，由流水账（日记账）和誊清账（总清账）组成的账簿体系已初步形成。尤其是"四柱清册"的发明和运用，是会计工作者对学术的一项重大贡献。四柱之间的平衡关系成为"期初结存+本期收入-本期支出=期末结存"会计公式的理论渊源。明代的"三角账"也称跛脚账，是中国在单式簿记基础上产生的一种不完全的复式记账。明末清初，出现了以四柱账为基础的中国最早的复式记账法"龙门账"。龙门账把全部账目划分为"进""缴""存""该"四大类，设"总清账"分别进行记录。每到年终结账时，以"进""缴"两类账目的记录编制"进缴表"（即利润表），计算差额，求得盈亏；以"存""该"两类账目的记录编制"存该表"（即资产负债表），计算差额，求得盈亏；两方面计算得出的盈亏数额应该相等，在一定程度上起到系统、全面和综合的反映作用。由于进、缴和存、该账册的余额相互比照以验证账务处理是否正确的做法与古代修筑堤坝、兴建桥梁所使用的由两端为起点向中间施工，最后在中间交接的"合龙"方法相仿，"龙门账"由此得名。清代又产生了"天地合账"，对日常发生的全部账项，包括现金收付、商品购销和内外往来等，都用两笔账即"来账"和"去账"来同时反映经济事项的来龙去脉。账簿采用垂直书写方式，分为上下两格，上格记收，称为"天方"，下格记付，称为"地方"，上下两格所记数额必须相等，即所谓“天地合”。

古代会计既是会计的开创阶段，也是会计取得长足进步的阶段。尽管当时的会计技术和方法等显得非常简单，但已经初显我国历史上不同时期传统中式簿记的特点了。尽管人们在这一时期已经有了会计实践，并产生了一定的会计思想，但还没有形成比较系统的会计理论。

（二）近代会计

近代会计指15世纪至20世纪30年代的会计。近代会计的显著标志是复式簿记（也称复式记账法）的创建与传播。1494年，被后人誉为“近代会计之父”的意大利数学家卢卡·帕乔利从理论和实务两个方面总结了已经在民间流行200余年的借贷记账法，并写入其专著《算术、几何、比及比例概要》。较之古代会计的单式簿记，复式簿记是记账方法的重大变革。在复式簿记中，对某一交易或事项至少应从两个不同的方面，运用两个或两个以上的账户加以记录，对交易或事项的内容反映得更加全面完整，是一种优于单式簿记的科学记账方法。从15世纪末到18世纪，随着商业在欧洲其他城市的发展，意大利借贷记账法不断地得以传播并继续完善，成为各国普遍使用、最为先进的复式记账法。1854年世界上第一个会计职业团体——爱丁堡特许会计师协会成立，会计的作用得到了社会的认可。由于英国在审计、复式簿记原理及早期的成本会计理论方面的贡献，它成为了世界会计发展的中心。

我国的会计尽管产生较早，但由于在封建社会发展缓慢，逐渐拉大了与世界先进水平的距离。从19世纪中叶起，我国逐渐沦为半殖民地半封建国家，与这种经济状况相适应，会计上出现了“中式会计”和“西式会计”并存的情况。在由外国人把持的海关、铁路和邮政等部门采用西式会计，宫廷和民间则采用传统的中式会计。而我国使用复式记账法是从1905年开始的。当时，中国第一位注册会计师谢霖从日本引进并运用复式记账原理设计了大清银行的一整套会计制度。当时，北洋政府及国民政府力求仿效西方，在财计组织方面，北洋政府首次采用了“财政部”这一名称，它成为会计的主管部门；在会计法制方面，制定了中国历史上第一部《会计法》和《审计法》，这是中国会计法治化的开始；在会计方法方面，统一了会计科目、会计凭证、会计账簿与会计报表的名称和格式以及登记和编制方法，这是中国会计规范化的标志。著名会计学家谢霖、徐永祚、潘序伦等是这一时期的杰出代表。

复式簿记的诞生不仅是会计记账方法上的历史性变革，而且是会计理论体系建立的起源。卢卡·帕乔利在其著作中，提出了会计中心论、会计主体和会计分期、会计的目的和会计要素等观点，是早期会计理论研究的重要成果，为后人进行会计理论的深入探讨和会计理论体系的构建提供了初步框架。

（三）现代会计

现代会计从20世纪30年代开始至今，这一阶段是会计的跨越式发展时期。现代会计的主要标志是会计目标的重大变化、管理会计形成并与财务会计分离、电子计算机等在会计上的应用、财务会计理论的形成、会计准则的国际趋同以及智能会计的出现等。

1.会计目标的重大变化

20世纪30年代，股份公司这一新的企业组织形式涌现，资产所有权与经营权发生分离对会计提出了新的要求。企业外部的投资者、债权人等需要了解受托责任的履行情况、公司的偿债能力等信息，股份公司的会计目标转变为主要服务于会计信息使用者。为保护外部股东及债权人的利益，出现了以查账为职业的注册会计师或特许公认会计师。随着证券市场的发展，委托与受托关系进一步复杂化，会计除实现上述目标外，还要为潜在的投资者、债权人及其他利益相关者提供各种不同的信息。1939年APC发布了1号“会计研究”公报，标志着世界上第一份会计准则文件的产生，系统的财务会计概念体系逐渐建立。

2.管理会计与财务会计的分离

1911年，泰勒出版了《科学管理原理》一书，随着泰勒制管理在企业推行，如何利用会计提供的信息分析企业经营活动现状、预测经营活动前景、为经营决策服务等成为会计研究的重要课题。随着标准成本和预算控制等方法的产生，以成本管理为中心内容的管理会计逐渐形成。1952年的世界会计学会上“管理会计”这一术语获得正式通过，企业会计也形成了财务会计与管理会计并驾齐驱的格局。20世纪50年代后，行为科学、系统理论和决策理论等现代科学管理理论出现并在企业管理中成功应用，使得管理会计的重点转向了事前的预测和决策。进入20世纪70年代后，战略管理理论的长足发展使得管理会计转向了以价值链分析、战略成本管理、战略性绩效评价等为核心的战略管理会计。管理会计的形成和发展，扩充了会计的传统职能，标志着现代会计科学进入了一个充满活力的崭新阶段。

3.电子计算机等在会计上的应用

1946年在美国诞生了第一台电子计算机，1953年便在会计中得到初步应用，现代电子技术与会计融合产生了“会计电算化”。20世纪70年代，电子计算机软件数据库的应用，以及电子计算机的全面管理系统的建立，不仅极大地提高了会计工作的效率和质量，也把会计人员从繁重的手工簿记中解放出来。

4.财务会计理论的形成与会计准则的国际趋同

在近代会计理论框架的基础上，财务会计逐渐形成了以会计目标为核心，包括会计定义、会计对象、会计假设、会计要素、会计基础、会计确认、会计计量、会计报告和会计信息质量要求等概念在内的完整而系统的理论体系，并以此为指导建立了完整、系统的会计规范。

中华人民共和国成立后，我国经济体制改革大致经历了高度集中的计划经济体制时期、计划经济体制向市场经济体制过渡时期以及建立社会主义市场经济体制时期三个阶段。为适应每个时期的经济发展，会计也逐步得到了改革、发展和全面振兴，并建立了具有中国特色的社会主义会计体系。在国家有关部门的领导下，先后制定了有关会计核算和管理方面的会计制度，我国逐步建立起了社会主义会计体系。1985年新中国第一部《中华人民共和国会计法》的颁布，标志着我国会计工作进入了法治化新时期。1992年《企业会计准则》和《企业财务通则》的颁布，是我国会计工作与国际接轨的一个重大举措，标志着我国会计正逐步走向国际化。1994年实施的《中华人民共和国注册会计师法》促进和推动了会计师事务所健康、顺利地发展。2000年《企业财务会计报告条例》的颁布进一步规范了企业财务会计报告，保证财务会计报告的真实、完整。2001年《企业会计制度》颁布实施，进一步加快了会计的国际化进程。2006年《企业会计准则》的颁布，真正做到了与国际会计惯例接轨。2016年《管理会计基本指引》的颁布，促进了单位加强管理会计工作，提升内部管理水平。2017年修正的《会计法》是一部与新经济环境相适应的新会计法。随着世界市场经济一体化进程加快，会计准则在越来越多的国家和地区实现了与国际准则的实质性趋同，作为“世界商业语言”的会计也在与时俱进不断发展。

5.智能会计的出现

随着5G时代的来临，金融科技的广泛应用，以及围绕区块链形成的“数字货币”“支付清算”等新兴领域的迅猛发展，作为企业经营管理的重要工具，信息技术正在赋能财务工作的转型升级，并已经渗透到会计工作的方方面面。2016年3月，全球四大会计师事务所之一的德勤宣布与Kira Systems联手，将人工智能引入会计、税务、审计等工作当中。一年两个月后，德勤宣布其“财务机器人”问世。普华永道也开始为国内企业实施智能会计计划，安永、毕马威同样也引进了人工智能技术进行财务机器人的运用操作。作为首家试用机器人流程自动化的央企，中化国际（控股）股份有限公司财务共享中心选择了普华永道机器人来帮助提升税务和财务工作效率。在“大智移云物链”理论背景下，智能会计所包含的内容不断更新，逐渐在企业中发挥着更重要的作用。如今已开始在大中型企业广泛实施的机器人流程自动化（RPA）技术、数据中台和业务中台技术等，不仅实现了会计工作从周期记账到实时核算、从大量人工操作到智能自动化的转变，而且使得会计从单一的财务核算转变为全面的经营分析、从内部管理到产业链协同、从事后分析到事前预测。会计工作渗透到企业的生产经营全过程。

二、会计发展的动因

会计的目标、理论、职能等的不断变化既是会计自身生存和发展的需要，也是会计所处的环境决定的。具体而言，会计环境可以分为内部环境和外部环境。内部环境也称微观会计环境，是指会计系统内部各组成部分的客观状况，如会计管理模式、会计人员素质、会计人员的价值观、会计工作方法与手段、会计发展状况等。外部环境也称宏观会计环境，包括政治环境、经济环境、法律环境、科技环境、文化环境和教育环境等。诸多因素共同作用促进了会计的发展。例如，政治环境的改善能够为会计发展提供宽松的氛围；财经教育事业的发展能够为会计队伍提供源源不断的人才资源支持；科技的发展能够为会计发展提供新技术，促进会计手段的变革等。这些都充分体现了政治环境、教育环境和科技环境等的变化对会计发展的强有力的推动作用。特别值得注意的是，“经济越发展，会计越重要”，经济环境的变化对会计的发展具有巨大的推动作用，是会计发展的根本动因。

在中华人民共和国成立之初，中国的经济发展模式主要是模仿苏联，但我国会计学者和专家不断努力冲破苏联会计模式和思想的束缚，探索属于新中国自己的会计思想和会计模式。无论是统一会计记账方法与会计制度，明确会计的社会科学属性，还是强化会计管理工具职能的重要地位与探讨会计的对象和本质，都为会计学的创新发展提供了前所未有的历史大舞台。1978年后，我国走上了以“改革”为主旋律的新道路，会计发展格局也由政治需求为导向转变成为经济建设服务。1979年12月26日，中国会计学会成立与召开，第一次提出了“会计管理”的概念，将我国会计学术发展推向了新的高潮。20世纪80年代初期，杨纪琬教授和阎达五教授提出了“管理活动论”。1992年颁布的《企业会计准则》标志着借贷记账思想重新占据主导地位。上海证券交易所和深圳证券交易所的成立，使得会计领域兴起了对资本市场的研究，并逐步拓展到审计、公司治理以及企业绩效等领域。计算机的发展使原本手工计算难以完成的成为可能，现代互联网技术的发展使信息传输可以瞬息之间完成，对于企业获取信息也就更加方便快捷。新时代商业模式创新层出不穷，推动着会计的分类、确认、计量、报告发生着重大的变化。当今世界，经济发展已经打破了某一家企业、某一个国家和某一个地区等的界限，全球一体化的经济格局已经形成，这决定了一家企业、一个国家或一个地区必须将自身的发展融入世界经济的发展，并自觉遵循国际会计规范的要求。我国目前已逐步实现了与国际准则的全面趋同。管理会计应用指引的颁布实施，标志着我国企业的会计工作踏上了一个新的台阶。2020年11月，《新文科建设宣言》吹响本科教育高质量发展的号角，传统的人文学科迎来信息技术的赋能加码，开始朝着交叉融合、转型升级的方向飞速发展。

▸▸▸▸▸▸▸ 第二节　会计的含义与规范

一、会计的定义

随着经济环境的变化，会计从最初的简单刻画到有章法的记录，由官厅会计发展为民间会计，由单式簿记发展到复式簿记，形成了一套完整的逻辑、程序和方法体系。目前关于会计的定义在我国主要有两种有代表性的观点。

（一）管理活动论

持这种观点的人认为会计是一项管理活动。典型的代表有："会计这一社会现象属于管理范畴，是人的一种管理活动。会计的功能总是通过会计工作者从事的多种形式管理活动实现的。"[①]该观点充分肯定了会计管理活动中的人的因素，即会计人员的主观能动性。作为人们管理生产过程的一种社会活动，会计的基本职能是核算和监督。随着社会经济发展，会计核算不再是单纯的记录，而是形成了以提高企业经济效益为目的的会计核算和控制系统。会计的确认、计量、记录、报告、分析、监督等只是手段，不是会计作为一种管理活动的目的。该观点对于提高会计工作的地位，促进会计职业的发展起到了积极作用。

（二）信息系统论

持这种观点的人认为会计是一个经济信息系统。该观点主要从会计是一个为信息使用者提供决策支持的信息系统来阐述的。美国会计学会1966年发表的《基本会计理论》指出："从本质上讲，会计是一个信息系统，确切地说，它是一般信息论在经济运行效率方面的具体应用。"国内持该观点的主要有余绪缨、葛家澍等教授。这种观点将会计视为一个经济组织中整个经营管理系统的组成部分，并且强调会计的目标是向预定的会计信息使用者提供其进行经济决策所需的信息。该观点开阔了人们的视野，使会计人员认识到会计

① 杨纪琬，阎达五. 论会计管理［J］. 经济理论与经济管理，1982（8）.

信息对经济决策具有重要的作用。

综合管理活动论和信息系统论，我们认为，会计是以货币为主要计量单位，对经济活动进行连续、系统、综合的核算和监督，并通过该经济信息系统为外部的利益相关者决策、为内部强化管理和提高经济效益服务。

二、会计的特征

（一）会计是以价值形式为主的管理活动

尽管会计可以使用实物量度、劳动量度等非货币量度，但主要采用货币量度。以货币作为综合计量尺度，不仅可以综合地、系统地核算和监督单位的财务状况和经营成果，还可以通过会计数据的加工和处理，为单位的经营决策提供依据，合理配置和有效利用资源，确保资本保值增值。

（二）会计对单位发生的交易或事项进行连续、全面的记录

会计对单位在其经济活动中发生的需要进行会计处理的事项必须取得或填制合法的凭证，并按业务发生的时间顺序以合法的原始凭证为核算依据逐笔、逐日记录，保证会计记录和会计信息的真实性和全面性。

（三）会计是运用一系列专门方法的计量技术

单位在进行会计核算时，要按照国家对会计核算制定的一系列的法律、法规和制度进行，形成完整的核算经济活动过程和经营成果的方法体系。在服务决策时，由于经济活动的复杂性和不确定性，也需要大量应用概率论、线性规划等现代数学方法和计算机技术。

（四）会计是一个信息系统

会计通过对经济活动过程中占有的财产物资和发生的劳动耗费的原始数据进行收集、加工、存储、输送和利用，对企业经济活动进行有效的控制；通过计量、分类和汇总，将多种多样的数据浓缩为比较集中的、相互关联的指标体系，供各方面的利益相关者使用。因此，会计是一个信息系统，是企业管理系统的一个重要组成部分。

三、会计学与会计学的分支

会计学属于经济管理中的一门应用型学科，是研究和探索会计产生、发展规律的一门经济管理科学，随着人工智能、大数据、云计算、区块链、物联网等技术的不断成熟而不断发展和不断丰富。一般认为，会计学有财务会计和管理会计两个分支。

财务会计反映的是已经发生或者已经完成的经济活动和事项，在会计准则和会计制度的约束下，主要提供财务状况、经营成果、现金流量和所有者权益变动等历史信息的知识体系。由于其主要为投资者、债权人等外部利益相关者服务，所以也被认为是面向对外报告的报账型会计。

管理会计侧重对未来的预测、决策和规划，对现在的控制、考核和评价，主要提供成本、预算、绩效等信息的知识体系。由于其主要为企业内部各级管理人员服务，所以也被

认为是面向企业内部报告的经营管理型会计。

四、会计规范

我国的会计规范体系可以分为会计法律、会计行政法规和会计行政规章三个层次。

（一）会计法律

会计法律在会计规范体系中居于最高层次。《中华人民共和国会计法》（以下简称《会计法》）由全国人大常委会制定和颁布，是会计工作的根本大法，是调整我国经济活动中会计关系的法律总规范，是会计法律、法规体系的最高层次，也是制定其他会计法规的依据。

中华人民共和国成立以后的第一部《会计法》是于1985年1月21日由第六届全国人民代表大会常务委员会第九次会议通过，并于1985年5月1日开始实施的。随着我国经济体制改革的不断深化，为适应社会主义市场经济发展的需要，人大常委会分别于1993年12月、1999年10月和2017年11月对《会计法》进行了修订。

《会计法》规定了会计工作的基本目的、会计管理权限、会计责任主体、会计核算和会计监督的基本要求、会计人员和会计机构的职责权限，并对会计法律责任作了详细规定。《会计法》的颁布执行，对加强会计工作、保障会计人员行使职权、发挥会计工作维护国家财经制度、加强经济管理、提高经济效益有着十分重要的作用。

除了《会计法》外，《中华人民共和国注册会计师法》《中华人民共和国预算法》《中华人民共和国审计法》《中华人民共和国公司法》等对我国的会计工作也有直接的指导意义。

（二）会计行政法规

由国务院以及国务院有关部门制定的各种会计行政法规是会计规范体系的第二个层次。会计行政法规是对会计法律的补充和具体化，属于这类法规的有《总会计师条例》和《企业财务会计报告条例》等。

为了确定总会计师的职权和地位，发挥总会计师在加强经济管理、提高经济效益中的作用，国务院于1990年12月31日发布《总会计师条例》，从发布日开始实施。

为了规范企业财务会计报告制度，保证财务会计报告的真实、完整，根据《会计法》的基本要求，2000年6月21日，国务院以第287号令的形式，发布了《企业财务会计报告条例》，并于2001年1月1日起实施。《企业财务会计报告条例》对1992年发布的《企业会计准则——基本准则》中的资产、负债、所有者权益、收入、费用和利润六大会计要素的定义重新加以界定，为修改和完善我国会计核算制度、深化会计制度的改革提供了法律保障，同时也标志着我国会计制度向更成熟的方向发展。

（三）会计行政规章

会计行政规章是指国家主管财政工作的行政部门——财政部及其他部委制定的会计方面的规范，主要包括会计准则和会计制度。

1.会计准则与会计准则体系

会计准则与会计准则体系包括企业和非企业两类。

（1）企业会计准则的制定与企业会计准则体系

根据《中华人民共和国会计法》的规定，中国企业会计准则由财政部制定。

2006年2月15日，财政部在多年会计改革经验积累的基础上，顺应我国社会主义市场经济发展和经济全球化的需要，发布了企业会计准则体系。这套企业会计准则体系包括《企业会计准则——基本准则》（以下简称基本准则）和具体准则及有关应用指南，实现了与国际财务报告准则的趋同。企业会计准则体系自2007年1月1日起首先在上市公司范围内施行并鼓励其他企业执行。

中国现行企业会计准则体系由基本准则、具体准则、应用指南和解释组成。

①基本准则。我国基本准则主要规范了财务报告目标，会计基本假设，会计基础，会计信息质量要求，会计要素分类及其确认、计量原则和财务报告六方面内容。基本准则在企业会计准则体系中统驭具体准则的制定，以及为会计实务中出现的、具体准则尚未规范的新问题提供会计处理依据。

②具体准则。具体准则是在基本准则的指导下，对企业各项资产、负债、所有者权益、收入、费用、利润及相关交易事项的确认、计量和报告进行规范的会计准则。

③应用指南。应用指南是对具体准则相关条款的细化和有关重点难点问题提供的操作性指南，以利于会计准则的贯彻落实和指导实务操作。

④解释。解释是对具体准则实施过程中出现的问题、具体准则条款规定不清楚或者尚未规定的问题做出的补充说明。

2011年10月18日，财政部发布了《小企业会计准则》。《小企业会计准则》规范了适用于小企业的资产、负债、所有者权益、收入、费用、利润及利润分配、外币业务、财务报表等会计处理及其报表列报等问题。《小企业会计准则》适用于在中华人民共和国境内依法设立的、符合《中小企业划型标准规定》所规定的小型企业标准的企业，但股票或债券在市场上公开交易的小企业、金融机构或其他具有金融性质的小企业、属于企业集团内的母公司和子公司的小企业除外，自2013年1月1日起在所有适用的小企业范围内施行。《小企业会计准则》的发布与实施，标志着我国涵盖所有企业的会计准则体系的建成。

（2）非企业会计准则的制定与非企业会计准则体系

1997年5月28日，财政部印发《事业单位会计准则（试行）》。2012年12月6日，财政部修订发布了《事业单位会计准则》，该《准则》分总则、会计信息质量要求、资产、负债、净资产、收入、支出或者费用、财务会计报告、附则9章49条，自2013年1月1日起在各级各类事业单位施行。该准则对我国事业单位的会计工作予以规范。

2015年10月23日，财政部发布了《政府会计准则——基本准则》，该《准则》分总则、政府会计信息质量要求、政府预算会计要素、政府财务会计要素、政府决算报告和财务报告、附则6章62条，自2017年1月1日起，在各级政府、各部门、各单位施行。我国政府会计准则体系由政府会计准则基本准则、具体准则和应用指南三部分组成。

2.会计制度

会计制度包括企业会计制度和非企业会计制度。

（1）企业会计制度

企业会计制度是企事业单位进行会计工作应遵循的规则、方法和程序的总称。1992年，根据基本准则制定了14个行业会计制度。随后我国的企业会计制度改革打破行业、所有制的界限，并根据企业规模和性质，将全部企业会计制度分为《企业会计制度》、《金融企业会计制度》和《小企业会计制度》。2000年12月，财政部颁布了《企业会计制度》，统一了除金融企业和小企业以外的所有企业的会计核算，同时废除了《股份有限公司会计制度》等多个行业的会计制度。2001年11月，财政部又颁布了《金融企业会计制度》。2004年4月，财政部颁布了《小企业会计制度》。2011年10月18日，财政部制定了《小企业会计准则》，从2013年1月1日起在小企业范围内施行，原来的《小企业会计制度》同时废止。至此，我国已经建立了较为完善的会计规范体系。

（2）非企业会计制度

非企业会计制度是指除企业以外的其他单位适用的会计制度。就政府会计而言，我国现行政府会计核算标准体系基本上形成于1998年前后，主要涵盖财政总预算会计、行政单位会计与事业单位会计，包括1997年6月颁布的《财政总预算会计制度》、1998年2月颁布的《行政单位会计制度》、1997年7月颁布的《事业单位会计制度》，以及医院、基层医疗卫生机构、高等学校、中小学校、科学事业单位、彩票机构等行政事业单位会计制度和国有建设单位会计制度等不同行业13种具体的会计核算制度，不仅采用的会计制度不统一，而且不同类别的单位采用的会计制度也大不相同。由于核算口径不统一、缺乏可比性，2017年10月24日，财政部印发了《政府会计制度——行政事业单位会计科目和报表》(财会〔2017〕25号)，自2019年1月1日起施行。新的制度对行政事业单位的会计核算制度进行了统一，无论是从可比性上，还是对运营情况的反映上，都更加规范。

此外，为了规范民间非营利组织的会计核算，保证会计信息的真实、完整，2005年1月颁布了《民间非营利组织会计制度》等。

值得一提的是，为促进企业和行政事业单位加强管理会计工作，提升内部管理水平，促进经济转型升级，2016年6月22日，财政部印发了《管理会计基本指引》，首次以官方发布基本指引的形式确立了管理会计在中国会计体系中的地位。但其只有指导意义而没有强制性。2017年9月29日，财政部印发了22项管理会计应用指引，总结提炼了在企业普遍应用且较为成熟的部分管理会计工具，以指导单位管理会计实践。目前，管理会计指引体系包括基本指引、应用指引和案例库三方面。

▸▸▸▸▸▸▸ 第三节　会计的目标、职能与对象

一、会计信息使用者

会计作为一种商业语言，通过传递相关信息为利益相关者更好地做出决策服务。会计信息系统可以为包括投资人、债权人、政府部门、社会公众、企业管理层、企业员工等众多信息使用者服务。

（一）投资人

投资人也称企业的股东或所有者，通过参与分红的方式与企业发生经济关系。随着我

国企业改革持续深入、产权日益多元化、资本市场快速发展，机构投资者及其他投资者队伍日益壮大，成为了企业财务报告的首要使用者。投资者最关心其投资的风险和报酬，这就需要会计信息来帮助其做出决策。

（二）债权人

债权人通过签订合约，向企业提供资金，以收取利息和收回本金的方式与企业发生经济关系。企业在经营过程中常会发生举债行为，作为债权人的银行、供应商等十分关注企业的偿债能力和风险。他们需要会计信息评估企业能否如期支付贷款本金及利息、能否如期支付所欠购货款等。此外，潜在的债权人也会根据企业对外提供的会计信息和其他信息做出是否向企业提供贷款的决策。

（三）政府部门

政府为企业提供基础设施及各种行政事业服务，政府通过征税和收取各种行政事业费的方式与企业发生经济关系。政府及其有关部门作为经济管理和经济监督部门，出于关心经济资源分配的公平、合理，市场经济秩序的公正、有序，宏观决策所依据信息的真实、可靠等目的，需要信息来监管企业的经济活动、制定政策和国民经济统计等。通常要求企业按照会计准则提供财务报告，以便通过财务报告对企业实施监管，保护投资者和社会公众利益。

（四）企业管理层

管理层是企业战略的执行者，可以是企业的股东或者职业经理人。企业通过聘任职业经理人管理企业的经营活动，职业经理人从企业领取薪酬，对股东负有受托责任。企业管理层、各职能部门和各级管理人员需要通过会计信息全面了解企业的经营情况，也需要运用会计信息，对日常的经营活动进行控制，进行各种经营决策，需要了解企业经营绩效和管理缺失，实现资源合理配置和效益最大化。

（五）企业员工

员工是与企业签订劳动合同，获取一定报酬的劳动者，是企业价值的创造者。企业员工最关心的是企业为其所提供的劳动报酬高低，职工福利好坏，企业财务状况是否足以提供长久、稳定的就业机会等方面的情况。他们所要求提供的是有关企业财务结构和获利能力等方面的信息。利用会计信息可帮助企业员工分析企业的财务状况和经营能力，以便其做出择业决策。

（六）其他

其他使用者是指依赖企业会计信息进行决策或者关心企业状况的其他群体，如供应商、销售商、客户、外部独立审计单位、社会公众、媒体等，他们也会关注企业的会计信息，以便决定是否提供商业信用、是否更换供应商等。此外，社会公众的态度也会影响到企业的发展，企业需要为公众做出相关和真实的环境信息披露。

这些使用者可以分为外部信息使用者和内部信息使用者两类。会计信息的外部使用者，包括投资人、债权人、政府部门等，他们不直接参与企业经营。由于获取企业信息的渠道有限，他们要依赖具有可靠性、相关性和可比性的信息来进行决策。会计信息的内部使用者，是指那些直接参与企业经营管理的人。他们使用会计信息来改善企业的经营效率和效果。

二、会计目标

作为会计理论研究的起点，会计目标是会计工作应该达到的要求和目的。会计作为经济管理活动的重要组成部分，会计的目标和经济管理活动的目标应保持一致。以下分别就会计的两个主要分支分析其目标。

（一）财务会计目标

就财务会计而言，会计目标一般是指企业财务报告的目标。我国《企业会计准则——基本准则》明确财务报告的目标是“向财务会计报告使用者提供与企业财务状况、经营成果和现金流量等有关的会计信息，反映企业管理层受托责任履行情况，有助于财务会计报告使用者做出经济决策”。该目标一方面反映了企业的受托责任，另一方面满足财务报告信息使用者的决策需要，并将受托责任观排列在先、决策有用观排列在后。该目标主要解决以下三个问题：

第一，向谁提供信息。会计信息的受众主要包括投资者、债权人、国家宏观管理部门、企业管理层、会计师事务所以及相关利益集团。

第二，提供什么信息。向投资者提供企业的盈利能力和未来的现金净流量信息；向债权人提供企业的偿债能力信息；向国家宏观管理部门提供所需的有关信息；向管理层提供企业的全面信息。

第三，如何提供信息。财务会计为提供相关信息，要通过确认、计量、记录和报告四个基本程序，以及设置账户、复式记账、填制凭证、登记账簿、成本计算、财产清查和编制会计报表等基本的会计核算方法，最终通过对外报表和对内报表向相关信息使用者提供信息。

（二）管理会计目标

管理会计以企业为主体开展管理活动，为企业管理者的管理目标服务，因此，其目标是实现价值最大化，具体包括两个分目标。

1.为管理和决策提供信息

管理会计为企业内部各级管理人员一方面提供与预算管理、过程控制、报告和考核有关的各类历史信息和未来信息，便于各级管理人员加强生产经营管理；另一方面提供与股东、债权人等利益相关者的决策有关的信息，帮助管理者决定投资、借贷等行为。

2.参与企业经营管理

管理会计参与制定企业战略、进行经营预测、决策，通过业财融合组织和协调企业的各项经营管理。

三、会计的职能

会计的职能是指会计在经济管理中所具有的功能或者能够发挥的作用。会计在任何社会都具有对生产过程进行核算和监督的职能，这是会计的基本职能。随着会计的发展，又产生了参与经济决策的职能，包括预测、决策、预算、评价等职能。

（一）核算职能

会计的核算职能是指会计以货币为主要计量单位，通过确认、计量、记录和报告等环节，对特定对象的经济活动进行记账、算账、报账，核算资金运动的过程和结果，为利益相关者提供会计信息的功能。会计的核算职能是会计的首要职能。会计的核算职能具有以下特征：

（1）以货币为主要计量尺度

由于经济活动的复杂性，人们只有以货币为主要度量单位，将经济活动以货币量化表示，并将其按一定的程序进行加工处理生成会计数据，才能反映经济活动的过程及结果。

（2）严格遵循会计规范，对过去已经发生的经济业务综合反映

会计核算必须以审核无误的会计凭证为依据，才能保证会计所提供信息的真实、可靠。会计核算对已经发生的经济活动进行事后的记录、核算、分析，加工处理后反映经济业务的现实状况及历史状况。

（3）会计核算具有完整性、连续性、系统性

为全面提供管理所需要的会计信息，会计核算的完整性要求对所有的会计对象进行确认、计量、记录、报告；会计核算的连续性要求对会计对象的确认、计量、记录、报告要连续进行；会计核算的系统性要求对会计对象进行科学分类、系统加工、整理和汇总。

（二）监督职能

会计的监督职能是指会计按照一定的目的和要求，利用会计信息系统所提供的信息，对会计主体的经济活动进行控制、监察和督促，使之达到预期的目标。会计监督通过单位内部监督、国家会计监督和社会会计监督组成的三位一体的会计监督体系进行。会计的监督职能与会计的核算职能相辅相成。会计的监督职能具有以下特征。

（1）具有强制性和严肃性

《会计法》不仅赋予会计人员实行监督的权力，而且规定了被检查单位必须如实提供会计凭证、会计账簿、财务会计报告、其他会计资料及有关情况，如有拒绝、隐匿、谎报等情况，则属违法行为，应当承担法律责任。因此，会计监督以国家的财经法规和财经纪律为准绳，具有强制性和严肃性。

（2）是对单位经济活动的全过程监督

会计监督包括事前监督、事中监督、事后监督。在经济活动开始前，需要审查未来的经济活动是否符合有关法律、法规和政策的规定；对正在发生的经济活动，要对取得的核算资料进行审查，并对发生的偏差及失误及时纠正；对已经发生的经济活动，要进行相应核算资料的审查和分析。

（3）主要通过价值指标进行

会计核算利用货币计量形成的价值指标综合地反映经济活动的过程及结果，会计监督也主要依据这些价值指标。为了便于监督，有时还需要事先制定一些可供检查、分析的价值指标，用来监督和控制有关经济活动，以避免出现大的偏差，有效地控制各个单位的经济活动。

（三）会计核算职能与监督职能的关系

《会计法》关于会计基本职能的规定如下："会计机构、会计人员依照本法规定进行会计核算、实行会计监督。"会计核算与会计监督两项基本职能相辅相成、辩证统一。会计核算是会计监督的基础，没有会计核算提供的各种信息，会计监督就失去了依据；而会计监督又是会计核算质量的保证，没有监督职能进行控制，提供有力的保证，就不可能提供真实可靠的会计信息，也就不能发挥会计管理的能动作用，会计核算也就失去了存在的意义。因此，会计的核算职能和监督职能是紧密结合、密不可分的。

（四）会计的派生职能

随着会计的发展，会计的功能也在不断强化，从会计的基本职能中逐渐派生出来预测、决策、预算、评价等职能。预测职能主要是预测企业未来的收入变化、成本变化以及未来经营活动的资金需要量，以服务于企业的经营计划、利润规划、资金的安排以及业绩目标的制定等。决策职能包括对产品日常生产经营的管理以及从若干备选方案中通过分析、评价和选择，最终确定最优方案的长期投资决策。预算职能是以单位的经营目标和经营计划为指引，沿着业务流程和组织体系，对未来一定时期制定的资源获取与使用规划。评价职能是利用财务报告等提供的信息，对单位一定经营期间的资产运营、经济效益、经济效果等，对照相应的评价标准，进行定量及定性对比分析，做出真实、客观、公正的综合评判。

四、会计对象

会计对象是指企业财务会计所应核算和监督的基本内容。

（一）会计对象的基本内容

会计的对象随着会计的发展而变化。会计产生以后，在相当长时间内核算和监督的主要内容是财产物资的收支和结存，主要用实物形式来表现。随着商品经济的发展，会计核算的内容从核算和监督财产物资的收支和结存，发展为系统、连续地核算和监督财产物资的取得、使用、耗费和补偿，主要用货币形式来反映。对于持续经营的企业来说，资金总是处在不断的运动和变化之中。在会计上，一般把交易或事项发生以后所引起的资金的增减变动称为资金运动。一般认为，会计对象的基本内容是社会再生产过程中的资金运动，在企业中则具体是指企业所拥有和控制的经营资金的运动。

（二）会计对象的具体内容

会计对象的具体内容是指在将资金运动做进一步划分后所形成的内容，是资金运动的具体表现形式。由于各类单位的经营活动内容不尽相同，资金在运动过程中所呈现的具体形式也存在较大差别。

（1）营利组织的会计对象

营利组织生产经营活动的基本目的是创造更多的价值。所以，营利组织会计对象的具体内容可概括为资产、负债、所有者权益、收入、费用和利润六类，这六个方面即为营利组织的资金运动所呈现的具体形式。在会计上，这些内容也被称为企业会计要素。

（2）非营利组织的会计对象

非营利组织主要包括政府机构、事业单位和社会团体等。其业务活动内容主要是负责社会事务或某些社会事业方面的管理。其所需资金一般来自财政预算拨款或借款，开展业务活动也不是为了营利。因而，其会计对象的具体内容可概括为以下五类：资产、负债、净资产、收入和支出。

五、会计的作用

会计是现代企业的一项重要的基础性工作，通过一系列会计程序，提供决策有用的信息，并积极参与经营管理决策，提高企业经济效益，服务于市场经济的健康有序发展。具体来说，会计在社会主义市场经济中的作用，主要包括以下几个方面。

（一）有助于国家进行宏观管理，保证经济健康运行

国家有关部门通过汇总和分析企业上报的财务报告，可以规范企业的行为和提高企业的透明度，可以及时了解各地区、各行业的经济发展状况，也有助于国家及时了解企业的税负情况和税收的执行情况等，以便及时进行政策调整和资源优化配置，促进企业发展，保证国民经济的健康运行。

（二）参与经营管理，促进企业可持续发展

企业经营管理水平的高低直接影响着企业的经济效益、经营成果、竞争能力和发展前景，在一定程度上决定着企业的前途和命运。企业会计可以全面、系统地分析企业生产经营活动情况、财务状况和经营成果，并在此基础上预测和分析未来发展前景；可以通过预算的分解和落实，建立起内部经济责任制；可以通过发现过去经营活动中存在的问题，找出存在的差距及原因，并提出改进措施，通过提供决策有用的信息，在提高企业经济效益的同时实现可持续增长。

（三）考核企业管理层经济责任的履行情况

企业有责任按照其预定的发展目标和要求，合理利用资源，加强经营管理，提高经济效益，接受考核和评价。会计信息有助于评价企业的业绩，有助于考核企业管理层经济责任的履行情况。

▸▸▸▸▸▸▸ 第四节　会计方法与会计循环

一、会计方法体系

会计方法是指用何种手段去实现会计目标，完成会计职能。会计方法具体包括会计核算方法、会计分析方法及会计检查方法。会计核算方法是会计要对已经发生或完成的经济活动进行确认、计量、记录、分类、汇总、加工处理，使其成为有效的会计信息，是会计

方法体系的基础。会计分析方法是会计要依照会计核算提供的各项资料及经济业务发生的过程，运用一定的分析方法，对企业的经营过程及经营成果进行定性或定量分析，是会计核算方法的继续和发展。会计检查方法是指利用会计核算资料，主要是会计凭证，检查经济活动的合理性和合法性，以及会计记录的完整性和正确性的方法，是会计核算方法和会计分析方法的保证。

本书主要介绍会计核算方法。

二、会计核算方法

会计核算方法，是指对企业已经发生或完成的经济活动进行连续、系统、全面和综合的确认、计量、记录和报告时所用的方法，主要包括设置会计科目及账户、复式记账、填制和审核凭证、登记账簿、成本计算、财产清查、账项调整和编制财务报告。

（一）设置会计科目和账户

设置会计科目和账户就是根据会计对象的具体内容的不同特点和经济管理的不同要求，选择一定的标准进行分类、核算和监督的专门方法。设置会计科目，是设置账户、账务处理所遵循的规则和依据；设置账户则反映会计要素的增减变动及结余情况。将会计对象的具体内容设置若干会计账户，可以使所设置的账户既有分工又有联系地反映整个会计对象的内容，提供管理所需要的各种信息，是分类管理思想在会计上的体现。

（二）复式记账

复式记账是对每笔经济业务都以相等的金额同时在相互关联的两个或两个以上账户中进行登记的一种专门方法。复式记账能反映经济活动的来龙去脉，账户之间产生的平衡关系也可以检查有关经济业务的记录是否正确。

（三）填制和审核凭证

填制和审核凭证是保证账簿记录正确、完整，审查经济业务（或称会计事项）合理合法而采用的一种专门方法。会计凭证是记录经济业务、明确经济责任的书面证明，是登记账簿的重要依据。会计凭证必须经过会计部门和有关部门的审核，在保证符合有关法律、制度、规定而又正确无误的情况下，才能据以登记账簿。填制和审核凭证是会计核算的开始，也是保证会计资料真实、正确的有效手段。

（四）登记账簿

登记账簿亦称记账，是根据填制和审核无误的会计凭证，在账簿上进行全面、连续、系统的记录的方法。会计账簿包括日记账、总分类账、明细分类账和备查账簿。账簿上接记账凭证、下连财务报表，其所提供的信息，是编制财务会计报告的主要依据。

（五）成本计算

成本计算是指在生产经营过程中，按照一定的成本计算对象归集和分配各种费用支出，以确定各成本计算对象的总成本和单位成本的一种专门方法。通过成本计算，可以正确地对会计核算对象进行计价，考核经济活动过程中物化劳动和活劳动的耗费程度，监督企业经营过程中所发生的各项费用，以便采取措施降低成本，提高效益。

（六）财产清查

财产清查就是通过盘点实物、核对账目查明各项财产物资和资金的实有数，并查明实有数与账存数是否相符的一种专门方法。财产清查分为定期清查和不定期清查。在财产清查中如果发现财产、资金账面数额与实存数额不符，应及时调整账簿记录，使账存数额同实存数额保持一致，并查明账实不符的原因，明确责任。通过财产清查，还可以查明各项财产物资的保管和使用情况，以便采取措施挖掘物资潜力和加速资金周转。因此，财产清查不仅是保证会计核算资料真实性和正确性的一种手段，也对改进财产管理、降低库存、加速周转有积极作用。

（七）账项调整

由于持续经营下的会计分期假设，账项调整需要根据权责发生制，对已经入账的资产项目和负债项目，以及尚未入账的事项进行调整，以确定应该属于本期的收入和费用。调整的目的是使企业报告的盈亏情况与实际情况更加接近。

（八）编制财务报告

编制财务报告是根据账簿记录的数据资料，按照相关要求和采用一定的表格形式，定期总括地反映各单位一定时期内经济活动过程和结果的一种方法。编制财务报告是对日常会计核算资料的总结，也就是将账簿记录的内容定期地加以分类、整理和汇总，形成经营管理所需要的各种指标，再报送给利益相关者，以便据此进行决策。

上述八种会计核算方法相互联系、密切配合，构成了一个完整的方法体系。就其工作程序和工作过程来说，主要包括三个环节：填制和审核凭证、登记账簿和编制财务报告。

三、会计循环

会计循环是指企业在一定会计期间内，从分析经济业务开始，到编制财务会计报表为止，全面、连续地进行会计处理所必须经历的各个会计工作步骤（如图 1-1 所示）。具体而言，对于日常所发生的经济业务，首先要根据经济业务的内容取得或填制会计凭证并加以审核。按照规定的会计科目，在账簿中开设账户，进行复式记账。根据账簿的记录，进行成本计算，对凭证和账簿记录通过财产清查加以核实，在账实相符的基础上编制财务报告。由于其始于会计期初、终于会计期末，周而复始、循环往复，故称之为会计循环。

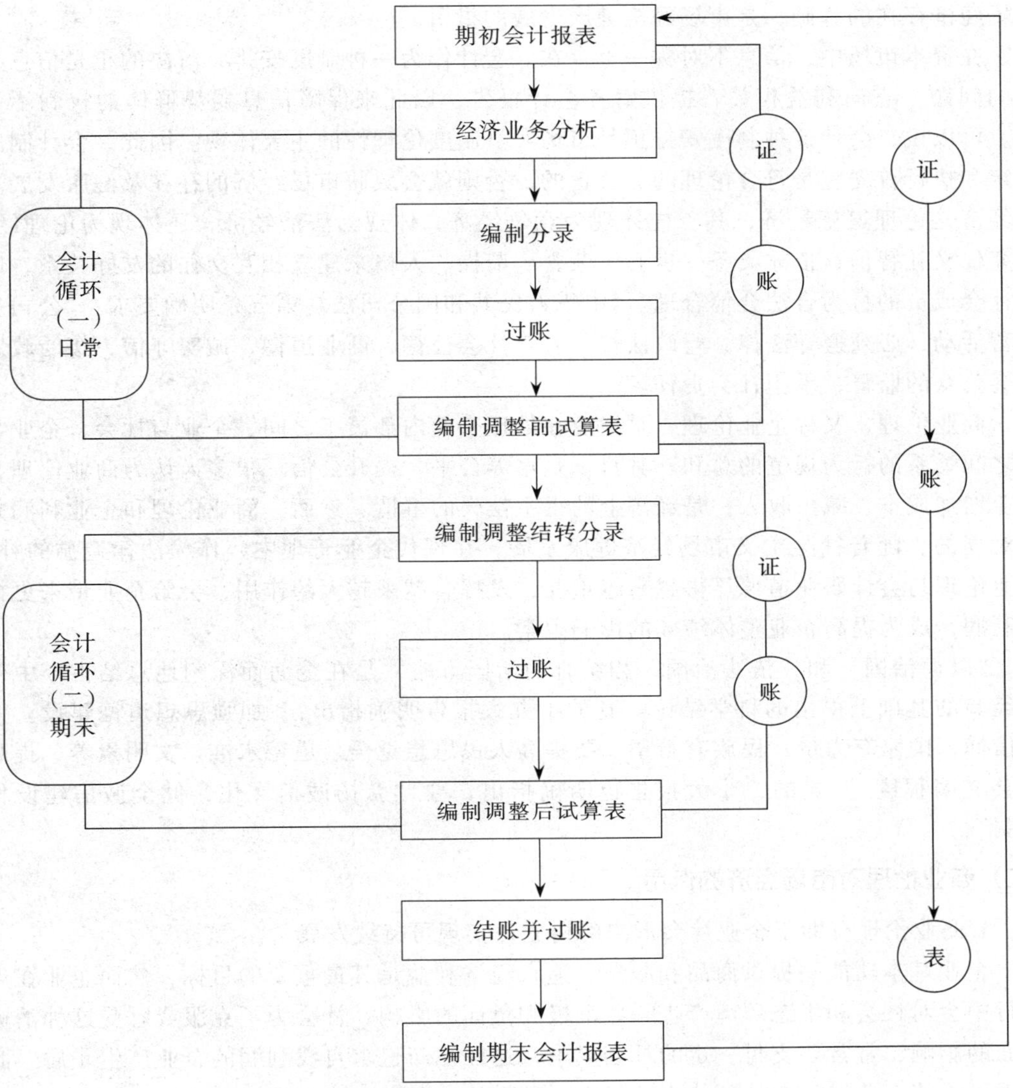

图 1-1　会计循环图

第五节　商业伦理与会计职业道德

一、市场经济需要商业伦理

（一）商业伦理的内涵

作为“看不见的手”，市场在优化配置资源与企业自主经营方面发挥着重要作用。然而，市场经济作用的发挥是以诚信、公平等人类共同的伦理价值观为基础的，商业伦理是市场经济存在的基础，是市场经济健康发展的指引。

在资本市场中，信息不对称一直存在。会计作为一种制度安排，解决的正是信息不对称的问题。它向利益相关者提供财务会计报告，以此来保障信息弱势群体的权利不受侵害。可以说，会计这种制度安排正是市场经济制度伦理性的主要体现。因此，会计制度的制定和执行首先应是符合伦理的、公正的，否则就会威胁市场经济的存在及健康发展。市场经济是伦理道德经济，其首先体现为竞争经济，体现为法治经济，还体现为伦理经济。讲究仁义礼智信，依靠义务、良心、荣誉、节操、人格来建立相互交往的友好关系，以确保社会成员的行为合法合情合理。《中华人民共和国公司法》第五条明确要求：“公司从事经营活动，必须遵守法律、行政法规、遵守社会公德、商业道德、诚实守信，接受政府和社会公众的监督，承担社会责任。”

商业伦理，又称企业伦理，是企业在处理企业内部员工之间、企业与社会、企业与顾客之间关系的行为规范的总和。其目标是培养公平、提升公信。很多人认为商业伦理会使企业增加成本、减少收入，是经济上的得不偿失的事情。然而，商业伦理和企业利润并不是对立的，随着社会主义市场经济健康发展，在现代企业管理中，作为法律遵循的补充，商业伦理与会计职业道德显得越来越重要，发挥着越来越大的作用，会给企业带来更持久的利润，成为提高企业整体绩效的影响因素。

“以德治国”和“依法治国”相结合的治国方略，是在全面而深刻地总结古今中外治国经验的基础上得出的科学结论。党的十九大报告明确指出：“加强思想道德建设。人民有信仰，国家有力量，民族有希望。要提高人民思想觉悟、道德水准、文明素养，提高全社会文明程度。”党的二十大报告也明确指出，要“弘扬诚信文化，健全诚信建设长效机制”。

（二）商业伦理对市场经济的作用

1.商业伦理有助于企业社会形象的树立，实现可持续发展

企业基本功能是提供商品和服务，追求经济利益是其最重要的目标，然而企业在生产运行中会对社会和生态环境产生一些消极和负面的影响，社会为了克服或忍受这种消极的负面的影响，常常要支付一定的社会成本，这往往与追求自我利润的企业产生矛盾。商业伦理可以使企业和社会、环境之间建立一种融洽、和谐、协调发展的关系。

2.商业伦理有利于调动员工积极性，助力企业立于不败之地

根据马斯洛的需求层次论，物质利益可以激发员工的积极性，但是人们到企业工作还有各种社会的、精神文化的、伦理道德上的需要和追求，员工希望企业不仅是一个劳动场所，还是一个人们接触社会、与他人交往的社交场所，这就要求企业在管理中除了贯彻物质利益的原则外，还要加强企业文化、企业精神、商业伦理的建设和培育，使员工在企业工作中同时得到文化上、精神上、伦理道德上的满足、完善和发展，充分调动员工的积极性和创造性。

3.商业伦理有助于维护市场秩序、保持有序竞争

从中长期来看，一家企业如果不遵守必要的伦理准则，会导致行业市场秩序的混乱和无序，使行业陷入恶性竞争之中；企业员工也会逐渐丧失上进的动力，舆论会毫不留情地鞭挞市场，最终使企业自身的利益遭受重大损害。因此，强调企业社会伦理，有利于建立

一个良好的市场秩序。

二、会计职业道德

道德来自伦理。会计职业道德就是会计人员在职业生涯中遇到伦理困境的智慧生活方式。对于会计职业而言，道德主要体现在会计人员在办理会计事务过程中应遵循的行为规范，也是会计行业对社会所负的道德责任与义务，它可以约束和调整会计人员的职业行为，使会计人员在职业工作中达到自律，保证会计信息的真实可靠。我国的《会计法》《会计基础工作规范》以及注册会计师协会等颁布的制度都对会计职业道德提出了若干明确的要求。

（一）财政部制定的《会计基础工作规范》中的规定

2019年，财政部修订的《会计基础工作规范》第二章第二节规定，我国会计人员应遵循的“会计人员职业道德”包括：

第十七条　会计人员在会计工作中应当遵守职业道德，树立良好的职业品质、严谨的工作作风，严守工作纪律，努力提高工作效率和工作质量。

第十八条　会计人员应当热爱本职工作，努力钻研业务，使自己的知识和技能适应所从事工作的要求。

第十九条　会计人员应当熟悉财经法律、法规、规章和国家统一会计制度，并结合会计工作进行广泛宣传。

第二十条　会计人员应当按照会计法律、法规和国家统一会计制度规定的程序和要求进行会计工作，保证所提供的会计信息合法、真实、准确、及时、完整。

第二十一条　会计人员办理会计事务应该实事求是、客观公正。

第二十二条　会计人员应当熟悉本单位的生产经营和业务管理情况，运用掌握的会计信息和会计方法，为改善单位内部管理、提高经济效益服务。

第二十三条　会计人员应当保守本单位的商业秘密。除法律规定和单位领导人同意外，不能私自向外界提供或者泄露单位的会计信息。

第二十四条　财政部门、业务主管部门和各单位应当定期检查会计人员遵守职业道德的情况，并作为会计人员晋升、晋级、聘任专业职务、表彰奖励的重要考核依据。

会计人员违反职业道德的，由所在单位进行处理。

（二）会计职业道德规范的具体内涵

结合《公民道德建设实施纲要》和国际会计职业道德的一般要求，我国会计职业道德规范的主要内容包括爱岗敬业、诚实守信、廉洁自律、客观公正、坚持准则、提高技能、参与管理和强化服务八方面。

（1）爱岗敬业

爱岗，就是热爱自己的工作岗位，热爱本职工作。敬业，就是用一种严肃的态度对待自己的工作，勤勤恳恳、兢兢业业、忠于职守、尽职尽责。从事会计职业的人员应充分认识到会计工作在国民经济中的地位和作用，以从事会计工作为荣，敬重会计工作，具有献身会计工作的决心。

爱岗与敬业总的精神是相通的，是相互联系在一起的。爱岗是敬业的基础，敬业是爱岗的具体表现。爱岗敬业表现为会计人员要有安心会计工作、献身会计事业的工作热情，严肃认真的工作态度、勤学苦练的钻研精神、忠于职守的工作作风。

（2）诚实守信

诚实守信就是忠诚老实、信守诺言。诚实，就是忠诚老实、不讲假话。守信，就是信守诺言，说话算数，讲信誉，重信用，履行自己应承担的义务。诚实和守信两者意思是相通的，是相互联系在一起的。诚实是守信的基础．守信是诚实的具体表现。诚实侧重对客观事实的反映是真实的，守信侧重对自己应承担、履行的责任和义务的忠实。

市场经济是“信用经济”和“契约经济”，诚实守信要求财务人员保守本单位的商业秘密，做老实人，说老实话，办老实事，不为利益所诱惑，除法律规定和单位领导人同意外，不能私自向外界提供或者泄露单位的财务信息，同时保证所提供的会计信息真实、准确、完整。

（3）廉洁自律

廉洁自律要求会计从业人员公私分明、不贪不占、遵纪守法，经得起金钱、权力、美色的考验，不贪污挪用、不监守自盗，自觉抵制行业不正之风。同时也要积极主动宣传财经法规和制度，使相关人员了解和自觉遵守。

（4）客观公正

客观是指按事物的本来面目去反映，不掺杂个人的主观意愿；也不为他人意见所左右；公正就是公平正直，没有偏失，但不是中庸。客观要求会计人员在处理经济业务时必须以实际发生的交易或事项为依据，如实反映企业的财务状况、经营成果和现金流量情况；公正要求会计人员不偏不倚、一视同仁；会计人员在履行会计职能时，摒弃单位、个人私利，不偏不倚地对待有关利益各方。

客观公正一是要求保持会计人员从业的独立性，独立性有实质上的独立性和形式上的独立性；二是要求会计人员保持客观公正的从业心态。

（5）坚持准则

坚持准则，要求会计人员在处理业务过程中，严格按照会计法律、会计行政法规、国家统一的会计制度以及与会计工作相关的法律制度办事，不为主观或他人意志左右。会计人员应当熟悉和掌握准则的具体内容，并在会计核算中认真执行，对经济业务事项进行确认、计量、记录和报告的全过程应符合会计准则的要求，为政府、企业、单位和其他相关当事人提供真实、完整的会计信息。

会计人员坚持准则，不仅是对法律负责，对国家、社会公众负责，而且也是对单位负责人负责。

（6）提高技能

随着市场经济的发展，需要会计人员提供会计服务的领域越来越广泛，专业化、国际化服务的要求越来越高，会计专业性和技术性日趋复杂，对会计人员所应具备的职业技能要求也越来越高。会计职业技能的内容主要包括：一是会计专业基础知识；二是会计理论、专业操作的创新能力；三是组织协调能力；四是主动更新知识的能力；五是提供会计信息能力等。提高技能，就是指会计人员通过学习、培训等手段提高职业技能，以达到足够的专业胜任能力的活动。

（7）参与管理

会计人员在管理活动中扮演着参谋人员的角色。会计人员要树立参与管理的意识，积极主动地做好参谋，即要求会计人员在做好本职工作的同时，努力钻研相关业务，全面熟悉本单位生产经营和业务管理情况，主动提出合理化建议，协助领导决策。通过事前预测、预算，事中控制、检查以及事后分析、考核等，向经营管理的各领域和环节渗透，实现业财融合，做好参谋。

（8）强化服务

强化服务要求会计人员树立服务意识，戒懒、戒惰、戒拖，在工作中无论对内对外都以诚相待、细致周到、不怕麻烦，努力提高工作效率和工作质量，为改善单位内部管理、提高经济效益服务，维护和提升会计职业的良好社会形象。

本章小结

本章简要介绍了会计的变迁、会计的定义、会计的目标、会计职能、会计方法，以及会计职业道德，为后续章节的学习打基础。

课后习题

一、单项选择题

1.会计的基本职能是（　　）。

A.核算与监督　B.核算与分析　C.反映与核算　D.监督与控制

2.会计的职能（　　）。

A.是一成不变的　B.随着社会发展而不断变化

C.只有在社会主义制度下才能发展　D.随着生产关系的变更而发展

3.会计以（　　）作为主要计量形式。

A.实物计量　B.劳动计量　C.货币计量　D.时间计量

4.会计的一般对象为（　　）。

A.经济活动　B.再生产过程中的资金运用

C.生产活动　D.管理活动

5.下列不属于会计核算方法的是（　　）。

A.填制和审核会计凭证　B.财产清查和登记账簿

C.复式记账和成本计算　D.内部控制和内部规范

6.下列属于国家法律层次的文件是（　　）。

A.会计法　B.政府工作条例　C.会计准则　D.会计制度

7.“做老实人，说老实话，办老实事”这句话体现的会计职业道德规范的内容是（　　）。

A.参与管理　B.诚实守信　C.爱岗敬业　D.提高技能

8.职业道德的归宿是（　　）。

A.爱岗敬业　B.提高技能　C.强化服务　D.奉献社会

二、多项选择题

1.从会计的产生发展过程中，我们看到（　　）。

A.有生产活动就有会计

B.会计一直以来都是一项独立的、专业的管理工作

C.经济越发展，会计越重要

D.会计随着社会的发展由简单到复杂，并不断完善

2.企业会计信息的使用者包括（　　）。

A.债权人　　B.投资者　　C.企业管理层

D.政府部门　　E.社会公众

三、思考题

1.会计的基本职能是什么？

2.会计的目标是什么？

3.会计核算的方法有哪些？

四、案例讨论题

目的：了解会计工作的内容，掌握会计的职能。

资料：王晓明收到了某校会计专业的录取通知书成为了一名大学生。他怀着对专业学习的憧憬来到学校报到。见到辅导员张老师后迫不及待地询问了很多专业学习的情况。以下是他们的对话。

王晓明："老师，高考报这个专业我也不太懂，家里人觉得好就业就为我报了。我在学校都要学哪些课程、要学的东西多吗？"

张老师："看你心急的，那我就先给你讲讲吧。我们的课程主要分为公共基础课、学科基础课、专业基础课、专业必修课、专业选修课和公共选修课。现在学校采取学分制，四年内我们必须修满规定的学分才能毕业。"

王晓明："家里人给我报这个专业，说这个专业好，有前途。可我觉得会计不就是记记账、算算账吗？还用学四年吗？会计专业是干什么的？"

张老师："入学教育时院长将会给大家做专门的专业介绍。我先简单地答疑解惑一番吧。核算只是会计的基本职能，况且算账也不是你想象得那么简单的事情。会计是现代企业的一项重要的基础性工作，作为企业管理系统的一个重要组成部分，为企业提供决策有用的信息，并积极参与经营管理决策，提高企业经济效益，服务于市场经济的健康有序发展。"

王晓明："听起来挺高大上的。但是老师，我觉得学会计的人好多，我将来好就业吗？"

张老师："你说的是一个现实问题，现在初级的会计确实已经饱和，但是正如我前面说的，一个好会计不仅仅是记账算账的，他还要懂得预测、预算、分析，能够实现业财融合的会计现在很缺。所以在经济发达的国家，会计师和律师一样很受社会尊重，收入也不低，竞争也非常激烈。在我国经济发展好的地区，好会计的收入很高，所以这就是为什么还有那么多人学会计的原因。考进我们学校会计专业的学生都是高考中的佼佼者。"

王晓明："哦，怪不得我假期上网，看到好多企业的招聘条件要有中级会计师资格，甚至什么注册会计师优先等。而且有很多和会计相关的英文的缩写，什么CPA、CEO、

CFO等，我也弄不清楚会计师、注册会计师、高级会计师、审计师、会计员的区别。”

张老师：“这个问题等新生入学教育的时候院长会给大家介绍的，具体的区别等以后上课后老师们会慢慢告诉你们的。总之，现在会计知识也在适应环境的变化而不断更新。”

王晓明：“好呢好呢。老师，我曾经看过一篇报道，说一家公司的老总挪用公司资金，后来这家公司的财务经理也被抓了，做财务是不是风险很大？”

张老师：“是这样的，会计如果不加强自身法律和道德修养，是比较容易出问题的，所以我们的专业课中有很多与法律有关的课程和专门的会计职业道德课程。同学，不要着急，大学的生活是一个新的开始，在未来的四年里，你将会逐渐深入这个专业并爱上它。如果有可能，将来你也许会考研究生继续深造。”

要求：

（1）学完第一章，你能为王晓明解答一些疑惑吗？

（2）你认为会计工作如何服务于企业？会计的职能有哪些？

第二章

会计核算的基本前提与会计核算基础

学习目标

1. 理解：会计核算基本前提。
2. 掌握：会计信息的质量标准。
3. 了解：会计核算基础。

课程思政

1.价值塑造

•树立诚信、客观、公正、专业等意识。

•增强受托责任观念，培养学生的责任意识和家国情怀。

2.知识传授

•充分了解会计核算的主体、持续经营、会计分期和货币计量等基本假设。

•会计信息质量应严格遵循可靠性、相关性、可理解性、可比性、实质重于形式、重要性、谨慎性和及时性等一般原则。

•企业在确认和计量资产、负债、所有者权益、收入、费用和利润时需采用权责发生制原则。

3.能力培养

•培养学生大局意识观念，提高全局思维能力，树立诚信、客观、公正、专业的工作意识。

•培养学生善于总结和掌握事项特征的意识，提高使复杂事物简单化的能力。

▸▸▸▸▸▸▸ 第一节　会计核算基本前提

会计核算的基本前提是对会计核算所处的时间、空间环境所做的合理设定，是为了保证会计工作的正常进行和会计信息的质量，对会计核算的范围、内容、基本程序和方法所做的假定，并在此基础上建立会计原则。国内外会计界公认的会计核算的基本前提有以下四个。

一、会计主体

会计主体是指会计信息所反映的特定单位，也称会计实体、会计个体。只有明确规定会计核算的主体，将会计所要反映的对象与其他经济实体区别开来，才能保证会计核算工作的正常开展，从而实现相应的会计目标。

会计主体作为会计工作的基本前提之一，为日常的会计核算提供了必要的空间依据。第一，明确会计主体，才能确定某一单位所要确认的经济业务的范围。如把A公司作为会计主体，那么只有那些与A公司有关的经济业务事项才能进行确认和计量。A公司销售原材料给B公司，B公司未付款。对于这笔经济业务，与A公司经济业务无关的原材料资产增加、应付负债的增加等要素的变化，A公司都不予反映。因此对于上述经济业务，对于A公司来说，一方面A公司获得一笔收入，同时应收账款资产增加，而不是相反。同时，对于B公司来说，导致B公司原材料资产增加，同时应付账款负债增加。第二，明确会计主体，将会计主体的经济活动与会计主体所有者的经济活动区分开来。无论是会计主体的经济活动，还是会计主体所有者的经济活动，都最终影响所有者的经济利益，但是，为了真实反映会计主体的财务状况、经营成果和现金流量，必须将会计主体的经济活动与会计主体所有者的经济活动区分开来。

会计主体不同于法律主体。一般来说，法律主体往往是一个会计主体，例如，一家企业作为一个法律主体，应当建立会计核算体系，独立反映其财务状况、经营成果和现金流量。但是，会计主体不一定是法律主体，比如在企业集团里，一家母公司拥有若干子公司，每家子公司都可以作为一个独立的会计主体进行会计核算，但当涉及全面反映这个企业集团的财务状况、经营成果和现金流量时，就有必要将这个企业集团的财务状况、经营成果和现金流量予以综合反映。有时，为了内部管理需要，也对企业内的某些部门进行单独核算，并出具内部会计报表，而此类企业内部划出的核算单位也可以视为一个会计主体，但它不是一个法律主体。

二、持续经营

持续经营是指假设会计主体的生产经营将无限期地延续下去，且在可以预见的时间里，企业不会面临清算、解散和倒闭。

企业持续经营对于会计政策的选择以及会计的计量核算都有较大的影响。例如，采用历史成本计价，是指企业在正常运营的过程中依照原来的交易条件来负担各种债务，否则，就不能继续采用历史成本计价。在持续经营的前提下，企业取得机器设备时，知道该资产在未来的使用中可以为企业产生经济利益，因此可以按支付的所有价款10万元作为固定资产的账面成本，其使用过程中的磨损，在5年内按一定的折旧方法计提折旧，并将其磨损的价值计入成本费用。如果企业面临清算，这项固定资产就只能按当时的公允价值进行债务抵偿了。

现实的企业在生产经营过程中难免会出现清算、解散或倒闭的情况，并且由于持续经营是根据企业发展的一般情况所做的设定。因此，企业往往要定期对持续经营这一前提做出分析和判断，一旦判定企业不符合持续经营前提，就应当改变会计核算的方法。

小问题：如果你是A企业的利益相关者，你想了解企业的财务状况和经营成果，那你希望A企业在整个持续经营期间，是关门营业前提供一次相关会计信息给你，还是每年一次，或每月一次，或每旬一次，或每日一次？哪种方式更容易满足你及时做出相关决策的要求？

三、会计分期

会计分期这一前提可以说是持续经营的客观要求，因为会计分期是指将一家企业持续的生产经营活动划分为连续、相等的期间。这些连续、相等的期间，也被称为会计期间。

会计分期的目的是将企业的生产活动划分为连续、相等的期间，用来结算盈亏，按期编制财务报告，从而及时地向各方面提供有关企业财务状况、经营成果和现金流量的信息。

根据持续经营假设可知，当一家企业要保持现在状态持续经营下去时，若要确定其最终的经营成果，只能等到企业多年后歇业或清算时再结算。而企业的利益相关者为了及时做出决策不能等到企业歇业或清算时一次性地核算盈亏。因此，为了方便企业的利益相关者及时做出决策，就要将持续不断的经营活动划分为一个个相等的期间，分期核算和反映。

会计期间一般可以划分为年、季、月，其中最常见的会计期间是一年，按年度编制的财务会计报表也称年报。在我国，会计准则明确规定，会计期间采取公历年度，自每年1月1日至12月31日。此外，国际上会计期间可以按实际的经济活动周期来划分，其周期或长或短于公历年度。

会计期间划分的长短会影响损益的确定。一般来说，越短的会计期间，企业经济活动中的会计信息的可靠性就越低，当然，太长期间的会计信息也会影响会计信息使用者及时使用会计信息的需要，因此必须恰当地划分会计期间。

四、货币计量

货币计量是指采用货币作为计量单位，记录和反映企业的生产经营活动。

企业资产、负债和所有者权益，尤其是资产可以采取不同的计量属性，如货币计量、数量计量（个、张、根等）、人工计量（工时等）等。而会计是对企业财务状况、经营成果和现金流量的综合反映，为此，需要货币这样一个统一的量度。而企业的日常经营过程中涉及货币计量的业务，就可以进行会计反映，反之则不必进行会计反映。当然，企业日常经营过程中的业务并不都是用货币计量的，比如，企业经营战略，在消费者当中的信誉度，企业的地理位置，企业的技术开发能力等。因此，为了克服货币计量的不足，企业常采用一些非货币指标作为会计报表的补充。

在我国，为了使货币计量具体化，企业则被要求以人民币作为记账本位币。然而，当涉及一些外币业务或外资企业时，一些业务收支以人民币以外的货币为主要计量单位，可以选定其中一种货币为记账本位币。当然，提供给境内的财务会计报告使用者的会计信息应当折算为人民币。

▸▸▸▸▸▸ 第二节　会计信息质量特征

会计核算的一般原则是进行会计核算的指导思想和衡量会计工作成败的标准。具体包括两个方面，即：衡量会计信息质量方面的一般原则、确认和计量的一般原则。

《企业会计准则——基本准则》指出，会计信息质量要求是对企业财务报告中所提供会计信息质量的基本要求，是使财务报告中所提供会计信息对投资者等使用者决策有用应具备的基本特征，根据基本准则的规定，包括可靠性、相关性、可理解性、可比性、实质重于形式、重要性、谨慎性和及时性等。

（一）可靠性原则

可靠性是指企业应以实际发生的交易或者事项进行会计确认、计量和报告，如实反映符合确认和计量要求的各项会计要素及其他相关信息，从而保证会计信息真实可靠、内容完整。

这一原则包括两个内容：一是会计必须根据审核无误的原始凭证，按照相应的要求进行记账、算账、报账来保证所提供的会计信息内容完整、真实可靠。如果会计核算不是以实际发生的交易或事项为依据，为使用者提供虚假的会计信息，会误导信息使用者，使之做出错误的决策。二是会计人员在进行会计处理时应保持客观，运用正确的会计原则和方法，得出具有可检验性的会计信息。如果会计人员进行会计处理时不客观，同样不能为会计信息使用者提供真实的会计信息，也会导致信息使用者做出错误决策。

（二）相关性原则

相关性是指企业所提供的会计信息应与会计信息使用者的经济决策相关，有助于会计信息使用者对企业过去、现在或者未来的情况做出评价或预测。如果会计信息提供后，不能帮助会计信息使用者进行经济决策，就不具有相关性，因此，会计工作就不能完成会计所需达到的会计目标。

根据相关性原则，要求在收集、记录、处理和提供会计信息过程中充分考虑各方面会计信息使用者决策的需要，满足各方面具有共性的信息需求。对于特定用途的信息，不一定都通过财务报告来提供，而可以采取其他形式加以提供。

（三）可理解性原则

可理解性（也称明晰性）是指企业提供的会计信息应当清晰明了，便于会计信息使用者理解和使用。可理解性原则要求会计信息简明、易懂，能够简单明了地反映企业的财务状况、经营成果和现金流量，从而有助于会计信息使用者正确理解、掌握企业的情况。

根据可理解性原则，会计记录应当准确、清晰，填制会计凭证、登记会计账簿必须做到依据合法、账户对应关系清楚、文字摘要完整；在编制会计报表时，项目钩稽关系清楚、项目完整、数字准确。

（四）可比性原则

可比性一般是指企业提供的会计信息应当具有可比性。这包括两个方面的质量要求：

一是信息的横向可比，即同一时期不同企业之间的会计信息口径一致，相互可比。不同企业的经济业务可能存在差距，为了保证会计信息能够满足信息使用者决策的需要，便于比较不同企业的财务状况、经营成果以及交易或事项，应当采用国家统一规定的相关会计方法和程序。

二是信息的纵向可比，即同一企业不同时期发生的相同或相似的交易或事项，应当采用一致的会计政策，不得随意改变，便于对不同时期的各项指标进行纵向比较。基于此原则，企业不得任意更改所使用的会计方法和程序，而同一业务往往有不同的会计处理方法和程序。例如，存货的实际成本计算方法有先进先出法、加权平均法等。因此，如果确有必要变更，应当将变更的情况、原因及其对企业财务状况和经营成果的影响在财务报表附注中说明。

（五）实质重于形式原则

实质重于形式原则要求企业在会计确认、计量和报告时，应该以经济实质为依据，而不是仅仅以法律形式为依据。所谓形式，是指交易或事项在法律上的表面形式，而实质则是指其经济实际内容。在有些情况下，交易或事项的法律形式不能真实反映其实质内容。为了准确反映企业的财务状况和经营成果，不能仅根据经济业务的外在表现形式进行核算，而应该反映其经济实质。例如，虽然法律上规定某项资产已转移所有权，但实际上卖方仍享有该资产的未来经济利益。如果只考虑其法律形式，而不考虑其经济实质，就无法真实反映这笔业务对企业的影响。

（六）重要性原则

重要性原则要求企业提供的会计信息应反映与企业财务状况、经营成果和现金流量等相关的所有重要交易或事项。重要性原则与会计信息成本效益直接相关。坚持重要性原则，可以使提供会计信息的收益大于成本。对于不重要的项目，如果也采用严格的会计程序进行核算和分项反映，会导致会计信息成本高于收益。

（七）谨慎性原则

谨慎性原则是指企业在确认、计量和报告交易或事项时应保持谨慎态度，不高估资产或收益、不低估负债或费用，并合理估计可能发生的损失和费用。实施谨慎性原则能够帮助企业化解风险、防范风险、做出正确的经营决策、保护所有者和债权人的利益，提高企业在市场上的竞争力。例如，当存货、有价证券等资产市价低于成本时，应相应减记资产的账面价值并计入当期损益，以体现谨慎性原则对历史成本原则的修正。但是，谨慎性原则不能被滥用，如不能随意提取各种准备。

（八）及时性原则

及时性原则是指企业应对已经发生的交易或事项及时进行会计确认、计量和报告，不得提前或延后。这是为了保证会计信息的时效性，以满足经济决策的及时性需要，并使会计信息具有价值。根据及时性原则，企业需要及时收集会计数据，及时取得有关凭证；及时处理会计数据，及时编制财务报告；并按规定的时限将会计信息提供给有关方面。

▸▸▸▸▸▸ 第三节 会计核算基础

会计核算基础是企业在确认和计量资产、负债、所有者权益、收入、费用和利润过程中所要遵循的原则。其主要包括权责发生制原则、收付实现制原则。

例 2-1

京华公司2023年1月20日销售一批商品，货款30万元，货款在2023年2月10日收到。请问按照权责发生制和收付实现制分别如何确认收入？

一、权责发生制原则

权责发生制是一种会计确认和计量原则，它不以现金的收付作为标志，而是以收入和费用是否归属于某个会计期间的成果和责任来确定是否计入该期间。权责发生制原则要求在当期实现的收入和应负担的费用都应该计入当期，无论款项是否已经收付。反之，不属于当期的收入或费用，即使款项已经在当期收到或支付，也不能计入当期。因此，权责发生制原则也被称为应收应付原则。

在此原则下，上述案例中销售行为在1月份发生，收入应由1月份取得，即使没有收到现金，也是属于1月份的收入。而2月份即使收到现金，由于没有发生销售行为，也不能作为当月收入确认。

二、收付实现制原则

收付实现制也称现收现付制，是以实际收到或付出款项作为确认收入或费用的依据。

在此原则下，上述案例只要是在2月10日收到货款，不论款项是不是由本月业务实际发生的，都作为2月份的收入。

由于会计分期这一前提的存在，相关会计信息产生了本期与非本期的区别，因此在确认收入或费用时，就产生了权责发生制与收付实现制两种不同的会计核算记账基础，而采用不同的记账基础对各期的会计损益影响也不同。建立在权责发生制基础之上的会计处理可以正确地将收入与费用相配比，正确计算损益。因此，企业等营利性组织一般采用这种记账基础，而预算单位等非营利组织则常采用收付实现制。

▶▶▶▶▶▶▶ 第四节　财务会计的一般原则

一、配比原则

这是指将收入与对应的费用、成本进行对比，以结出损益。正确运用配比原则，将收入与相关的成本、费用进行对比，才能完整地反映特定时期的经营成果，从而有助于正确评价企业的经营业绩。因此当确定某一个会计期间已经实现收入之后，就必须确定与该收入有关的已经发生的费用，以正确确定该期间的损益。

配比原则包括因果配比和时间配比。因果配比是指将收入与其相关的成本费用进行对比，时间配比是指将一定时期的收入与同时期的成本和费用进行对比。通过正确使用配比原则，可以更好地评估企业的经营业绩。

二、划分收益性支出与资本性支出原则

这是指会计核算中合理划分收益性支出与资本性支出，将收益性支出计入当期的损益，将资本性支出计入资产的价值。对于一项支出，如果支出所带来的经济效益仅与当期有关，则这项支出就作为收益性支出；如果该项支出的经济效益不仅与本期有关，而且与几个会计期间有关，那么该项支出就是资本性支出。划分收益性支出与资本性支出，有助于正确确认当期损益和资产价值，保持会计信息的客观性。例如，固定资产支出，提高企业生产运营能力，其使用期限超过一年或一个营业周期，所以其所带来的效益不仅与当期有关，而且与以后几个期间都有关，所以属于资本性支出，应当计入固定资产价值，而不能与当期收入相配比。

三、历史成本原则

这是指将取得资产时所发生的成本作为资产的入账价值，在资产处置前保持其入账价值不变。而在资产使用过程中发生的磨损及减值，则应计提相应的折旧和减值准备等。因此，历史成本原则的理论基础是成本是实际发生的，且易于获取、核查和确定，比较可靠。按照该原则，企业应以取得资产所花费的全部成本为计量和计价基础，而这些成本也是后续分摊为费用的基础。

企业在计量会计要素时应遵循历史成本原则，但也可以采用重置成本、可变现净值、现值和公允价值计量等方法，前提是所确定的金额能够可靠计量。

本章小结

本章主要介绍了会计核算前提，会计核算的基本前提是对会计核算所处的时间、空间环境所做的合理设定。国内外会计界普遍认为，会计核算的基本前提包括四个方面：会计主体、持续经营、货币计量和会计分期。会计主体作为会计工作的基本前提之一，为日常的会计处理提供了空间依据。企业是否持续经营对会计政策的选择，正确确定和计量财产计价、收益影响很大。在我国，要求采用人民币作为记账本位币，以规范货币计量的会计前提。为了满足会计信息使用者及时利用会计信息做出决策的要求，需要进行会计分期。《企业会计准则——基本准则》规定，会计信息质量要求包括可靠性、相关性、可理解性、可比性、实质重于形式、重要性、谨慎性、及时性，这些要求是会计确认、计量和报告质量的保证。会计核算基础主要有权责发生制和收付实现制，企业即营利性组织一般采用权责发生制作为记账基础，而预算单位等常采用收付实现制。财务会计的一般原则主要包括配比原则、划分收益性支出与资本性支出原则、历史成本原则。

课后习题

一、单项选择题

1. 下列不属于会计核算基本前提的是（　　）。

A. 会计主体　　B. 持续经营　　C. 权责发生制　　D. 货币计量

2. 权责发生制的建立是以（　　）为前提的。

A. 会计主体　　B. 持续经营　　C. 会计分期　　D. 货币计量

3. 会计核算基本前提中的货币计量前提还包括（　　）前提。

A. 货币名称　　B. 货币单位　　C. 币值稳定　　D. 外币折算

4. 企业会计核算中常用的是按照（　　）的要求而设置的。

A. 权责发生制原则　　B. 划分收益性支出与资本性支出原则

C. 谨慎性原则　　D. 重要性原则

5. 划分收益性支出与资本性支出的目的是（　　）。

A. 正确核算企业的营业利润　　B. 正确核算企业的税前利润与税后利润

C. 正确核算企业的投资收益　　D. 正确核算企业各个会计期间的损益

6. 可比性原则是由（　　）假定决定的。

A. 会计主体　　B. 持续经营　　C. 会计期间　　D. 货币计量

7. 只有采用权责发生制的单位，才需要设置（　　）账户。

A. 应收账款　　B. 利润　　C. 长期待摊费用　　D. 实收资本

8. 下列各项中属于资本性支出的是（　　）。

A. 购进商品　　B. 购进原材料

C. 购进机器设备　　D. 购进办公用品

9. 在会计实务中，将劳动手段按一定标准划分为固定资产和低值易耗品，其依据是（　　）。

A.权责发生制原则　　B.重要性原则

C.谨慎性原则　　D.配比原则

10. 企业在进行会计核算时选择一种“不多计资产或收益，少计负债或费用”的会计处理方法，所遵循的是（　　）。

A.权责发生制原则　　B.重要性原则

C.谨慎性原则　　D.配比原则

二、多项选择题

1. 下列属于会计核算基本前提的有（　　）。

A.会计主体　　B.持续经营

C.权责发生制　　D.货币计量

E.历史成本

2. 下列会计核算基本原则中属于规范会计确认和会计计量的原则有（　　）。

A.客观性原则　　B.实质重于形式原则

C.权责发生制原则　　D.配比原则

E.实际成本原则

3. 权责发生制原则的要求包括（　　）。

A.已经实现的收入无论款项是否收到，都作为本期收入处理

B.凡是在本期收到和付出的款项，都作为本期收入和费用处理

C.已经发生的费用无论款项是否实际支付，都作为本期费用处理

D.凡是本期发生的收入，只要没有实际收到款项，都不作为本期收入处理

E.凡是本期发生的费用，只要没有实际付出款项，都不作为本期费用处理

三、思考题

1.《企业会计准则——基本准则》对会计信息质量要求有哪些？

2. 会计核算基础有哪些？

四、案例讨论题

目的：区分收益性支出和资本性支出。

资料：京华公司根据企业战略发展需要，拟建造一栋厂房，建造期为2021年10月1日—2022年12月31日。为了确保厂房建造如期完成，京华公司于2021年6月向中国工商银行借入一笔5 000万元借款，借款期为2021年10月1日——2022年12月31日。由于建造期间管理有方，该厂房于2022年9月30日完工并验收投入生产。

要求：根据收益性支出和资本性支出的要求，京华公司的这笔借款发生的借款利息该如何确认？

第三章

会计要素与会计等式

学习目标

1. 理解：企业会计要素的构成及各要素的概念与分类，会计等式的特征。

2. 掌握：经济业务对会计等式的影响。

3. 了解：任何经济业务的发生都不会破坏会计等式的恒等性。

课程思政

1.价值塑造

•培养平衡即美的哲学思维，欣赏会计的平衡之美，资产永远等于权益。

•明白权利可以放弃，但债务必须要偿还的道理。

•树立债权人权益优先于所有者权益的观念。

•将人生财富放入会计等式以衡量对社会的净贡献。

2.知识传授

•资产、负债和所有者权益是构成会计等式的要素，缺一不可。不管发生什么经济业务，都不会破坏会计等式的平衡关系。

•“资产=负债+所有者权益”所要表达的含义，就是有多少资产就对应多少权益，权益要求权的货币表现等于资产的价值，不能高一分，也不能低一分。

•当企业资不抵债进入破产清算环节时，按照《中华人民共和国企业破产法》的清偿顺序，要优先清偿债权人的权益，剩余的才是所有者的权益。

•理解所有者（股东）权益是剩余权益，股东是公司最终风险的承担者。

•从资金运动角度，会计等式反映的信息就是企业的资金从哪里来，又用到哪里去了，揭示的逻辑是“资金占用=资金来源”。

3.能力培养

•通过会计要素和会计等式的学习，培养学生将经济业务转化为会计概念的能力，以及用会计语言正确描述经济业务的能力。

•培养学生将会计平衡思想运用到日常生活和工作之中的能力，不必纠结一时的得与失。从长远看，得与失是平衡的，从而增强获得内心平衡和幸福的能力。

•培养欣赏会计的平衡之美，进而发现和欣赏身边一切美好事物的能力，最终达到身心愉悦和心理健康的目的。

▶▶▶▶▶▶▶ 第一节 会计要素

会计要素是根据交易或者事项的经济特征所确定的会计对象和基本分类。会计要素按照其性质分为资产、负债、所有者权益、收入、费用和利润六项。其中资产、负债、所有者权益侧重于反映企业的财务状况，称为资产负债表要素；收入、费用和利润侧重于反映企业的经营成果，称为利润表要素。会计要素是会计对象的具体化，是会计基本理论研究的基石，更是会计准则建设的核心。

一、资产

（一）资产的定义

资产是指企业过去的交易或者事项形成的，由企业拥有或者控制的，预期会给企业带来经济利益的资源。

（二）资产的特征

1.资产应为企业拥有或者控制的资源

资产作为一项资源，企业应该享有所有权，或者不享有所有权时，也对该资源具有一定的控制权。通常来说，企业对资产的所有权指企业能够排他性地从资产中获取经济利益。但在有些情况下，企业不享有所有权时，资产仍被该企业所控制，企业可以从中得到经济利益。

2.资产预期会给企业带来经济利益

资产预期会带来经济利益，是指资产直接或者间接导致现金或现金等价物流入企业的潜力。这种潜力可以来自企业日常的生产经营活动，也可以是非日常活动；带来的经济利益可以是现金或者现金等价物，或者是可以转化为现金或者现金等价物的形式，或者是可以减少现金或者现金等价物流出的形式，预期能为企业带来经济利益是资产的重要特征。例如，企业采购原材料用于生产加工产品，产成品对外销售收到货款，货款可以认为是采购时预期的经济利益，原材料可以确认为资产。

3.资产是由企业过去的交易或者事项形成的

过去的交易或事项包括采购、生产、加工等，只有过去的交易或者事项才能产生资产，未来发生的交易不符合资产的定义。例如，企业计划采购原材料用于生产加工，但是采购行为还没有发生，不能将该原材料确认为资产。

二、负债

（一）负债的定义

负债是指企业过去的交易或者事项形成的，预期会导致经济利益流出企业的现时义务。

（二）负债的特征

1.负债是企业承担的现时义务

现时义务是指企业在现行条件下已承担的义务，未来发生的交易或者事项形成的义务不属于现时义务，不应当确认为负债。这里的义务可以划分为法定义务和推定义务。法定义务是法律规定企业必须履行的义务，具有强制性。例如，企业向银行借款，应在规定期限内偿还并支付利息。推定义务，是企业长期坚持的惯例或者公开的承诺。例如，企业承诺顾客一年的免费维修期，在期限内企业无偿提供维修服务。

2.负债预期会导致经济利益流出企业

预期会导致经济利益流出企业也是负债的一个本质特征，在履行义务时会导致经济利益流出企业。企业履行现时义务清偿负债的形式有很多，如用货币资金偿债或者以公司的库存商品或者固定资产抵债，或者提供劳务偿还债务等。

3.负债是由企业过去的交易或者事项形成的

过去已经发生的交易或者事项，可以形成负债，如购进原材料，账款尚未支付，承诺规定期限内付款，可以确定为负债。预计未来发生的不能确定为负债。

三、所有者权益

（一）所有者权益的定义

所有者权益是指企业资产扣除负债后由所有者享有的剩余权益。公司的所有者权益又称股东权益。所有者权益是所有者对企业资产的剩余索取权，它是企业的资产扣除债权人权益后应由所有者享有的部分，既可反映所有者投入资本的保值增值情况，又体现了保护债权人权益的理念。

（二）所有者权益的来源

所有者权益的来源包括所有者投入的资本、直接计入所有者权益的利得和损失、留存收益等，通常由实收资本（或股本）、其他权益工具、资本公积、盈余公积和未分配利润等构成。

所有者投入的资本是指所有者投入企业的资本部分，它既包括构成企业注册资本或者股本的金额，也包括投入资本超过注册资本或者股本部分的金额，即资本溢价或者股本溢价。

直接计入所有者权益的利得和损失，是指不应计入当期损益、会导致所有者权益发生增减变动的、与所有者投入资本或者向所有者分配利润无关的利得或者损失，包括其他债权投资的公允价值变动净额；权益法下被投资单位其他所有者权益变动的影响；与计入所有者权益项目相关的所得税影响等。

留存收益，是指企业历年实现的净利润留存于企业的部分，包括累计计提的盈余公积和未分配利润。

四、收入

（一）收入的定义

收入是指企业在日常活动中形成的，会导致所有者权益增加的，与所有者投入资本无关的经济利益的总流入。

（二）收入的特征

1.收入是企业在日常活动中形成的

日常活动是指企业为完成经营目标在经营过程中发生的连续长期活动。要明确日常活动的界定，注意区分收入和利得，将非日常活动的收益计入利得。日常活动具有高频性，其收益具有可预期性，比如销售商品就是制造业企业的日常活动，但该企业处置有形资产就是非日常活动，处置获得的收益不属于企业收入。

2.收入是与所有者投入资本无关的经济利益的总流入

流入企业的经济利益可能来源于企业日常经营活动产生的收入，例如，企业销售商品，收到货款或者预计未来有权收到货款，符合收入确认；还有可能来源于投资者的投资，比如甲公司获得外部投资，就应记入所有者权益中的实收资本、股本以及资本公积等科目，而不应记入甲公司的主营业务收入、其他业务收入等科目。

3.收入会导致所有者权益的增加

收入带来经济利益的流入，增加企业资产或减少企业负债，又或者资产增加的同时负债减少，从结果上来看，均增加了所有者对剩余资产的求偿权，所以未增加所有者权益的经济利益流入不确认为收入。例如，企业向银行借款，经济利益流入企业，但没有使所有者权益增加，而是使负债增加，此时不应确认为收入。

五、费用

（一）费用的定义

费用是指企业在日常活动中发生的，会导致所有者权益减少的，与所有者分配利润无关的经济利益的总流出。

（二）费用的特征

1.费用是企业在日常活动中形成的

日常活动是指在经营过程中发生的连续长期活动。要明确日常活动的界定，注意区分费用和损失，将非日常活动流出的经济利益计入损失。比如制造业企业支付的生产工人的职工薪酬，应计入企业的费用，而自然灾害导致该企业发生巨大损失，则属于非日常活动，不是企业的费用。

2.费用是与向所有者分配利润无关的经济利益的总流出

流出企业的经济利益的去处，可能是企业日常经营活动产生的费用，比如企业拥有的固定资产的折旧，还有可能通过分红等形式流向所有者，此时企业不应确认其为费用，应当将其排除在费用的定义之外。

3.费用会导致所有者权益的减少

费用导致经济利益的流出，减少企业资产或增加企业负债，又或者资产减少的同时负债增加，从结果上来看，均减少了所有者对剩余资产的求偿权，所以未减少所有者权益的经济利益流出不确认为费用。例如，甲公司对银行借款进行偿付，经济利益流出，但企业所有者权益并未减少，甲公司不应确认费用。

六、利润

（一）利润的定义

利润，是指企业在一定会计期间的经营成果，反映了企业一个会计年度、半年度、季度或月度等会计期间内，在经营过程中产生的有效劳动的结果，呈现为实现利润或发生亏损，在资产负债表中呈现为所有者权益的增加或减少。

（二）利润的来源

利润包括收入减去费用后的净额、直接计入当期利润的利得和损失等。直接计入当期利润的利得和损失，是指应当计入当期损益、会导致所有者权益发生增减变动的、与所有者投入资本或者向所有者分配利润无关的利得或者损失。利得或损失发生在企业非日常经营活动中，这也是与收入或费用的重要区别所在。但并非所有的利得和损失都纳入企业利润，企业利润不应包括直接计入所有者权益的利得或损失，比如甲公司拥有的其他债权投资，因为市场变化发生公允价值变动导致的利得或损失，应直接计入所有者权益中的其他综合收益，而不计入利润。

▸▸▸▸▸▸▸ 第二节　会计等式

一、会计恒等式

企业一般有三类经济活动，分别是：经营活动、投资活动和融资活动。

企业要进行日常的生产经营活动，一定会拥有可供其使用的资产。从本质上来说，资产是企业所拥有的、可以带来经济利益的资源。这些资产一定有其各自的来源。企业资产的来源有两个：一是债权人的借入资金，如银行借款、通过发行债券筹措的资金；二是企业所有者投入资本，如实收资本（或股本）。

企业投资者（包括债权人和所有者）提供的经济资源形成了企业的资产。相应地，投资者（包括债权人和所有者）对企业资产拥有一定的要求权，也就是，会计学所说的“权益”。权益即代表资产的来源渠道。而资产是企业拥有的经济资源的数量和存在形态，所以资产和权益是同一事项的两个方面，从数量上来说，企业的资产总额等于企业的权益总额，即：

资产=权益

债权人和所有者对企业的权益是有本质区别的。在会计上，债权人的权益被称为负债，并且债权人对企业资产具有优先受偿权，也就是债权人对企业资产的要求权要优先于所有者；所有者的权益被称作所有者权益，是对企业的剩余资产的要求权。所以上述公式可以变化为：

资产=负债+所有者权益

这是会计方程式，表明了代表资金构成和资金来源的会计要素之间的相等关系，因此也可以称为会计等式或者会计平衡等式。资金构成与资金来源等价这一会计要素基本关系是复式记账法的理论基础，也是编制资产负债表的依据。上式表明了企业在某一时期所拥有的资产以及债权人和所有者对企业资产要求权的财务状况，是一个静态的会计等式。

企业经过一定时期的生产经营，都会取得一定的经营成果。而经营成果要素包括收入、成本和利润。当收入大于费用时，企业本期实现利润；当收入小于费用时，说明企业本期收不抵支，意味着企业发生了亏损。由此，我们也可得到经营成果三要素之间的关系等式：

收入-费用=利润（亏损）

前文提到，所有者权益是所有者在债权人索取企业资产后可以行使的索取剩余企业资产的权力，即所有者可以要求用偿还企业所有债务后剩余的企业资产来补偿其权益，而会计学上将企业资产总额超过负债总额的部分定义为净资产。所以，所有者权益金额等于净资产金额。对上述会计等式进行移项，我们可以得到：

所有者权益=资产-负债=净资产

当企业在当期经营获利，实现了利润时，利润由所有者分享，则剩余收益增加；当企业在当期亏损时，损失由所有者承担，则剩余收益减少。因此，利润的实现表现为所有者权益的增加；亏损的产生表现为所有者权益的减少。同时，收入带来的总经济利益会增加企业资产，或者偿还负债会减少企业占用的资产，又或者两种情况同时发生，最终导致所有者可以要求偿还的企业资产增加，即所有者权益的增加；费用减少的总经济利益会减少企业资产，或者用于偿还负债企业资产占用增加，又或者两种情况同时发生，最终导致所有者可以要求偿还的企业资产减少，即所有者权益的减少。所以，利润或者亏损可以通过所有者权益进入会计等式，即：

资产=负债+所有者权益+收入-费用

上式表明了企业在某一个时期经营获得经营成果后，在某一时点的财务状况。上述变体会计等式成为一个动态的会计等式，并将企业资产负债表的基本要素同利润表的基本要素结合起来。

待到期末结账，收入和费用被结转到相对应的所有者权益类账户之中，则变体会计等式又恢复到了会计等式的基本形式，即：

资产=负债+所有者权益

二、会计事项

会计事项是指企业在进行经济活动中发生的，通过财务人员在会计上进行处理，导致企业拥有的资产或各项权益增加或者减少的事项，也被称为经济业务。以公司的日常生产经营活动为例，企业用现金购买原材料，这一经济业务（会计事项）发生后，财务人员对这一业务进行会计处理，使得企业减少库存现金这一科目的资产，同时增加了原材料这一科目的资产。

根据经济活动主体之间关系的不同，我们可以将经济业务分为对外经济业务和内部经济业务。对外经济业务是指经济资源在企业和外部其他企业或单位之间流动产生的会计事项。例如，出售商品并收到银行转账的货款。对于这项经济活动来说，首先，卖出商品要确认交易的这部分商品的成本，这一经济事项使得库存商品这一科目的资产减少，并且主营业务成本（权益备抵科目）增加，所有者权益减少，这是企业确认成本费用的过程。其次，收到银行转账的货款是收入，这一经济事项使得银行存款这一科目的资产增加，并且主营业务收入增加，所有者权益增加，这是收入确认的过程。内部经济业务则是企业内部各部门之间的经济资源转移而产生的会计事项，如原材料出库后被送到生产车间用于企业生产活动，原材料转移到生产部门，企业资产减少，生产成本增加，所有者权益减少。

由上可知，经济事项会引起会计要素发生变化，但不论经济业务有多复杂，会计等式左右两侧始终保持平衡，即“资产=负债+所有者权益”始终成立。从等式左侧代表资金占用的资产和等式右侧代表资金来源渠道的权益的增减变动来看，不是同类项目（资产或权益）内的有增有减，并且变化的金额相同，就是不同类项目（资产和权益）之间的同增同减，并且变化的金额相同，具体关系见表3-1。

表 3-1 **会计要素变化情况**

资产总额变动	资产和权益同时等额增加
	资产和权益同时等额减少
资产总额不变	资产内部不同的科目有增有减
	权益内部不同的科目有增有减

对于企业来讲，权益是企业资金的来源渠道，包括来自债权人的借款，还有来自所有者的投入资源，所以债权人的权益和所有者的权益共同构成企业权益，即企业权益等价于企业负债和所有者权益。对于资产和权益的增减变动，我们还可以拆分成九种基本类型，见表3-2。

表 3-2 **资产和权益的增减变动**

项目	资产 =	负债 +	所有者权益
资产总额增加	增加	增加	
	增加		增加
资产总额减少	减少	减少	
	减少		减少
资产总额不变	一增一减		
		一增一减	
			一增一减
		增加	减少
		减少	增加

三、会计事项对会计等式的影响

例 3-1

2022年1月1日，张明用10 000元的银行存款投资到京华公司。

2022年1月1日，京华公司作为会计主体，发生了收到投资款项这一会计事项，使其资产增加了10 000元，同时，张明作为投资者，是京华公司的所有者，对京华公司剩余资产有要求权，所以京华公司的所有者权益也等额增加了。此时在不考虑期初各项会计要素余额的情况下，会计等式变化如下

资产	=	负债	+	所有者权益
+10 000（银行存款）		0		+10 000（实收资本）

例 3-2

2022年1月11日，京华公司为了有更多现金进行经营周转，向李华借款10 000元，并约定1个月内还清借款（暂不考虑利息）。

2022年1月11日，京华公司借款的这一会计事项，使得京华公司资产增加了10 000元，但同时李华作为债权人，对该笔借款有求偿权，所以京华公司的负债等额增加。此时会计等式变化如下：

项目	资产	=	负债	+	所有者权益
原余额	10 000		0		10 000
	+10 000（库存现金）		+10 000（短期借款）		
新余额	20 000		10 000		10 000

例 3-3

2022年1月12日，京华公司用3 000元购买了用于生产的机器设备，并购买了2 000元的原材料，货款用现金付讫。

2022年1月12日，京华公司购买机器和原材料这一会计事项，使得京华公司作为库存现金的资产减少了5 000元，并且使其作为固定资产的资产增加了3 000元，作为原材料的资产增加了2 000元。此时会计等式变化如下：

项目	资产	=	负债	+	所有者权益
原余额	20 000		10 000		10 000
	−5 000（库存现金） +3 000（固定资产）+2 000（原材料）				
新余额	20 000		10 000		10 000

例 3-4

2022年1月15日，京华公司用3 000元现金提前偿还李华的部分欠款。

2022年1月15日，京华公司提前偿债，这一会计事项使京华公司作为库存现金的这一部分资产减少了3 000元，并且负债同样减少了3 000元。此时会计等式变化如下：

项目	资产	=	负债	+	所有者权益
原余额	20 000		10 000		10 000
	−3 000（库存现金）		−3 000（短期借款）		
新余额	17 000		7 000		10 000

例 3-5

2022年1月16日，由于对京华公司前景十分看好，李华提出将剩余借款中的5 000元变成对京华公司的投资款。

2022年1月16日，京华公司发生了将部分欠款转增资本的会计事项，使其短期借款减少至2 000元，而京华公司的所有者权益增加了5 000元。此时会计等式变动如下：

项目	资产	=	负债	+	所有者权益
原余额	17 000		7 000		10 000
			−5 000（短期借款）		+5 000（实收资本）
新余额	17 000		2 000		15 000

例 3-6

2022年1月18日，由于张明手头紧张，与京华公司协商后撤回1 000元投资款。

2022年1月18日，发生所有者抽回投资款这一会计事项，使得京华公司作为银行存款的资产减少1 000元，并且实收资本也等额减少，所有者权益同时减少了1 000元。此时会计等式变化如下：

项目	资产	=	负债	+	所有者权益
原余额	17 000		2 000		15 000
	−1 000（银行存款）				−1 000（实收资本）
新余额	16 000		2 000		14 000

例 3-7

2022年1月21日，京华公司宣布发放4 000元股利。

2022年1月21日，京华公司计划对企业利润进行分配，宣布对股东分发股利。股利分配是对企业税后净利润的分配，而宣布分配，股利还并未发放，所以京华公司负债增加4 000元，同时所有者权益减少4 000元。此时会计等式变化如下：

项目	资产	=	负债	+	所有者权益
原余额	16 000		2 000		14 000
			+4 000（应付股利）		−4 000（未分配利润）
新余额	16 000		6 000		10 000

例 3-8

2022 年 1 月 30 日，李华将在京华公司中的 5 000 元投资款转让给了乙公司，并且已经完成了交接。

2022 年 1 月 30 日，所有者转让投资款这一经济活动，使得李华对京华公司净资产的要求权消失，同时乙公司拥有了对京华公司净资产的要求权，这是京华公司所有者权益内部科目的变动。此时会计等式变化如下：

项目	资产	=	负债	+	所有者权益
原余额	16 000		6 000		10 000
					−5 000（实收资本） +5 000（实收资本）
新余额	16 000		6 000		10 000

例 3-9

2022 年 1 月 31 日，京华公司用商业票据偿付李华的剩余短期借款。

2022 年 1 月 31 日，偿付剩余欠款这一会计事项使得京华公司作为短期借款的这一部分负债减少了，但同时商业票据属于应付票据，所以京华公司的应付票据增加了，这个会计事项是京华公司负债的内部转化。此时会计等式变换如下：

项目	资产	=	负债	+	所有者权益
原余额	16 000		6 000		10 000
			−2 000（短期借款） +2 000（应付票据）		
新余额	16 000		6 000		10 000

▸▸▸▸▸▸▸ 第三节　会计要素的确认与计量

一、会计要素的确认

（一）会计要素的确认标准

会计要素确认的首要问题就是根据什么样的标准来确认。总体上，会计要素确认的标准可以归纳为以下几个方面：

1.确定性

具有会计属性的企业日常经济活动都可以经过会计处理，具体化为各项会计要素及其增减变动的活动，依据第一节中对各项会计要素的定义及相关特征进行确认就是确定性。

2.可计量性

可计量性是会计要素确认的核心问题。企业各项经济活动必须能够以统一的标准进行量化，即货币计量，才能够保证之后会计要素确认后的各项目的统一性，从而有助于财会人员对不同会计信息加以区分和比较。

3.可靠性

《企业会计准则——基本准则》要求会计信息能够真实、可靠地反映各项经济活动及事项，且要符合实质重于形式的要求。因此，在会计要素确认时要客观、公正地审核原始凭证所记载的交易或事项是否真实有效，辨别相关经济数据是否可以查证；相反，若无法做出可靠的估计，就不能作为会计要素加以确认。

4.相关性

会计要素确认过程中，要保留相关的信息来服务不同需求的会计信息使用者，排除不相关的信息来减少使用者在决策中产生的偏差，提高决策效率。

（二）会计要素的具体确认

为更好地反映实务中会计主体的日常经营情况、某个期间的经营成果、某一日的财务状况，统一使用会计要素行使确认、计量等会计职能。会计要素是按照经济业务的特征，对会计对象进行的基本分类，是企业进行会计要素的确认和计量、业务的核算与报告的基础。企业的会计要素分为六类：资产、负债、所有者权益、收入、费用、利润。其中，资产、负债、所有者权益三类会计要素在资产负债表中呈现，反映某一时点企业拥有的资金构成以及来源渠道的情况；收入、费用、利润用来反映企业的经营成果，这三类会计要素在利润表中呈现，反映某一时段内企业实现的经营成果。

1.资产的确认条件

准则规定，资产的确认要在一项资源符合资产定义的前提下，同时满足以下两个条件：

（1）与该资源有关的经济利益很可能流入企业

资产的一个本质特征是能否为企业带来经济利益。但由于现实生活中，企业的经济环境瞬息万变，确认资产时要考虑环境的不确定性。比如，由于市场推陈出新，企业生产的库存商品已经过时，没有消费者购买，那么这批库存商品就不应该再确认为企业的资产，而要计提存货跌价准备后，结转资产减值损失。

（2）该资源的成本或者价值能够可靠地计量

资产能进行确认的一个重要前提就是可计量性。比如，A公司延迟交货，给B公司带来损失，双方和解，但A公司需赔偿的金额仍在协商，此时赔偿款不能可靠计量，因此B公司不能将其确认为资产。

2.负债的确认条件

准则规定，负债的确认要在一项义务符合负债定义的前提下，同时满足以下两个条件：

（1）与该义务有关的经济利益很可能流出企业

确认负债时要与实务中的不确定程度结合起来分析，很可能流出的不确定程度略高于基本确定流出。当企业拥有的一项现时义务导致利益流出是很可能或极小可能时，企业就不应确认负债，例如甲公司以被告身份涉入到一起民事诉讼，但甲公司输掉这起官司缴纳赔偿款的概率只有25%，那么甲公司就不应对这项现时义务进行负债的确认。

（2）未来流出的经济利益的金额能够可靠地计量

若一项义务未来会导致经济利益从企业流出，但该义务无法准确计量相应金额，则企业不应进行负债的确认。如上述需要赔偿违约款的A公司，由于此项义务的金额仍无法准确计量，因此A公司不能确认负债。

3.所有者权益的确认条件

依照定义，所有者权益是在债权人行使权利后，对企业的剩余资产的要求权。因此，所有者权益的确认依赖于企业资产和企业负债的确认，无法单独对此要素确认。

4.收入的确认条件

随着新行业、新技术的出现，旧版收入准则已无法适应新的经济业务或是原有经济业务的新形态。为此，我国于2017年颁布了新的收入准则，收入的确认也与国际趋同，改动后的准则详细但复杂，本节大致了解收入确认的前提和步骤：

（1）收入确认的前提

企业应当在履行了合同中的履约义务，即在客户取得相关商品控制权时确认收入。取得相关商品控制权，是指能够主导该商品的使用并从中获得几乎全部的经济利益。收入确认要关注商品控制权在合同双方的转移，将商品或服务的控制权转移给客户的行为标志着企业履行了买卖双方签订的合同中约定的履约义务。而判断控制权是否转移，新收入准则构造了以下这个模型。

（2）收入确认五步法

第一步是识别合同。企业会计进行的收入确认依赖于有法律效力的合同，因此买卖双方要签订合同，合同中应规定买卖双方的权利与义务，明晰合同标的物的交易价格、方式等支付条款，并且企业要确认该合同具有商业实质，以及让渡标的物取得的对价未来很可能收回。同时满足上述情况，该合同成立。

第二步是识别单项履约义务。履约义务是收入确认的关键，即买方提供合同约定的有关商品、服务等合同标的物的承诺，由于合同中的承诺可能不止一项，在收入确认时要单独辨别。比如，A公司承诺售出家具并提供安装服务，那么A公司就应区分出售商品和提供服务两项义务，分别进行收入的确认。

第三步是确定交易价格。在进行收入的确认时，要考虑未来可能存在的影响因素，预估企业很可能收到对价。新收入准则引入了可变对价，这也是区别于旧准则的一点，比如，甲公司为了鼓励客户快速回款，约定了现金折扣，在确认收入时甲公司要估计该客户最有可能享受的现金折扣的概率，计算可变对价，并以此为基础进行收入的确认。

第四步是对各项履约义务进行相应的交易价格分配。当合同包含两个及以上的履约义务时，企业应当按一定比例将交易价格分配到每项义务，一般分配的标准是各义务的单独销售价格。比如A公司可以按家具的售价和安装家具服务的售价计算分配率，据此分配交易价格至各项义务，并确认A公司的收入。

第五步是履行履约义务后确认收入。确认收入的时点与控制权转移的时点紧密相连，而评判控制权转移的标准又与企业履约义务的完成有关。新准则将企业何时确认收入分为两类，一是“某一时点”进行收入确认，二是“某一时段”进行收入确认。两个分类都遵循了会计中的权责发生制，但后者涉及多个会计分期，因此，要利用投入法或产出法等方法将收入按进度完成情况分期确认。

5.费用的确认条件

准则规定确认企业费用应当同时符合下列条件：

（1）与费用相关的经济利益很可能流出企业。

（2）经济利益流出企业的结果会导致资产的减少或者负债的增加。

（3）经济利益的流出额能够可靠计量。

广义上的费用确认从经济用途角度涉及生产费用、期间费用。而狭义的费用确认只包括期间费用，是企业经营活动中与本期收入相匹配的资源的耗费。

6.利润的确认条件

利润代表了企业扣除各项耗费后各项收入剩下的净额，是企业日常活动的动态经营成果。因此利润无法单独确认，依赖于收入、费用、直接计入利润的利得或损失的确认。

二、会计要素的计量

会计要素计量就是企业在使用会计要素将各项经济业务具象化后，对确认的结果使用货币、劳动等计量单位度量，进行凭证的编制，明细账、总账的录入，以及财务报表的编制等，总之就是确定会计要素的金额，并使用该结果完成会计处理的过程。

（一）会计要素的计量属性

会计要素的计量属性是指将企业会计要素进行金额形式的量化，赋予其经济属性。会计上能以多种不同的财务形式对会计要素进行货币计量，主要包括历史成本、重置成本、可变现净值、现值和公允价值等。

1.历史成本

历史成本是指获得某项资产或某项负债发生时实际发生的成本。在历史成本计量下，资产按照其购置时支付的现金或者现金等价物的金额，或者按照购置资产时所付出的代价的公允价值计量。负债按照其因承担现时义务而实际收到的款项或者资产的金额，或者承担现时义务的合同金额，或者按照日常活动中为偿还负债预期需要支付的现金或者现金等价物的金额计量。这一计量属性的数据简单易得，反映了会计事项发生时的真实情况，但当该要素市场价值和历史成本存在巨大差别时，历史成本可能无法反映现行情况下该要素的实际价值。

2.重置成本

重置成本是指现行情况下获得同样或类似的资产需要支付的金额。在重置成本计量下，资产按照现在购买相同或者相似资产所需支付的现金或者现金等价物的金额计量。负债按照现在偿付该项债务所需支付的现金或者现金等价物的金额计量。当没有有效的参照物时，这一计量属性就缺少了可比性，同时确定金额过程中存在主观性。

3.可变现净值

在可变现净值计量下，资产按照其正常对外销售所能收到现金或者现金等价物的金额扣减该资产至完工时估计将要发生的成本、估计的销售费用以及相关税费后的金额计量。这一计量属性考虑产销多个流程，更能反映资产实际价值，但除了存货等易确定各项会计要素金额的资产外，其余资产的可变现净值确定的难度过大。

4.现值

现值考虑了时间价值，以一定折现率折现未来现金流量。在现值计量下，资产按照预计从其持续使用和最终处置中所取得的未来净现金流入量的折现金额计量。负债按照预计期限内需要偿还的未来净现金流出量的折现金额计量。这一计量属性考虑了资产或负债的未来价值，但由于客观公允地确定折现率、未来现金流量很困难，实务中使用现值计量操作难度大。

5.公允价值

公允价值是指交易双方在熟悉市场情况的条件下自愿公平交易资产或负债的金额。在公允价值计量下，资产和负债按照在公平交易中熟悉市场情况的交易双方自愿进行资产交换或者债务清偿的金额计量。按照是否有相同资产、市场是否活跃、是否有报价，公允价值被划分为三个层次，这样划分可以更好地反映资产价值，帮助信息使用者进行财务决策。

（二）计量属性的一般应用原则

在企业实务中一般应当采用历史成本对会计要素进行计量。但为了提高企业业绩、资金构成、债务结构等会计信息质量，在保证所确定的会计要素金额能够取得并可靠计量的情况下，准则允许使用其他计量属性计量。

本章小结

本章重点介绍了会计要素和会计等式两个内容。

会计要素是按业务活动的经济性质对会计对象所做的分类。《企业会计准则——基本准则》中划分了资产、负债、所有者权益、收入、费用、利润六大会计要素，并分别规定了这六大会计要素的确认、计量和报告的标准。前三类要素构成资产负债表，体现了企业在某一时点的财务状况，其中资产呈现了企业资金占用情况，而负债和所有者权益则是企业从债权人和所有者获取资金后形成的，代表了企业资金的来源情况。

上述三大会计要素形成了以下会计平衡方程式：

资产=负债+所有者权益

而收入、费用和利润则构成利润表，体现了企业在某一期间内的经营成果，三者也依托于企业经营活动后计量利润的过程，形成了以下会计平衡方程式：

收入-费用=利润

这体现了企业内部资金在经营过程中如何运动，是一个动态等式，也是利润表编制的依据。两个会计等式将企业经济活动中的资金运动细化成各类要素，体现了企业活动的经济实质，因此不论发生什么会计事项，会计等式均会平衡。

课后习题

一、单项选择题

1.下列项目中，属于资产会计要素的是（　　）。

A.应收账款　　B.应付账款　　C.预收账款　　D.盈余公积

2.下列项目中，属于所有者权益的是（　　）。

A.应收票据　　B.应付债券　　C.存货　　D.未分配利润

3.收入会导致企业（　　）增加，（　　）减少。

A.资产　负债　　B.负债　资产

C.费用　负债　　D.资产　费用

4.企业的资产按照取得时的实际成交价格进行计量，采用的计量属性是（　　）。

A.公允价值　　B.历史成本　　C.可变现净值　　D.现值

5.按历史成本计量模式获得的信息更具有（　　）。

A.可靠性　　B.重要性　　C.相关性　　D.谨慎性

6.按公允价值计量模式获得的信息更具有（　　）。

A.可靠性　　B.重要性　　C.相关性　　D.谨慎性

7.利润是指企业在一定会计期间的经营成果，可用公式表示为（　　）。

A.收入+费用+利得-损失　　B.收入-利得-损失-费用

C.收入-利得+费用-损失　　D.收入-费用+利得-损失

8.静态会计等式是由静态会计要素组合而成的，反映企业一定时点财务状况的等式，其组合方式为（　　）。

A.资产=负债+所有者权益　　B.资产=权益

C.负债=资产-所有者权益　　D.收入-费用=利润

9.在下列各项中，不属于会计要素计量属性的是（　　）。

A.历史成本　　B.重置成本

C.计划成本　　D.可变现净值

二、多项选择题

1.在下列各项中，属于资产要素特征的有（　　）。

A.企业过去的交易或事项形成的资源

B.由企业拥有或控制的资源

C.企业应当承担的现时义务

D.预期会给企业带来经济利益的资源

E.企业日常活动中形成的经济利益的总流入

2.在下列各项中，属于收入要素特征的有（　　）。

A.会导致所有者权益增加的经济利益的总流入

B.企业在日常活动中形成的

C.会导致所有者权益增加的经济利益的净流入

D. 包括投资者投入资本

E. 与所有者投入资本无关

3. 在历史成本计量下，负债计量可采用的依据有（　　）。

A. 其取得时所实际支付的现金或者现金等价物的金额

B. 其制造时所实际支付的现金或现金等价物的金额

C. 其因承担现时义务而实际收到的款项或者资产的金额

D. 其承担现时义务的合同金额

E. 其日常活动中为偿还负债预期需要支付的现金或者现金等价物的金额

4. 下列费用中，属于期间费用的有（　　）。

A. 主营业务成本　　B. 制造费用　　C. 管理费用

D. 销售费用　　E. 财务费用

5. 企业接受股东投资，将导致（　　）。

A. 资产增加　　B. 负债增加　　C. 所有者权益增加

D. 费用增加　　E. 收入增加

三、判断题

1. 凡是不能给企业带来经济利益的资源都不是企业的资产。（　　）

2. 未分配利润是指企业尚未指定用途，留待以后再向股东分配的利润。（　　）

3. 企业发生的各种业务活动，都不会破坏会计等式的平衡关系。（　　）

4. 收入增加不会影响会计等式的金额。（　　）

5. 借新债还旧债也不会破坏会计等式的恒等关系。（　　）

6. 公允价值是一个动态的概念，历史成本也是当时的公允价值。（　　）

7. 企业用银行存款偿还之前欠某供应商的货款，导致经济利益流出，因而应确认为企业的费用。（　　）

8. 预付账款是指企业由于购买销售方的产品、接受劳务方提供的劳务等，按照合同规定预先支付给对方的款项。由于款项已经付出，因而不应再确认为企业的资产。（　　）

9. 企业所有的资产都应具有一定的实物形态。（　　）

10. 资产会随着负债和所有者权益的增减变动而发生相反的变化。（　　）

四、业务题

1. 目的：练习经济业务对会计等式的影响。

资料：ABC公司发生下列经济业务：

（1）从银行取得借款

（2）偿还一笔债务。

（3）赊购一台计算机。

（4）所有者对公司追加货币投资。

（5）以银行存款购进设备。

（6）收回一笔前欠的应收账款。

要求：将上述经济业务对公司资产、负债、所有者权益的影响（用“U”表示增加，“D”表示减少，“NE”表示没有影响）填写在表3-3中。

表 3-3　　ABC公司资产、负债、所有者权益的变化情况

业务序号	资产	=	负债	+	所有者权益
1					
2					
3					
4					
5					
6					

2. 目的：练习经济业务对会计等式的影响。

资料：王先生于2023年5月创办了一家企业，发生如下经济业务：

（1）将10万元存款投入企业。

（2）租了一间办公室，花费3 600元作为一年的租金。

（3）支付各种办公费用6 000元。

（4）用银行存款购入8万元商品。

（5）商品全部出售，收到货款99 000元，货款已经存入银行，同时结转已售商品成本8万元。

要求：请问王先生的公司在经过上述这些经济活动以后，会计恒等式是否还保持平衡？请列出会计等式的每一步变化。

3. 目的：练习利润的计算方法（按权责发生制）。

资料：接上题资料，王先生公司6月份继续发生了下列业务：

（1）新公司因经验不足，逾期未交税金，被税务部门处罚，缴纳滞纳金300元。

（2）公司为其他公司代售商品收取代售费用1 000元。

（3）从银行提取现金500元。

（4）用现金支付印刷宣传画页费用100元。

要求：请问上述哪些业务会影响公司的利润？请结合2的资料，计算该公司5—6月份的利润。

五、思考题

1. 企业的经济活动主要包括哪些？它们之间的关系如何？

2. 《企业会计准则——基本准则》规定的会计要素有几个？

3. 什么是资产？什么是负债？什么是所有者权益？它们之间是什么关系？

4. 什么是收入？什么是费用？什么是利润？它们之间是什么关系？

5. 为什么收入和费用的发生不会影响会计等式的恒等性？

6. 会计要素初始确认以后还要再次确认吗？

7. 会计计量属性有哪几种？它们分别是什么？

六、案例讨论题

目的：掌握经济业务对会计等式的影响。

资料：2023年9月25日，张华准备开一家“心愿”鲜花店，预计租店面、买材料和店内设施费用大致需要10万元。经过梳理，张华个人现有资金4万元，随后她又向父母借了6万元，10月1日，“心愿”鲜花店开业了。10月份，鲜花店在进花方面花费4万元，产生店面租金1万元，其他各项管理费用共计4 000元。同时，卖出鲜花获得收入10万元。

要求：

1. 请考虑会计核算前提假设是否成立？

2. 在上述案例中，会计等式是否成立？影响会计等式的业务有哪些？

第四章

账户与复式记账

学习目标

1. 掌握：账户结构、借贷记账法的记账规则和会计分录的编制。

2. 理解：会计科目与账户之间的关系。

3. 了解：设置账户的意义及账户的对应关系。

课程思政

1.价值塑造

•树立“有来路才有归途”的哲学思维。

•复式记账取代单式记账，是商业文明的进步。

•讲清楚每一笔钱来自何处又用到何处是会计的基本素养。

•建立“饮水思源”的基本良知，在内心设置一个“人生的账户”。

2.知识传授

•为每一个账户取好名称（会计科目），约定好账户登记增减的方向，运用复式记账原理记录企业每一笔经济业务的来龙去脉，是保证会计信息真实、准确的第一步。

•合伙制要求将资本与收益进行切分，以便进行分配。合伙人对利益的诉求，促进了会计从单式记账向复式记账的转变，为正确核算每笔业务所获得的收益奠定了基础。

3.能力培养

•培养学生的反思能力。思考会计记录为什么会从单式记账转向复式记账，复式记账的主旨是什么，为什么增减记账法、收付记账法被淘汰，借贷记账法具有哪些优势。

•培养学生遵守能量守恒定律。有借必有贷，借贷必相等的记账规则可以让学生联想到学习也是守恒的，即“一分耕耘一分收获”。每个学生应该更努力地学习，以获得更多收获，引导学生做事情要有始有终，不可随便放弃。

▶▶▶▶▶▶▶ 第一节　会计科目

一、设置会计科目的意义

（一）会计科目

会计科目是指在会计要素分类的基础上，对会计对象（企业经济活动）所做的进一步分类，是会计要素的具体化。会计对象的具体内容各有不同，管理要求也有不同。为了全面、系统、分类地反映与监督各项经济业务的发生情况，以及由此而引起的各项资产、负债、所有者权益和各项损益的增减变动，就有必要按照各项会计对象分别设置会计科目。设置会计科目是对会计对象的具体内容加以科学归类，是进行分类核算与监督的一种方法。

（二）设置会计科目的意义

会计科目是对会计对象的具体内容进行分类的项目。但企业发生的各种经济业务是十分复杂的。为了序时、连续、系统地记录由于经济业务的发生而引起会计要素的增减变动，提供各种会计信息，必须根据会计科目开设相应的账户，以便对经济业务进行分类、系统和连续的记录，进而向会计信息使用者提供各种会计信息，这对于加强宏观、微观经济管理具有重要意义。

会计科目与账户是两个既有联系又有区别的概念。它们的联系在于两者所反映的经济内容是相同的，账户是根据会计科目开设的，账户的名称就是会计科目。它们之间的区别在于会计科目只是对会计对象具体内容的分类，本身没有结构；账户则有一定的结构和格式，具体反映某项经济业务内容的增减变动情况及其结果。由于账户是根据会计科目设置的，并按照会计科目命名，即会计科目就是账户的名称，两者名称完全相同，因而在实际工作中，会计科目与账户常被作为同义语来理解，互相通用，不加区别。

二、设置会计科目的原则

（一）符合企业特点

由于各个行业之间存在一定的差异以及企业自身内部业务的不断更新，一些特殊业务和创新业务需要在财政部制定的会计科目表的基础上设置会计科目，体现行业和企业的特点。比如同是利息收入与利息支出，金融业分别在“利息收入”和“利息支出”科目中进行核算，制造业、商业企业则在“财务费用”科目中进行核算。中外合作开采石油在一些国家有产品分成的传统，即合作双方不是分钱，而是分产品，就需要设置“成本油”和“利润油”会计科目进行核算。

（二）满足管理需要

企业会计核算资料应能满足各方面的需要：满足国家宏观经济管理的需要；满足投资者在内的各有关方面对企业经营业绩和财务状况做出准确判断的需要；满足企业自身加强经营管理的需要。

（三）统一性与灵活性相结合

所谓统一性，是指在设置账户时，要按照国家有关会计制度中对账户的名称即会计科目的设置及其核算内容所做的统一规定，以保证会计核算指标在一个部门乃至全国范围内综合汇总，分析利用。所谓灵活性，是指在保证提供统一核算指标的前提下，各会计主体可以根据本单位的具体情况和经营管理要求，对统一规定的会计科目做必要的增补、分拆或合并。在具体工作时要防止两种倾向：一是要防止会计科目过于简单化，过于简单就不能满足经济管理的要求；二是要防止会计科目过于烦琐，如果核算资料超过要求，就会不合理地加大会计核算的工作量。

（四）简单明确、字义相符、通俗易懂

会计科目作为分类核算的标志，要求简单明确、字义相符，避免误解和混乱。简单明确是指根据经济业务的特点尽可能简洁明确地规定科目名称；字义相符是指按照中文习惯，能够顾名思义，不至于产生误解；通俗易懂是指要尽量避免使用晦涩难懂的文字，便于大多数人正确理解。会计科目的名称除规定之外，还要尽量采用在经济生活中习惯使用的名称，以避免误解。

（五）保持相对稳定性

为了便于在不同时期分析比较会计核算指标，并在一定范围内汇总核算指标，应保持会计科目相对稳定，不能经常变动会计科目的名称、内容、数量，应使核算指标保持可比性。

三、会计科目表

会计科目表是财政部发布的，旨在帮助企业选择适合企业的会计科目。会计科目表由两部分组成，一是会计科目编号；二是会计科目名称。

（一）会计科目编号

会计科目编号是按一定的规则编制的，编号采用一科目一编号原则。常用会计科目表中的会计编号一般以四个数字作为会计科目的号码，其中每个数字表示的含义不同。例如，库存现金的编号为1001，第一个1表示资产，第一个0表示货币资产，后面的1表示库存现金，依此类推。企业也可以根据自己的需要编制会计科目的编号。

（二）会计科目名称

为便于实务操作，需要按照会计科目设置的原则，将会计科目名称标准化。标准化的工作由财政部会计司负责组织设计，按照资产、负债、所有者权益、成本、损益进行细分，确定统一的会计科目名称并通过《企业会计准则——应用指南》的方式发布。

表4-1是财政部2006年印发的《企业会计准则应用指南——会计科目和主要账务处理》及随后发布或修订的会计准则中制造业常用的会计科目表。

表4-1 **常用会计科目表**

一、资产类		1531	长期应收款
1001	库存现金	1601	固定资产
1002	银行存款	1602	累计折旧
1015	其他货币资金	1603	固定资产减值准备
1101	交易性金融资产	1604	在建工程
1121	应收票据	1605	工程物资
1122	应收账款	1606	固定资产清理
1123	预付账款	1701	无形资产
1131	应收股利	1702	累计摊销
1132	应收利息	1703	无形资产减值准备
1221	其他应收款	1711	商誉
1231	坏账准备	1801	长期待摊费用
1401	材料采购	1811	递延所得税资产
1402	在途物资	1901	待处理财产损溢
1403	原材料	二、负债类	
1404	材料成本差异	2001	短期借款
1405	库存商品	2201	应付票据
1406	发出商品	2202	应付账款
1408	委托加工物资	2203	预收账款
1471	存货跌价准备	2211	应付职工薪酬
1501	债权投资	2221	应交税费
1502	债权投资减值准备	2231	应付股利
1503	其他债权投资	2232	应付利息
1504	其他权益工具投资	2241	其他应付款
1511	长期股权投资	2501	长期借款
1512	长期股权投资减值准备	2502	应付债券
1521	投资性房地产	2701	长期应付款

续表

2711	专项应付款	6051	其他业务收入
2801	预计负债	6101	公允价值变动损益
2901	递延所得税负债	6111	投资收益
三、共同类		6117	其他收益
略	略	6301	营业外收入
四、所有者权益类		6401	主营业务成本
4001	实收资本	6402	其他业务成本
4002	资本公积	6403	税金及附加
4101	盈余公积	6601	销售费用
4103	本年利润	6602	管理费用
4104	利润分配	6603	财务费用
五、成本类（资产类账户中的成本类账户）		6701	资产减值损失
5001	生产成本	6702	信用减值损失
5101	制造费用	6711	营业外支出
5201	劳务成本	6801	所得税费用
5301	研发支出	6901	以前年度损益调整
六、损益类			
6001	主营业务收入		

▸▸▸▸▸▸▸ 第二节　会计账户

一、账户的作用

账户是对会计要素的增减变动及其结果进行分类记录、反映的工具。账户是会计信息的“储存器”，设置账户是会计核算的一种专门方法。

会计科目与账户既有区别又相互联系。共同点在于：都是对经济业务的具体分类，说明同一项经济业务。不同点在于：会计科目只是账户的名称，是账户设置的依据；账户是会计科目的具体运用，具有一定的结构和格式，并通过其结构反映某项经济业务的增减变动及其余额。

设置账户的意义在于方便记录企业经济业务的增减变化，并随时可以获取各项经济业务分门别类、连续系统的信息，以对企业的财产物资和债权债务的增减变化及其结果进行管理。从这个意义上说，账户是对会计对象的具体内容进行分类核算和监督的一种工具。

二、账户的结构

要正确使用账户，首先要了解账户的格式及增减记录的规则。

（一）账户格式

企业各项经济业务对会计要素引起的变化虽然错综复杂，但其背后的资金变化只有两种，要么资金增加，要么资金减少。为此，将账户划分为两个部分，分别记录资金的增加数和减少数。为了直观起见，通常在一个平面的中间画一条垂直线，将其一分为二，垂直线的左边称为左方，右边称为右方；在垂直线的上方再画一条水平线，在水平线上方写上会计科目或编码，一个简单明了的账户结构就清晰可见了，该形状像英文字母“T”，会计便把这种账户称为T形账户，如图4-1所示。

左方	会计科目	右方

图4-1　T形账户示意图

（二）账户记账规则

将账户分为左右两边以后，用于记录增减的组合有两种，要么左边记录增加，右边记录减少；反之，右边记录增加，左边记录减少。在T形账户中究竟账户哪边记录增加，哪边记录减少，需要做出约定。习惯上，资产与费用类账户的左边记录增加，右边记录减少；负债、所有者权益和收入类账户的右边记录增加，左边记录减少。这样将会计要素分成两大类后就能适应账户的结构，对所有经济业务都可以进行记录。

记账规则：

1. 所有账户的左方都叫借方，所有账户的右方都叫贷方。

2. 资产和费用类账户的借方记录增加额，贷方记录减少额。

3. 负债、所有者权益和收入类账户贷方记录增加额，借方记录减少额。

4. 任何账户的正常余额都在记录增加额的那一方。因此，资产类账户的余额在借方，负债和所有者权益类账户的余额在贷方。

按照借贷记账法的记账规则，将账户的结构归纳为两类，如图4-2所示。

借方　资产、费用类账户	贷方
增加额	减少额
余额	

借方　负债、所有者权益、收入类账户	贷方
减少额	增加额
	余额

图4-2　账户结构

（三）账户本期发生额及期末余额

每个账户一般都有四个金额要素，即期初余额、本期增加发生额、本期减少发生额和期末余额。账户如有期初余额，首先应当在记录增加额的那一方登记。会计事项发生后，要将增减内容记录在相应的栏内。一定期间记录到账户增加方的数额合计，称为增加发生额；记录到账户减少方的数额合计，称为减少发生额。正常情况下，账户四个数额之间的关系如下：

账户期末余额=账户期初余额+本期增加发生额-本期减少发生额

账户本期的期末余额转入下期，即为下期的期初余额。每个账户的本期发生额反映的都是该类经济内容在本期内变动的情况，而期末余额则反映变动的结果。例如，某企业在某一期间“银行存款”账户的记录见表4-2。

表 4-2 **银行存款账户**

借方 银行存款 贷方

借方		贷方	
期初余额	9 000		
本期增加额	7 000	本期减少额	1 000
本期发生额	7 000	本期发生额	1 000
期末余额	15 000		

根据上述账户的记录，可知企业期初在银行的存款为9 000元，本期增加了7 000元，本期减少了1 000元，到期末，企业还有15 000元存款。

三、账户的特点

（1）账户左右两边按相反方向进行记录。如果规定在左边记录增加额，右方则记录减少额；反之亦然。账户金额之间应保持平衡。

（2）账户金额之间的关系应满足“本期期末余额=期初余额+本期增加发生额-本期减少发生额”。

（3）账户的余额一般与增加额记录在同一方，本期的期末余额为下期的期初余额。

▸▸▸▸▸▸▸ 第三节　复式记账原理

一般来说，有两种记账方法，单式记账和复式记账。复式记账是从单式记账演变而来的。

一、单式记账

单式记账法是指对每项经济业务只在一个账户中进行单方面登记的方法。例如，企业以银行存款1 000元购买原材料。对于这项业务，在单式记账法下，就只在银行存款账户中作减少1 000元的登记，至于购入的原材料的增加则不予反映。由于在单式记账法下，一般只记录货币资金收付及债权、债务的结算业务。因此，企业一般仅设置“库存现金”“银行存款”“应收账款”“应付账款”等账户，而没有一套完整的账户体系，账户记录之间没有直接联系，所以也不能全面地反映经济业务的来龙去脉，进而也无法检查账户记录的正确性。因此，单式记账法是一种简单、不完整、不科学的记账方法。目前已很少被采用。

二、复式记账

（一）复式记账的概念

所谓复式记账法，是指对任何一项经济业务，都必须用相等的金额在两个或两个以上的有关账户中相互联系地进行登记，借以反映会计对象具体内容增减变化的一种记账方法。例如，企业以现金500元支付办公费用。采用复式记账法，这项经济业务除了要在有关“库存现金”账户中作减少500元的登记外，还要在有关费用账户中作增加500元的记录。这样登记的结果表明，企业现金的付出同费用的发生两者之间是相互联系的。又如，企业向某单位购入一批材料，计价1 000元，货已收到，款尚未支付。采用复式记账法，这项经济业务除了要在结算债务账户中作增加1 000元的登记外，还要在有关的材料账户中作增加1 000元的记录。这样登记的结果，就使得债务的发生同材料的购进两者之间的关系一目了然。与单式记账法相比，复式记账法具有无可比拟的优点。

（1）由于复式记账法对每一项经济业务都以相等的金额同时在两个或两个以上相互联系的账户中进行双重登记，这样，通过账户记录不仅可以完整、系统地反映会计要素的增减变动情况及其结果，还可以清晰地了解每一项经济业务的来龙去脉。

（2）由于对每项经济业务都以相等的金额在有关账户中进行记录，因而可以对账户记录的结果进行试算平衡，以检查账户记录的正确性。

显然，复式记账法比单式记账法更为科学、严谨。

（二）复式记账的种类

复式记账包括增减记账法、收付记账法和借贷记账法。这三种方法在我国会计实务中都曾广泛使用，在分行业会计制度下，商业企业采用增减记账法，行政事业单位采用收付记账法，工业企业采用借贷记账法。1992年取消行业制度、引入会计准则之后，所有企事业单位、国家机关陆续改用借贷记账法。借贷记账法不仅是一个通行的记账方法，也是通用的商业语言，被世界各国广泛采用。我国《企业会计准则——基本准则》明确规定，会计采用借贷记账法。

1.增减记账法

增减记账法是以“增”“减”作为记账符号，对发生的经济业务进行记录的复式记账方法。增减记账法由我国学者梁润身于1947年首先提出，经过原商业部专家张以宽先生等的缜密论证，自20世纪60年代起在我国商业系统使用。

2.收付记账法

收付记账法是以“收”“付”作为记账符号，对发生的经济业务进行记录的一种复式记账方法。收付记账法是徐永祚先生在20世纪30年代为了应对西式借贷记账法对中式商业簿记的冲击而推出的改良方案。1950年，章乃器先生主张“用自己的簿记原理记账”，引发了关于收付记账法与借贷记账法的大讨论。随后，收付记账法在中国人民银行系统和预算会计（政府会计、事业单位会计、财政总预算会计）领域得到了广泛应用。

3.借贷记账法

借贷记账法是以“借”“贷”作为记账符号，对发生的经济业务进行记录的一种复式记账方法。1907年，谢霖和孟森合著的《银行簿记学》一书首次将“借”“贷”记账符号引入我国。民国时期，在华的外资企业普遍采用的就是借贷记账法。当时，享有崇高威望的潘序伦先生也比较支持推广借贷记账法。借贷记账法的推广对传统的中式商业簿记产生了强烈冲击。

中华人民共和国成立以前，借贷记账法就传入我国，为一部分企业所采用。中华人民共和国成立以后，我国会计工作者在借贷记账法的基础上，提出了一些新的记账方法，如增减记账法、收付记账法等，并将其运用于会计实践中。但是，记账方法不统一，既给企业间横向经济联系和国际经济交往带来诸多不便，也不利于经济管理中对会计信息的加工、汇总和利用。因此，我国于1993年起实施的基本会计准则就已明确规定，境内所有企业在进行会计核算时，都必须统一采用借贷记账法。目前，即使是行政、事业单位，也都采用借贷记账法。

三、借贷记账法

（一）借贷记账法的产生

复式簿记的产生是一个缓慢的过程，据会计史学家考证，早在公元13—14世纪，人们就已开始利用复式记账的原理进行记录，只是没有得到系统的阐述。

直到1494年，卢卡·帕乔利（Luca Pacioli）在他的著作《算术、几何、比及比例概要》一书中对威尼斯簿记法作了详细的介绍，并在理论上加以说明，其中第三篇“计算和记录的详论”系统阐述了借贷复式记账原理的应用。卢卡·帕乔利的著作，对欧美各国产生了很大的影响，传入欧洲大陆形成大陆式会计，传入英国和美国形成英美式会计。日本在明治维新后从英国学习西式簿记；19世纪中叶以后，清政府派员赴日本学习，英美式的复式记账法就由日本传入我国。

在借贷记账法下，任何账户都分为借、贷两方，而且把账户的左方称为“借方”，把账户的右方称为“贷方”。记账时，账户的借贷两方必须做相反方向的记录，即对于每一个账户来说，如果借方用来登记增加额，则贷方就用来登记减少额；如果借方用来登记减少额，则贷方就用来登记增加额。在一个会计期间内，借方登记的合计数称为借方发生额；贷方登记的合计数称为贷方发生额。那么，究竟用哪一方来登记增加额，用哪一方来登记减少额呢？这要根据各个账户反映的经济内容，也就是它的性质来决定。

（二）借贷记账法的平衡原理

借贷记账法的主旨是追求结果的平衡。平衡的依据是会计恒等式，即资产=负债+所有者权益。该等式揭示了两种平衡关系：

第一，会计主体内各会计要素之间的数字平衡关系。有一定数量的资产，就必然有相应数量的负债和所有者权益与之对应；反之，有一定数量的负债和所有者权益，就一定有相应数量的资产与之对应。

第二，各会计要素增减变化的相互联系。同一会计要素内部一增一减，不同类要素之间的同时增加或同时减少都不会破坏等式的平衡关系。

（三）借贷记账法的记账规则

借贷记账法的记账规则包括记账符号、记账规则和账户结构。

1.记账符号

以“借”和“贷”作为记账符号。借贷没有实质含义，只用于会计账户前的增、减指代，至于是增加还是减少需要根据会计科目的性质来进行判断。比如，“借”在资产前面就是增加，在负债前面就是减少。

2.记账规则

以“有借必有贷，借贷必相等”为记账规则，其依据是会计恒等式中各会计要素之间的依存关系。

3.账户结构

（1）资产类账户结构。资产类账户是对资产要素的具体内容进行分类核算的项目，按资产的流动性分为反映流动资产的账户和反映非流动资产的账户。反映流动资产的有“库存现金”“银行存款”“原材料”“应收账款”“库存商品”等账户。反映非流动资产的有“长期股权投资”“固定资产”“无形资产”等账户。资产类账户期末余额计算公式为：

资产类账户期末借方余额=期初借方余额+本期借方发生额-本期贷方发生额

（2）负债类账户结构。负债类账户是对负债要素的具体内容进行分类核算的项目，按负债的偿还期限分为反映流动负债的账户和反映非流动负债的账户。反映流动负债的有“短期借款”“应付票据”“应付账款”“应付职工薪酬”“应交税费”等账户。反映非流动负债的有“长期借款”“应付债券”“长期应付款”等账户。负债类账户期末余额的计算公式为：

负债类账户期末贷方余额=期初贷方余额+本期贷方发生额-本期借方发生额

（3）所有者权益类账户结构。所有者权益类账户是对所有者权益要素的具体内容进行分类核算的项目，按所有者权益的形成和性质可分为反映资本的账户和反映留存收益的账户。反映资本的有“实收资本”（或“股本”）、“资本公积”账户。反映留存收益的有“盈余公积”“未分配利润”等账户。所有者权益类账户期末余额的计算公式为：

所有者权益类账户期末贷方余额=期初贷方余额+本期贷方发生额-本期借方发生额

（4）收入类账户结构。收入类账户是专门用于归集企业在某个会计期间经营过程中各项收入的账户。收入类账户主要有“主营业务收入”“其他业务收入”“营业外收入”等账户。这类账户的贷方登记一定会计期间发生的收入数额；借方登记转入“本年利润”账户的数额。由于各项收入都要在期末转入“本年利润”账户，因此，这类账户期末一般没有余额。

（5）费用类账户结构。费用类账户是专门用于归集企业在某个会计期间生产经营过程中各项费用的账户。费用类账户主要有“主营业务成本”“其他业务成本”“销售费用”

“管理费用”“财务费用”“税金及附加”“营业外支出”“所得税费用”等账户。这类账户的借方登记一定会计期间发生的费用数额，贷方登记转入“本年利润”账户的数额。由于各费用在期末全部转入“本年利润”账户，因此期末一般都没有余额。

为了简化，一般在T形账户中的垂直线上画两条平行的小横线表示账户余额为零。

（6）利润类账户结构。利润类账户是反映企业利润的形成过程及其分配情况的账户。核算利润形成过程的账户有“本年利润”和“利润分配——未分配利润”。

“本年利润”账户是一个暂时性账户，其贷方登记由收入类账户转入的金额，借方登记由成本、费用类账户转入的金额，如果余额在贷方，表示盈利；如果余额在借方，表示亏损。最后，再将贷方余额从其借方转入“利润分配——未分配利润”账户的贷方；借方余额从其贷方转入“利润分配——未分配利润”账户的借方。

“利润分配——未分配利润”账户是一个永久性账户，贷方登记由“本年利润”账户转入的利润额，借方登记由“本年利润”账户转入的亏损额和利润分配额。贷方余额表示留待以后再分配的利润。

▸▸▸▸▸▸▸ 第四节　借贷记账法

一、会计分录的格式和编制步骤

会计分录，简称分录，是指对每一项经济业务，按照借贷记账法的规则要求，分别列示应借应贷账户名称及其金额的一种记录方式。每一笔会计分录都应包括三项要素：一是记账符号，表明记账方向，即应该记入借方还是贷方；二是会计科目，即经济业务涉及的科目名称；三是金额。

会计分录是会计特有的记录语言，实务中需要将其填写在具有一定格式的记账凭证中。在教学过程中，为了便于理解，形成了一些基本规范和编制方法，包括基本格式和编制步骤。

（一）基本格式

1. 先写借后写贷，在借和贷后面加冒号（:）；
2. 借贷要分行错格书写（一般错一格）；
3. 借方和贷方的总金额要相等。

基本格式示范如下：

借：会计科目1　　×××

　贷：会计科目2　　×××

会计科目（账户）之前的“借”或“贷”，表示该科目（账户）是增加或者减少。每个会计科目（账户）前的“借”或“贷”所表示的增减含义，要看具体的账户类别。如果该笔会计分录中的会计科目1和会计科目2都是资产类账户，则会计科目1之前的“借”表示增加，会计科目2之前的“贷”表示减少；如果该笔会计分录中的会计科目1和会计科目2都是负债类账户，则会计科目1之前的“借”表示减少，会计科目2之前的“贷”表示增加。会计科目1和会计科目2后面的金额要相等。

（二）编制步骤

第一步，判断经济业务的性质（采购、生产还是销售等）；

第二步，分析该经济业务要使用的会计科目；

第三步，确定该会计科目的类别（资产、负债、所有者权益、收入、费用），分析增减变化；

第四步，确定账户的方向，是借方还是贷方；

第五步，按格式编制会计分录。

根据经济业务的复杂程度，企业编制的会计分录有简单会计分录和复合会计分录。

二、简单会计分录

简单会计分录是由一个借方账户与一个贷方账户所组成的会计分录，即一借一贷。

例4-1

京华公司2022年1月份从银行提取现金500元，以备日常零星之用。

这笔业务属于取款业务，涉及库存现金和银行存款账户，库存现金和银行存款都是资产类账户，账户结构相同，借方登记增加，贷方登记减少。按上述编制分录的格式可写成：

借：库存现金　　500

　贷：银行存款　　500

简单会计分录的账户对应关系清楚，资金的踪迹一目了然，现金增加500元，来源于银行存款减少500元；反之，银行存款减少500元，钱去了哪里？银行存款变成现金，现金增加500元。

三、复合会计分录

复合会计分录是由一个借方账户与多个贷方账户或一个贷方账户与多个借方账户或几个贷方账户与几个借方账户所组成的会计分录，即一借多贷、一贷多借或者多借多贷。在编制复合会计分录时，相同记账符号只需写一个。

1.一借多贷会计分录

一借多贷会计分录是指由一个借方科目，两个或两个以上的贷方科目组成的会计分录。

例4-2

京华公司2022年1月份购进一台电脑，价值6 000元，分别用银行存款支付3 000元，现金支付1 000元，剩余2 000元承诺1个月内支付。

这笔业务属于购买办公设备业务。该设备符合单位固定资产的划分标准。支付方式分别为：银行存款支付3 000元，现金支付1 000元，未支付的部分形成一项负债2 000元，通过应付账款（应付账款是指企业在购买商品或服务过程中，应当支付而未支付的款项）进行核算。在该笔业务中固定资产增加6 000元，记入“固定资产”账户的借方；银行存款减少3 000元，记入“银行存款”账户的贷方；现金减少1 000元，记入“库存现金”账户的贷方；尚未支付的2 000元，记入“应付账款”账户的贷方（表示增加）。会计分录如下：

借：固定资产——电脑　　6 000

　贷：银行存款　　3 000

　　　库存现金　　1 000

　　　应付账款——某供货商　　2 000

该业务形成了一借三贷的情况，其账户之间的对应关系比较复杂。它显示购买电脑的钱来自三个部分：以银行存款支付3 000元，用现金支付1 000元，还欠供货商2 000元。从资金去向来理解，则是现金、银行存款的减少和负债增加的原因是公司购入了一台电脑。

2.一贷多借会计分录

一贷多借会计分录是指由一个贷方科目，两个或两个以上的借方科目组成的会计分录。

例4-3

京华公司2022年1月份用银行存款3 000元从某商场购入自用的一台打印机和10盒打印纸，打印机价值2 700元，打印纸10盒300元。

这笔业务属于购买办公资产和耗材业务。所购打印机属于固定资产，打印纸属于耗材直接作为费用，计入管理费用。用银行存款支付，就用银行存款科目。在该笔业务中，由于固定资产是资产类账户，固定资产增加2 700元，应记入“固定资产”账户的借方；管理费用是费用类账户，将300元记入“管理费用”账户的借方；银行存款减少3 000元，记入“银行存款”账户的贷方。会计分录如下：

借：固定资产——打印机　　2 700

　　管理费用——打印纸　　300

　贷：银行存款　　3 000

3.多借多贷会计分录

多借多贷会计分录是指由两个或两个以上借方科目与两个或两个以上贷方科目组成的会计分录。

多借多贷会计分录对应的是较为复杂的经济业务，虽然一开始没有简单会计分录那样清楚明了，但随着会计业务知识的学习，会逐渐理解并熟练使用。多借多贷会计分录能完整地反映经济业务的全貌，有些复合会计分录可以分拆，不会破坏对经济业务完整性的理解，但有些复合会计分录则不能也无法拆开，只能多借多贷。可以拆分的会计分录（如例4-3的会计分录）可一分为二：

购买打印机2 700元。

借：固定资产——打印机　　2 700

　贷：银行存款　　2 700

购买打印纸300元。

借：管理费用——打印纸　　300

　贷：银行存款　　300

可见，复合会计分录是由几个简单会计分录组合而成的，复合会计分录可以集中全面地反映某项经济业务的全貌，简化记账，防止会计凭证被抽换。实务中，有些经济业务比较复杂，涉及账户较多，可按实际情况编制多借多贷的复合会计分录，但不允许将单独的几项经济业务合并编制复合会计分录。

四、账户的对应关系

在同一笔会计分录中，账户之间的应借、应贷关系称为账户的对应关系。存在对应关系的账户称为对应账户（对应科目）。

例如，用银行存款购买电脑，就要在“固定资产”账户的借方和“银行存款”账户的贷方进行记录。这样，“固定资产”账户与“银行存款”账户之间就产生了对应关系，两个账户就成了对应账户。账户之间的对应关系有助于了解经济业务的来踪和去迹，检查对经济业务的会计处理是否合理合法。

本章小结

设置会计科目对于加强宏观、微观经济管理具有重要意义。设置会计科目要遵循一定的原则。需要严格遵循财政部2006年印发的《企业会计准则应用指南——会计科目和主要账务处理》及随后发布或修订的会计准则中制造业常用的会计科目表。了解账户作用、账户结构。记账方法包括单式记账法和复式记账法。复式记账法是指对发生的每一项经济业务都以相等的金额同时在两个或两个以上相互联系的账户中进行登记，以系统全面地反映每一项经济业务所引起的资产和权益变化情况及结果的一种方法。借贷记账法是以“借”“贷”两字作为记账符号，以借贷相等的金额全面地、相互关联地反映会计要素增减变动情况的一种复式记账法。在借贷记账法下，不同性质的账户具有不同的结构特点。借贷记账法遵循“有借必有贷，借贷必相等”的记账规则。会计分录是指对发生的每一项经济业务，确定应记入账户的名称、方向和金额的一种记录形式。

课后习题

一、单项选择题

1.账户的基本结构是指（　　）。

A.账户的具体格式　　B.账户登记的经济内容

C.账户登记的日期　　D.账户中登记增减金额的栏次

2.会计科目是对（　　）分类所形成的项目。

A.会计对象　　B.会计要素　　C.会计方法　　D.会计账户

3.会计账户的设置依据是（　　）。

A.会计对象　　B.会计要素　　C.会计科目　　D.会计方法

4.在借贷记账法下，资产类账户的期末余额一般在（　　）。

A.借方　　B.增加方　　C.贷方　　D.减少方

5.开设明细分类账户的依据是（　　）。

A.总分类科目　　B.明细分类科目　　C.试算平衡表　　D.会计要素内容

6.进行复式记账时，对任何一项经济业务登记的账户数量应是（　　）。

A.一个　　B.两个　　C.三个　　D.两个或两个以上

7.存在对应关系的账户称为（　　）。

A.一级账户　　B.对应账户　　C.总分类账户　　D.明细分类账户

8.在借贷记账法下，所有者权益类账户的期末余额等于（　　）。

A. 期初贷方余额+本期贷方发生额-本期借方发生额

B. 期初借方余额+本期贷方发生额-本期借方发生额

C. 期初借方余额+本期借方发生额-本期贷方发生额

D. 期初贷方余额+本期借方发生额-本期贷方发生额

9.借贷记账法试算平衡的依据是（　　）。

A.资金运动变化规律　　B.会计等式平衡原理

C.会计账户基本结构　　D.平行登记基本原理

10.借贷记账法的余额试算平衡公式是（　　）。

A. 每个账户的借方发生额=每个账户的贷方发生额

B. 全部账户本期借方发生额合计=全部账户本期贷方发生额合计

C. 全部账户期末借方余额合计=全部账户期末贷方余额合计

D. 全部账户期末借方余额合计=部分账户期末贷方余额合计

二、多项选择题

1.账户中用哪一方登记增加额，哪一方登记减少额，取决于（　　）。

A.所记录的经济内容　　B.所记录的业务内容

C.所采用的记账手段　　D.所采用的记账方法

E.反映会计指标信息的详细程度

2.账户一般可以提供的金额指标有（　　）。

A.期初余额　　B.本期增加发生额

C.期中余额　　D.本期减少发生额

E.期末余额

3.设置会计科目时应遵循的原则有（　　）。

A.会计科目要简明适用　　B.符合对外报告的要求

C.统一性与灵活性相结合　　D.适应需要又要保持相对稳定

E.必须全面反映会计要素的内容

4.明细分类科目（　　）。

A.也称一级会计科目　　B.是进行明细分类核算的依据

C.是进行总分类核算的依据　　D.提供更加详细具体的指标

E.是对总分类科目核算内容详细分类的科目

5.借贷记账法的记账符号“贷”对于下列会计要素表示增加的有（　　）。

A.资产 B.负债 C.所有者权益
D.收入 E.利润

6.下列账户中，用贷方登记增加数的账户有（　　）。
A.应付账款 B.实收资本 C.累计折旧
D.盈余公积 E.本年利润

7.采用借贷记账法时，账户的借方一般用来登记（　　）。
A.资产的增加 B.收入的减少 C.费用的增加
D.负债的增加 E.所有者权益的减少

8.下列账户中，在会计期末一般没有余额的账户有（　　）。
A.资产类账户 B.负债类账户 C.所有者权益类账户
D.收入类账户 E.利润类账户

9.复合会计分录是指（　　）。
A.一借一贷的会计分录 B.一借多贷的会计分录 C.多借一贷的会计分录
D.多借多贷的会计分录 E.写出明细科目的会计分录

10.以下各项中，通过试算平衡无法发现的错误有（　　）。
A.漏记或重记某项经济业务 B.方向正确但金额写少
C.借贷记账方向彼此颠倒 D.方向正确但记错账户
E.账户正确但记错方向

11.企业用银行存款偿还应付账款，引起会计要素变化的有（　　）。
A.资产增加 B.资产减少 C.负债增加
D.负债减少 E.收入减少

三、判断题

1.会计科目是对会计要素分类所形成的项目。（　　）
2.设置会计科目应遵循统一性和灵活性相结合的原则。（　　）
3.会计科目只有总分类科目一个级次。（　　）
4.会计科目是会计账户设置的依据。（　　）
5.账户上期期末的余额转入本期即为本期的期初余额。（　　）
6.定期汇总的全部账户发生额的借贷方合计数平衡说明账户记录完全正确。（　　）
7.借贷记账法的记账符号表示增减，也表示账户中的登记方向。（　　）
8.收入类账户与费用类账户一般没有期末余额，但有期初余额。（　　）
9.双重性质账户一般是指将两个性质不同的账户合并在一起的账户。（　　）
10.企业购入材料而货款未付，其资产与负债会同时减少。（　　）
11.会计分录包括业务涉及的账户名称、记账方向和金额三方面内容。（　　）
12.会计分录中的账户之间的相互依存关系称为账户的对应关系。（　　）
13.账户按提供资料的详细程度不同可分为总账账户和明细账户两种。（　　）
14."有借必有贷，借贷必相等"是借贷记账法的记账规则。（　　）

四、业务题

资料：

1.向银行借入一年期贷款100万元，存入开户银行。

2. 从银行提取现金1万元备用。

3. 向光大公司购入商品200万元，货款未付。

4. 将应付光大公司的货款100万元转作投资款。

5. 用银行存款支付光大公司欠款50万元。

6. 将出售产品取得的收入300万元存入银行，同时结转已售产品成本200万元。

7. 用现金支付罚款1 000元。

要求：根据上述资料编制会计分录。

第五章

企业主要经济业务的核算

学习目标

1. 掌握：企业资金筹集业务、材料采购业务、产品生产业务、商品销售业务、利润形成和分配业务的核算方法。

2. 理解：企业经济业务与会计账务处理之间的逻辑关系。

3. 了解：企业的资金运作常识和会计核算运用技能。

课程思政

1.价值塑造

•建立合规思维和流程思维，切实做到有请求必申请，有申请必审批，有审批必签字，有交易必合同，无票据不支付，无签章不会计。

•培养工匠精神，注重每个信息生成的环节，做到严谨、细致、专业、精益求精。

•树立纳税光荣的思想，建立正确的金钱观。

•培养患难与共的气度与胸襟。

•培养诚信表达企业经济业务的职业素养。

2.知识传授

•通过为经济业务编写三方协议、采购请领、增值税专用发票等原始凭证，完整呈现企业经济业务全貌，确实做到业财融合。

•企业任何经济业务都是公司战略和经营目标落地效果的数据表达，全面、完整、系统、准确地记录经济业务是每个会计学生的基本素养。

3.能力培养

•培养与时俱进、跟上时代发展步伐的能力。任何经济业务都是时代发展的产物，企业家生产什么、生产多少，是时代赋予企业家的责任，也是企业家实业报国、满足社会需要、服务人民的具体体现。

•培养学生辩证思考纳税义务的能力。会计虽然将所得税、税金及附加等作为企业的费用计入利润表，但不能一味认为纳税是一种负担，要同时认识到，国家将税收收入进行二次分配后给社会带来的国防安全、公共卫生、基础设施以及个人教育成本的降低等好处，使学生今后乐于成为纳税主体，依法纳税。

•培养用会计数据进行思维的能力。会计数据之间具有很强的逻辑性，任何虚构的数据都会原形毕露。教育学生以严肃、认真、负责的态度监督每笔金钱业务的合法性、真实性和合理性，形成科学、健康的金钱观。

▸▸▸▸▸▸ 第一节　企业主要经济活动概述

企业是以营利为目的的经济组织，企业从事生产经营活动需要一定的生产资料（如厂房、机器设备等）和劳动对象（如原材料、辅助材料等）。生产资料和劳动对象的获得，需要资金的投入，企业初始资金一般来自创始股东的投资，企业设立后还可以通过债务方式筹集资金。企业将取得的资金用于厂房、机器设备的采购或者建造，再根据经营计划，采购生产所需要的原材料及辅助材料，招聘员工组织生产，将生产出来的产品进行销售，最后收回现金，完成一次资金的循环。企业将赚取的利润部分用于分配，部分再次进入生产经营活动，开始新的资金循环，企业这种周而复始的资金循环也称作资金的周转。

企业资金处于不断循环过程中，且不同行业有不同的行业特点和业务流程，本章选取资金周转较为完整的制造业企业，介绍企业的资金筹集、设备购置、材料采购、产品生产、商品销售、利润形成和分配等经济业务，来完整理解企业的一次资金循环和业务流程，以及每个业务流程所产生的经济数据的含义。

本章经济业务需要综合利用前面四章介绍的原则和方法，按照企业业务发生的顺序依次进行会计核算。会计核算的内容包括：（1）筹资业务的核算；（2）供应阶段（生产过程的准备活动，如购买生产资料和劳动工具）的核算；（3）生产业务的核算；（4）销售业务的核算；（5）利润形成和分配业务的核算。

本章以京华公司为例，介绍企业在不同阶段的经济业务形成的不同资产、负债、所有者权益、收入、费用和利润，以及在会计活动中要设置的相应账户和业务核算。

▸▸▸▸▸▸ 第二节　筹资业务的核算

筹资是指企业为进行生产建设和经营活动而筹措和集中所需资金的工作。筹资一般有两种方式，一是出让公司股权，接受投资者的资金，形成公司的所有者权益，对应业务的核算是所有者权益筹资业务的核算；二是从银行等金融机构借入或者发行债券等筹资，形成企业的负债，进而形成债权人的权益，对应业务的核算是债务筹资业务的核算。企业所有者权益是指企业资产扣除负债后由所有者享有的剩余权益。

一、权益筹资业务的核算

（一）权益筹资业务概述

企业从投资者筹集到的资金形成了企业所有者权益，企业所有者权益包括所有者投入的资本、直接计入所有者权益的利得和损失、留存收益等。所有者投入资本包括实收资本（或股本）和资本公积；直接计入所有者权益的利得和损失，是指不应计入当期损益的、会导致所有者权益发生增减变动的、与所有者投入资本或者与向所有者分配利润无关的利得或者损失；留存收益是企业在经营过程中所实现的、留存于企业的部分利润，包括盈余公积和未分配利润，本节重点介绍实收资本、资本公积和资本公积。盈余公积和未分配利润的形成和利润有关，因此放到本章第六节利润形成与分配业务核算里介绍。

（二）权益筹资业务核算的账户设置

所有者投入资金到企业，站在企业的角度：一方面收到了资产，另一方面资产的来源——所有者权益，也增加了。为了反映企业收到所有者投入的资金，会计上需要设置两方面的账户来反映：一方面设置“库存现金”“银行存款”“原材料”“固定资产”等账户反映资产的增加，另一方面设置“实收资本”“资本公积”等账户反映资产的来源——所有者权益的增加。

1.“实收资本”账户

“实收资本”账户属于所有者权益类账户，用来核算企业实际收到投资者投入资本金增减的情况。该账户的贷方登记实收资本的增加情况，借方登记实收资本的减少情况。期末余额在贷方，表示企业期末实收资本总额。该账户可以根据投资主体不同设置“国家资本”、“法人资本”、“个人资本”和“外商资本”等明细账户。在股份制公司，该账户用“股本”账户替代。

2.“资本公积”账户

“资本公积”账户属于所有者权益类账户，用来核算企业收到投资者超出出资额部分的资金，以及其他资本公积。该账户的贷方登记企业资本公积的增加情况，借方登记资本公积的减少情况。期末余额在贷方，表示企业期末资本公积的结余情况。该账户可设置“资本溢价”“股本溢价”“其他资本公积”三个明细账户。资本公积主要用于转增资本，不得用于弥补企业亏损。

3.“库存现金”账户

“库存现金”账户属于资产类账户，用来核算企业库存现金的增减变动情况。该账户的借方登记现金的增加，贷方登记现金的减少，期末余额在借方，反映企业目前持有的库存现金。

4.“银行存款”账户

“银行存款”账户属于资产类账户，用来核算企业存放在银行或金融机构存款的增减变动情况。该账户的借方登记银行存款的增加情况，贷方登记银行存款的减少情况，期末余额在借方，反映企业期末的银行存款余额。

5.“固定资产”账户

“固定资产”账户属于资产类账户，用来核算企业持有的固定资产原始价值。该账户的借方登记固定资产的增加，贷方登记固定资产的减少，期末余额在借方，反映企业实际拥有的固定资产的原始价值总额。该账户按固定资产类别设置明细账。

（三）权益筹资业务的核算

权益筹资主要根据投资主体和投资标的不同，分别设置不同的明细账进行核算。投资主体有国家、企业和个人等，将其投入的资本分为国家资本、法人资本、外商资本和个人资本。国家资本是以国家名义投资形成的资本；法人资本是以公司名义投资形成的资本；外商资本是国外公司以及中国香港、澳门、台湾地区公司投资形成的资本；个人资本是以个人名义投资形成的资本。所有者可以货币出资，也可以实物、土地使用权、知识产权等可用货币估价并可以依法转让的非货币财产作价出资，但法律法规规定不得作为出资的财产除外。根据所有者出资方式的不同，会形成相应的资产形式，如库存现金、银行存款、固定资产和无形资产等。

例 5-1

京华公司收到投资者投入资金3 000 000元，其中国家投入资本金1 000 000元，中华公司投入资本金2 000 000元。

这项经济业务的发生，使京华公司的银行存款增加3 000 000元，记入“银行存款”账户的借方；同时公司的所有者权益也增加了，其中国家资本增加1 000 000元，记入“实收资本——国家资本”账户的贷方，法人资本增加2 000 000元，记入“实收资本——法人资本”账户的贷方。会计分录如下：

借：银行存款	3 000 000	
贷：实收资本——国家资本		1 000 000
——法人资本		2 000 000

例 5-2

京华公司收到华泰公司投资转入专有技术和甲材料一批，其中双方确认专有技术价格为4 500 000元，甲材料价格为500 000元。

这项经济业务的发生，一方面使京华公司的无形资产增加4 500 000元，记入“无形资产”账户的借方，同时使原材料增加500 000元，记入“原材料”账户的借方；另一方面使京华公司的实收资本增加5 000 000元，记入“实收资本——法人资本”账户的贷方。会计分录如下：

借：无形资产——专有技术	4 500 000	
原材料——甲材料	500 000	
贷：实收资本——法人资本		5 000 000

例 5-3

京华公司吸收一家公司投入生产线设备1 000 000元。

这项经济业务的发生，一方面使京华公司的固定资产增加1 000 000元，记入“固定资产”账户的借方，另一方面使京华公司的实收资本增加1 000 000元，记入“实收资本——法人资本”账户的贷方。会计分录如下：

借：固定资产——生产线	1 000 000	
贷：实收资本——法人资本		1 000 000

例 5-4

京华公司成立半年后，收到投资者投入资金1 000 000元，经公司决定该项投资只占公司资本的9%。

该项业务是增资业务，虽投资1 000 000元，但只占公司资本的9%，假设投资公司的实收资本为x元，则$9\% = \frac{x}{9\,000\,000 + x}$，解得，x=890 110元，则资本公积为109 890元。

因此京华公司银行存款增加1 000 000元，记入“银行存款”账户的借方；同时实收资本增加890 110元，记入“实收资本”账户的贷方，资本公积增加109 890元，记入“资本公积”账户的贷方，会计分录如下：

借：银行存款　　1 000 000

　贷：实收资本——法人资本　　890 110

　　　资本公积——资本溢价　　109 890

为了帮助理解这一部分的核算业务，将所有者权益与资产业务中各账户之间的关系总结为核算流程图，如图5-1所示。

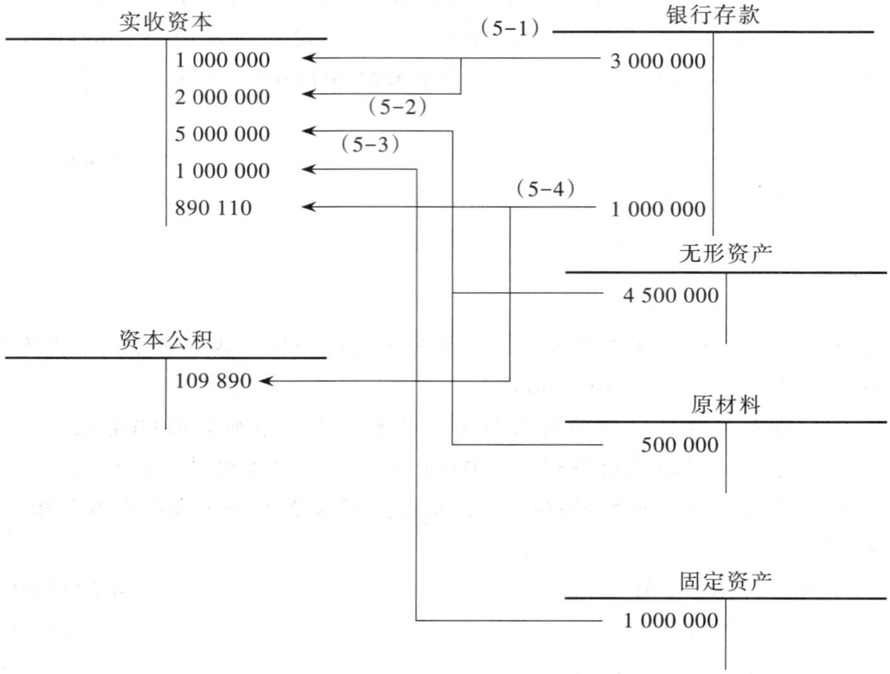

图5-1　所有者权益与资产业务中各账户之间的核算流程图

二、债务筹资业务的核算

（一）债务筹资业务概述

债务筹资通常是通过银行借款或者发行债券筹集资金，这里主要介绍短期借款和长期借款的核算。

短期借款是指企业为了满足其生产经营对资金的临时性需要而向银行或其他金融机构等借入的偿还期限在1年以内（含1年）的各种借款。

短期借款核算包括本金和利息计算两个部分。向金融机构或其他单位借款一般通过签订借款合同的方式取得，合同主要条款是对借款金额、期限和利率的约定。对于银行借款，企业要及时正确地计算利息。

借款利息=借款本金×利率×时间

长期借款是指企业向银行或其他金融机构等借入的偿还期限在1年以上（不含1年）的各种借款。

长期借款与短期借款的用途不同，企业在对其利息进行核算时也采取不同的处理方法。短期借款一般用于企业日常生产经营业务，利息费用直接计入当期损益，即短期借款利息费用化。长期借款一般用于长期工程、大型机械设备制造或者研究与开发等项目，其利息在符合资本化条件时，可以记入“在建工程”“制造费用”“研发支出”等科目，即长期借款利息资本化。

企业还可以通过专门的监管批准程序发行债券筹集资金。企业债券的期限一般超过1年，是长期负债项目，其会计核算较为复杂，本书不予专门介绍。

（二）债务筹资核算的账户设置

1.“短期借款”账户

“短期借款”账户属于负债类账户，用来核算企业短期借款的增减变动和余额。该账户的贷方登记企业借入资金的实际数（增加额），借方登记偿还借款的实际数（减少额）。期末余额在贷方，反映企业期末尚未偿还的短期借款本金。该账户可按借款项目设置明细账户，进行核算。

2.“长期借款”账户

“长期借款”账户属于负债类账户，用来核算企业长期借款本金和利息增减变动和余额。该账户的贷方登记企业借入的长期借款本金和发生的利息金额，借方登记已偿还的本息金额。期末余额在贷方，反映企业期末尚未偿还的长期借款本息总额。该账户可按借款单位设置明细账户，进行核算。

3.“财务费用”账户

“财务费用”账户属于费用类账户，用来核算企业为筹措资金等发生的筹资费用，主要包括利息支出、汇兑损益以及相关的手续费等。该账户的借方登记利息费用、手续费等的增加情况，贷方登记需冲减财务费用的利息以及期末必须转入“本年利润”账户借方的财务费用等。期末账户无余额。该账户可按费用项目设置明细账户，进行核算。

4.“应付利息”账户

“应付利息”账户属于负债类账户，用来核算企业应支付的利息。该账户的贷方登记应付而未付的利息，借方登记已支付的利息。期末余额在贷方，反映企业应付但尚未支付的利息。该账户可按债权人进行明细核算。

（三）债务筹资的业务核算

例5-5

2022年9月30日京华公司向银行取得借款2 000 000元，年利率4.5%，6个月后偿还本金利息。

该项业务分两部分进行核算：

（1）取得借款时，公司银行存款增加2 000 000元，记入“银行存款”账户的借方；同时公司短期借款增加2 000 000元，记入“短期借款”账户的贷方。会计分录如下：

借：银行存款　　　　2 000 000

贷：短期借款　　2 000 000

（2）按月计提利息时，公司的利息费用增加7 500元（2 000 000×4.5%×1/12），记入“财务费用”账户的借方；同时公司应付未付利息也增加了7 500元，记入“应付利息”账户的贷方。会计分录如下：

借：财务费用　　7 500

贷：应付利息　　7 500

例5-6

京华公司于2022年10月31日借入期限为2年的长期借款1 000 000元，用于固定资产的建造。款项已存入银行，借款年利率为6%，期满一次归还本息。

该项业务分两部分进行核算：

（1）2022年10月31日，取得借款时，公司银行存款增加1 000 000元，记入“银行存款”账户的借方；同时公司的长期借款增加1 000 000元，记入“长期借款——本金”账户的贷方。会计分录如下：

借：银行存款　　1 000 000

贷：长期借款——本金　　1 000 000

（2）2022年12月31日，计提2个月（11月、12月）的利息费用。

利息=1 000 000×6%×2/12=10 000（元）

该项业务使公司的利息费用增加10 000元，记入“财务费用”账户的借方；同时，长期借款增加10 000元，记入“长期借款——利息”账户的贷方。会计分录如下：

借：财务费用　　10 000

贷：长期借款——利息　　10 000

为了帮助理解这一部分的核算业务，将债权筹资业务中各账户之间的关系总结为核算流程图，如图5-2所示。

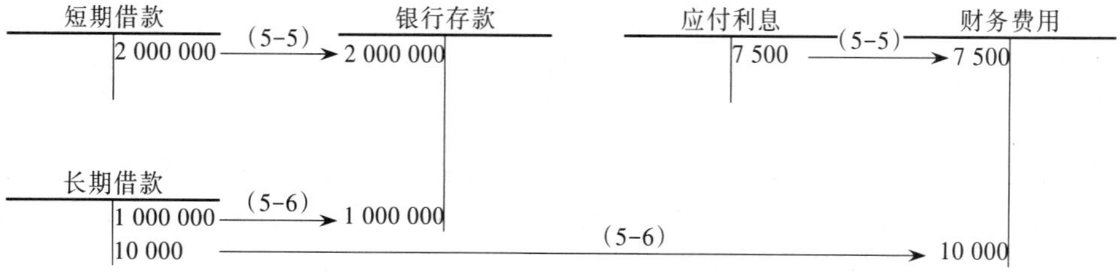

图5-2　债权筹资业务中各账户之间的核算流程图

▸▸▸▸▸▸ 第三节　供应过程的核算

企业筹到资金后就要为生产做准备，包括购建固定资产，购买生产所需的原材料及辅助材料，这个阶段称为供应过程。

一、固定资产购置业务的核算

（一）固定资产概述

1.固定资产概念

固定资产是指企业为生产商品、提供劳务、出租或经营管理而持有的、使用寿命超过12个月的有形资产，如房屋、建筑物、机器、运输车辆以及其他与生产经营活动有关的设备器具等。

2.固定资产取得的方式

企业可以通过外购、自行建造、投资者投入、非货币性资产交换、债务重组、企业合并和租赁等方式取得固定资产。

3.固定资产原始价值的确定

固定资产原始价值即固定资产取得时的实际成本。固定资产取得方式不同，其成本的具体构成内容也不相同：

购置不需安装的固定资产原始价值为实际支付的买价、包装费、运输费、调试费、交纳的有关税金①等；购置需要安装的固定资产原始价值为购置安装完毕交付使用前所发生的全部支出，如买价、安装材料、安装人工费、交纳的有关税金②等；投资者投入的固定资产按投资各方确认的价值作为入账价值；自行建造的固定资产按建造该项资产达到预定可使用状态前所发生的全部支出作为入账价值。

（二）固定资产购置业务核算的账户设置

1.“固定资产”账户

“固定资产”账户属于资产类账户，用来核算企业固定资产的原始价值。该账户的借方登记固定资产原始价值的增加，贷方登记固定资产原始价值的减少。期末余额在借方，反映企业期末实际拥有的固定资产的原始价值总额。该账户可按固定资产类别进行明细核算。

2.“在建工程”账户

“在建工程”账户属于资产类账户，用来核算企业基建、更新改造及安装等在建工程发生的成本。该账户的借方登记企业自营建造、修理和安装工程等所发生的各项实际支出，贷方登记工程达到预定可使用状态、交付转出的固定资产的实际成本。期末余额在借方，表示企业期末尚未完工工程的实际成本。该账户可按在建工程的建筑工程等进行明细核算。

（三）固定资产购置的业务核算

1.购入不需要安装的固定资产

例5-7

京华公司购进不需要安装的固定资产，增值税专用发票上注明买价为100 000元，适用的增值税税率为13%，增值税税额为13 000元，全部款项通过银行存款支付。

① 为购买固定资产支付的增值税进项税额不计入固定资产的成本。
② 为购买固定资产支付的增值税进项税额不计入固定资产的成本。

该项经济业务的发生，使固定资产增加100 000元，记入“固定资产”账户的借方，固定资产进项税额13 000元（100 000×13%），记入“应交税费——应交增值税（进项税额）”账户的借方；同时使银行存款减少113 000元，记入“银行存款”账户的贷方。会计分录如下：

借：固定资产　　100 000

　　应交税费——应交增值税（进项税额）　　13 000

　贷：银行存款　　113 000

2.购入需要安装的固定资产

例5-8

京华公司购入一套生产线，需安装调试，生产线金额为1 000 000元，增值税税率为13%，进项税额为130 000元，支付安装调试费100 000元（省略安装调试费的增值税）。

该业务中的生产线还需要安装调试，所以需要先通过“在建工程”账户归集所有购买成本、安装调试成本，达到预定可使用状态后，再从“在建工程”账户转入“固定资产”账户。

首先，支付设备购买价款，使在建工程的成本增加1 000 000元，记入“在建工程”账户的借方，生产线进项税额130 000元（1 000 000×13%），记入“应交税费——应交增值税（进项税额）”账户的借方；同时使银行存款减少1 130 000元，记入“银行存款”账户的贷方。会计分录如下：

借：在建工程　　1 000 000

　　应交税费——应交增值税（进项税额）　　130 000

　贷：银行存款　　1 130 000

其次，支付安装调试费，使在建工程的安装成本增加100 000元，记入“在建工程”账户的借方；同时使银行存款减少100 000元，记入“银行存款”账户的贷方。会计分录如下：

借：在建工程　　100 000

　贷：银行存款　　100 000

最后，安装调试完毕达到预定可使用状态后，固定资产增加1 100 000元，记入“固定资产”账户的借方；同时在建工程减少1 100 000元，记入“在建工程”账户的贷方。会计分录如下：

借：固定资产　　1 100 000

　贷：在建工程　　1 100 000

为了帮助理解这一部分的核算业务，将固定资产购建业务中各账户之间的关系总结为核算流程图，如图5-3所示。

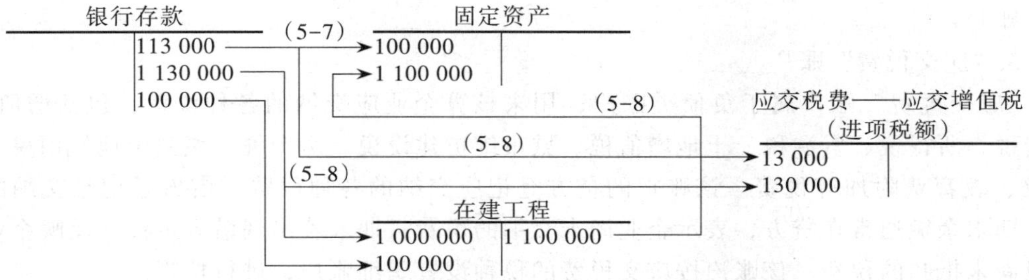

图5-3　固定资产购建业务中各账户之间的核算流程图

二、材料采购业务的核算

(一) 材料采购业务概述

材料采购业务包含三项工作：材料采购成本的计算、货款支付和材料的验收入库。

1. 材料的采购成本核算

材料的采购成本是指企业购进材料时所发生的实际成本，即从购进材料到入库前所发生的一切支出，包括购买价格、运输费、保险费、装卸费、运输途中的合理损耗、挑选整理费、入库前的仓储费和除增值税进项税额以外的其他税费等。

2. 支付货款的核算

一般货款的支付方式有三种：一是交货时支付；二是在交货之前提前支付；三是交货后完成支付。

3. 材料验收入库的核算

材料运抵企业后，仓管部门验收保管，出具材料入库单。

(二) 材料采购业务核算的账户设置

1. "在途物资"[①]账户

"在途物资"账户属于资产类账户，用来核算企业材料、商品等物资的实际成本。该账户的借方登记购入材料、商品等物资的买价和采购费用，贷方登记已验收入库转入原材料、库存商品的实际采购成本，期末余额在借方，反映企业期末在途材料、商品等物资的实际采购成本。该账户可按物资品种进行明细核算。

2. "原材料"账户

"原材料"账户属于资产类账户，用来核算原材料的增减变动及其余额。该账户的借方登记已验收入库材料的成本，贷方登记发出材料的成本，期末余额在借方，反映企业库存材料的实际成本。该账户可按材料的类别、品种和规格等进行明细核算。

企业在购买材料（或商品）等物资的过程中，往往会发生相关的税费。其中有的可计入材料的采购成本，如资源税、消费税、关税等，有些税费则不能计入材料成本，如一般纳税人购货时发生的增值税进项税额。为了核算企业购买材料时发生的不能计入材料采购成本的税费——一般纳税人发生的增值税，需要设置"应交税费——应交增值

① 材料成本的核算方法分实际成本法和计划成本法，实际成本法用"在途物资"账户，计划成本法用"材料采购"账户，计划成本法的核算在财务会计学中学习。

税”账户。

3.“应交税费”账户

“应交税费”账户属于负债类账户，用来核算企业应交纳的各种税费，包括增值税、消费税、所得税、资源税、土地增值税、城市维护建设税、房产税、城镇土地使用税、车船税、教育费附加等税费。该账户的贷方登记应交纳的各种税费，借方登记已交纳的税费，期末余额通常在贷方，表示企业尚未交纳的税费；期末若出现借方余额，反映企业多交或尚未抵扣的税费。该账户按应交税费的税种设置明细账户，进行核算。

为核算应交增值税的增减情况，应设置“应交税费——应交增值税”账户。该账户的借方登记企业购进货物或接受应税劳务支付的进项税额和实际已交纳的增值税，贷方反映销售货物或提供应税劳务所发生的销项税额。期末余额在贷方，反映企业尚未交纳的增值税；若在借方，反映企业多交或尚未抵扣的增值税。

4.“应付账款”账户

“应付账款”账户属于负债类账户，用来核算企业因购买商品、材料和接受劳务等经营活动，应支付的货税款项。该账户的借方登记已偿还的账款，贷方登记尚未支付的款项。期末余额一般在贷方，反映企业应该支付尚未支付的账款余额。该账户可按债权人进行明细核算。

5.“预付账款”账户

“预付账款”账户属于资产类账户，用来核算企业因购买商品等业务预付给供应商的款项。该账户的借方登记已预付的款项，贷方登记企业收到货物后应冲减的款项。期末余额一般在借方，反映企业已预付但尚未收到货物的款项。该账户可按供应商进行明细核算。

6.“应付票据”账户

“应付票据”账户属于负债类账户，用来核算企业购买原材料、商品和接受劳务等经营活动而签发给供应商的银行承兑汇票或商业承兑汇票。该账户的借方登记已偿还的到期票据，贷方登记尚未到期的应支付票据。期末余额一般在贷方，反映企业应该支付尚未支付的票据余额。该账户可按债权人进行明细核算。

（三）材料采购的业务核算

例5-9

京华公司从宏达公司购进甲材料3 000千克，单价100元/千克，共计300 000元；乙材料5 000千克，单价120元/千克，共计600 000元。公司为一般纳税人，适用的增值税税率为13%。甲材料和乙材料的增值税分别为39 000元和78 000元，货款尚未支付。

这项业务的发生，使京华公司甲材料和乙材料各增加了300 000元和600 000元，记入“在途物资”账户的借方，进项税额共计增加117 000元，记入“应交税费——应交增值税（进项税额）”账户的借方；同时使应付账款增加1 017 000元，记入“应付账款”账户的贷方。会计分录如下：

借：在途物资——甲材料	300 000	
——乙材料	600 000	
应交税费——应交增值税（进项税额）	117 000	
贷：应付账款——宏达公司		1 017 000

例 5-10

京华公司用银行存款支付上述两种材料的运输费6000元，工人装卸费用2000元（不考虑增值税）。

这项业务的发生，一方面使材料采购成本增加8 000元，记入“在途物资”账户的借方；另一方面使银行存款减少8 000元，记入“银行存款”账户的贷方。

运输费和装卸费是甲、乙两种材料的共同运杂费用，需要在甲、乙两种材料之间进行分配，共同费用一般可按材料的重量、体积、长度和价格等比例进行分配。本例运杂费按重量比例分配如下：

运杂费用分配率=8 000÷（3 000+5 000）=1（元/千克）

甲材料负担的运杂费=3 000×1=3 000（元）

乙材料负担的运杂费=5 000×1=5 000（元）

会计分录如下：

借：在途物资——甲材料　　3 000

　　　　　　——乙材料　　5 000

　贷：银行存款　　8 000

例 5-11

京华公司用银行存款1 017 000元支付宏达公司之前货款。

该项业务的发生，使公司银行存款减少1 017 000元，记入“银行存款”账户的贷方，同时使公司负债减少1 017 000元，记入“应付账款”账户的借方，会计分录如下：

借：应付账款——宏达公司　　1 017 000

　贷：银行存款　　1 017 000

例 5-12

京华公司签发一张商业承兑汇票1 017 000元，购买丙材料6 000千克，单价150元/千克，共计900 000元，适用的增值税税率为13%，增值税为117 000元。

这项业务的发生，使公司丙材料增加900 000元，记入“在途物资”账户的借方，进项税额增加117 000元，记入“应交税费——应交增值税（进项税额）”账户的借方；同时使公司负债增加1 017 000元，记入“应付票据”账户的贷方。会计分录如下：

借：在途物资——丙材料　　900 000

　　应交税费——应交增值税（进项税额）　　117 000

　贷：应付票据　　1 017 000

例 5-13

京华公司预付120 000元给长安公司，用于购买甲材料。

该业务的发生，使公司的预付账款增加120 000元，记入“预付账款”账户的借方；同时使公司银行存款减少120 000元，记入“银行存款”账户的贷方。会计分录如下：

借：预付账款——长安公司　　120 000

　贷：银行存款　　120 000

例 5-14

京华公司从长安公司购入甲材料3 000千克，单价120元/千克，共计360 000元（不含税），冲减原预付账款120 000元后，用银行存款支付剩余款项。

这项业务的发生，使甲材料增加了360 000元，记入“在途物资”账户的借方，增值税进项税额增加46 800元（360 000×13%），记入“应交税费——应交增值税（进项税额）”账户的借方；同时使银行存款减少286 800元，记入“银行存款”账户的贷方；预付账款减少120 000元，记入“预付账款”账户的贷方。会计分录如下：

借：在途物资——甲材料	360 000	
应交税费——应交增值税（进项税额）	46 800	
贷：预付账款——长安公司		120 000
银行存款		286 800

例5-15

上述甲、乙、丙原材料均已验收入库，其中购入的甲材料实际采购成本为663 000元（300 000+3 000+360 000）、乙材料实际采购成本为605 000元（600 000+5 000）、丙材料实际采购成本为900 000元。

这是一项结转业务，将“在途物资”账户归集的采购成本转入“原材料”账户。该事项的发生，使原材料增加，记入“原材料”账户的借方；同时将采购成本从“在途物资”账户转出，记入“在途物资”账户的贷方。会计分录如下：

借：原材料——甲材料	663 000	
——乙材料	605 000	
——丙材料	900 000	
贷：在途物资——甲材料		663 000
——乙材料		605 000
——丙材料		900 000

为了帮助理解这一部分的核算业务，将材料采购业务中各账户之间的关系总结为核算流程图，如图5-4所示。

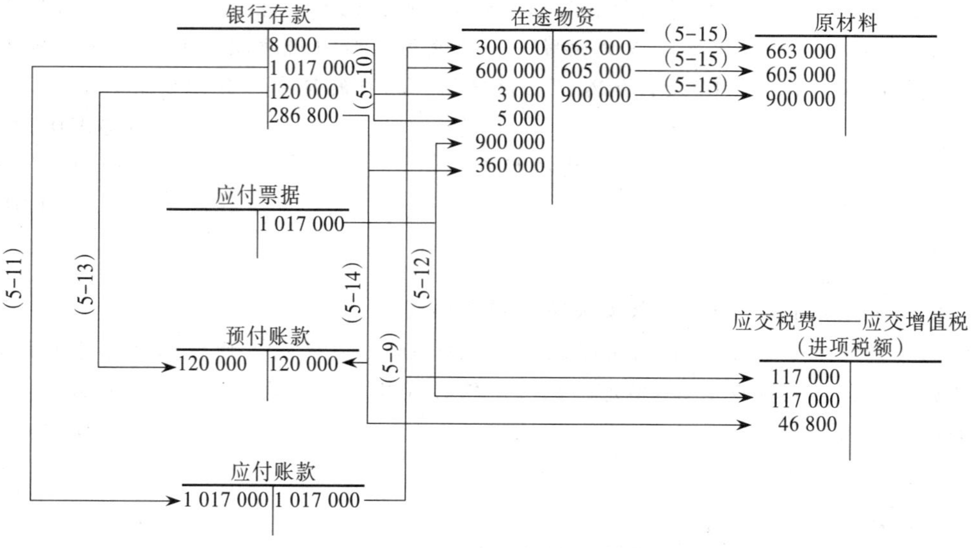

图5-4　材料采购业务中各账户之间的核算流程图

▸▸▸▸▸▸▸ 第四节　生产过程的核算

一、生产过程概述

企业劳动者利用机器设备等将原材料加工成完工产品并验收入库的过程称为生产过程。生产过程实际上既有人、财、物的投入，又有产品的产出，所以，生产过程是劳动耗费过程与产品生产过程的统一。

生产过程的主要业务为：①生产费用的归集，即计算一定期间生产产品所发生的耗费；②生产费用的分配，即将归集的生产费用划分为在产品成本和完工产品成本，并计算完工产品的总成本和单位成本。

完工产品成本不一定等于企业本月归集的所有生产费用，而是其中对象化的费用，即在一定期间为生产一定数量和种类的产品所发生的费用，通常包括为生产一定数量的产品所耗费的直接费用和间接费用的总和。

1.直接费用

直接费用是指企业在生产产品和提供劳务过程中所耗费的直接材料、直接人工及其他直接费用。

直接材料费用是指企业在生产产品和提供劳务过程中所耗费的，直接用于产品生产的原材料、外购半成品、辅助材料及其他材料费用；直接人工是指直接从事产品生产人员的各种形式的职工薪酬；其他直接费用是指企业发生的除直接材料费用和直接人工费用以外的，与产品生产或提供劳务有直接关系的费用。

2.间接费用

间接费用即制造费用，是指企业为生产产品和提供劳务而发生的各项间接费用，包括企业生产部门（如生产车间）发生的水电费、固定资产折旧、无形资产摊销、管理人员的职工薪酬等。这些费用不能直接计入某一特定产品或劳务的成本，而是需要先归集到某一账户，然后按照一定的分配标准分配到相应的产品成本。

二、生产业务核算的账户设置

1.“生产成本”账户

“生产成本”账户属于成本类账户，用来核算构成产品制造成本的直接材料、直接人工和制造费用。该账户的借方用来归集生产产品所发生的各项生产费用，贷方反映已完工并已验收入库的产成品成本，期末余额在借方，反映尚未完工的各项在产品的成本。

2.“制造费用”账户

“制造费用”账户属于成本类账户，用来核算生产车间的办公费、车间管理人员的薪酬、固定资产折旧费、修理费、水电费、机物料消耗、季节性停工损失等制造费用。该账户的借方记录制造费用的增加，贷方登记期末分配结转应由各种产品负担的间接费用，期末该账户无余额。

3.“应付职工薪酬”账户

“应付职工薪酬”账户属于负债类账户，用来核算企业应付给职工的各种薪酬，包括应付职工的工资、津贴、奖金、福利费以及各种保险等。该账户的贷方反映应付职工薪酬总额，借方反映已支付的薪酬总额，期末余额在贷方，表示尚未支付的职工薪酬。

4.“累计折旧”账户

“累计折旧”账户是“固定资产”的抵减账户，用来核算固定资产的折旧额的增减变化情况，即成本已转化为费用的累计金额。该账户的贷方登记固定资产的折旧增加，借方反映已提固定资产折旧的减少或转销数，期末余额在贷方，表示现有固定资产已提折旧的累计数。固定资产折旧费用按使用部门进行归集，生产车间使用的固定资产的折旧记入“制造费用”账户，行政管理部门使用的固定资产的折旧记入“管理费用”账户，销售部门使用的固定资产的折旧记入“销售费用”账户。

5.“管理费用”账户

“管理费用”属于费用类账户，用来核算企业行政管理部门为组织和管理生产经营活动所发生的所有费用。该账户的借方反映企业发生的各种管理费用，贷方反映期末转入“本年利润”账户的管理费用，期末无余额。

6.“库存商品”账户

“库存商品”账户属于资产类账户，用来核算库存商品的收、发和结存情况。该账户的借方反映已完工验收入库产品的实际制造成本，贷方反映已销售产品的实际制造成本，期末余额在借方，表示尚未出售的库存商品的实际制造成本。库存商品可按品种或类别进行明细核算。

三、生产过程的业务核算

（一）材料费用的业务核算

2022年12月京华公司在生产过程中发生下列业务：

例5-16

月末，仓库根据当月领料单，编制本月材料耗用汇总表见表5-1。

表5-1　**原材料耗用汇总表**　单位：元

项目	甲材料	乙材料	丙材料	合计
A产品耗用	500 000	100 000	300 000	900 000
B产品耗用		420 000	150 000	570 000
车间一般耗用	5 000		2 000	7 000
行政管理部门耗用	2 000	2 200		4 200
合计	507 000	522 200	452 000	1 481 200

这项业务的发生，一方面使原材料减少，记入“原材料”账户的贷方，另一方面材料被车间和行政管理部门耗用，其中车间直接用于生产产品的材料耗费记入“生产成本”账户的借方，车间一般耗费的原材料记入“制造费用”账户的借方，行政管理部门耗用的原材料记入“管理费用”账户的借方。会计分录如下：

借：生产成本——A产品　　900 000
　　　　　　——B产品　　570 000
　　制造费用　　7 000
　　管理费用　　4 200
　贷：原材料——甲材料　　507 000
　　　　　　——乙材料　　522 200
　　　　　　——丙材料　　452 000

（二）职工薪酬的业务核算

例5-17

根据有关结算凭证，2022年1月京华公司共计发生应付工资92 000元，其中生产A产品工人工资50 000元，生产B产品工人工资22 000元，车间管理人员工资5 000元，公司行政管理人员工资15 000元。

为了计算全年的利润，将12个月的薪酬一起计算：

生产A产品工人工资=50 000×12=600 000（元）

生产B产品工人工资=22 000×12=264 000（元）

车间管理人员工资=5 000×12=60 000（元）

行政管理人员工资=15 000×12=180 000（元）

这项业务的发生，使薪酬总计增加1 104 000元，其中，生产工人工资864 000元（600 000+264 000），记入“生产成本”账户的借方，车间管理人员的工资60 000元，记入“制造费用”账户的借方，行政管理人员的工资180 000元，记入“管理费用”账户的借方；同时形成负债应付未付职工薪酬1 104 000元，记入“应付职工薪酬”账户的贷方。会计分录如下：

借：生产成本——A产品　　600 000
　　　　　　——B产品　　264 000
　　制造费用　　60 000
　　管理费用　　180 000
　贷：应付职工薪酬　　1 104 000

例5-18

2022年12月8日，京华公司以银行存款发放前11个月员工工资（公司每月月末计提工资，次月发放上月工资，因此12月工资次月支付，为简化计算年末利润，将前11个月员工工资合并一次处理）。

这项业务的发生，使公司的负债减少1 012 000元（92 000×11），记入“应付职工薪酬”账户的借方；另一方面使公司的银行存款减少1 012 000元，记入“银行存款”账户的贷方。会计分录如下：

借：应付职工薪酬　　　　　　1 012 000

　贷：银行存款　　　　　　　　1 012 000

（三）制造费用的归集与分配

例5-19

京华公司采用直线法计提固定资产折旧，全年共计84 000元。其中：生产车间固定资产应提折旧54 000元，行政管理部门固定资产应提折旧30 000元。

固定资产折旧方法有加速折旧法、平均分摊法、工作量法等，本书只涉及平均分摊法，即按照固定资产可使用年限平均分摊，每年的折旧额=（固定资产−残值）÷使用年限（实务中按月计提折旧），残值和使用年限需要估计。

这项业务的发生，使公司生产车间折旧费用增加54 000元，记入"制造费用"账户的借方，公司行政管理部门折旧费用增加30 000元，记入"管理费用"账户的借方；同时使固定资产账面价值减少84 000元，记入"累计折旧"账户的贷方。会计分录如下：

借：制造费用　　　　　　54 000

　　管理费用　　　　　　30 000

　贷：累计折旧　　　　　　84 000

例5-20

年末，归集本年京华公司制造费用121 000元（7 000+60 000+54 000），按生产工时比例来分配计入A、B两种产品的成本。其中：生产A产品耗时5 000小时，生产B产品耗时6 000小时。

制造费用分配率=121 000÷（5 000+6 000）=11（元/小时）

A产品应承担的制造费用=5 000×11=55 000（元）

B产品应承担的制造费用=6 000×11=66 000（元）

该事项是期末要将本年归集到"制造费用"账户借方的共同费用结转至具体产品成本中，涉及"制造费用"账户与"生产成本"账户，即全部制造费用都结转到A、B产品的生产成本中，"生产成本"增加121 000元，记入"生产成本"账户的借方；制造费用全部转出，记入"制造费用"账户的贷方。会计分录如下：

借：生产成本——A产品　　　　55 000

　　　　　　——B产品　　　　66 000

　贷：制造费用　　　　　　　121 000

（四）完工产品生产成本的计算与结转

例5-21

按实际成本结转已完工A、B产品的生产成本。A产品完工入库1 000件，生产成本为1 500 000元，单位A产品成本1 500元；B产品完工入库500件，生产成本为780 000元，单位B产品成本1 560元。

该结转事项，使公司库存商品增加2 280 000元，记入"库存商品"账户的借方；同时将已完工产品的生产成本2 280 000元转出，记入"生产成本"账户的贷方。会计分录如下：

借：库存商品——A产品　　1 500 000

　　　　　　——B产品　　780 000

　贷：生产成本——A产品　　1 500 000

　　　　　　　——B产品　　780 000

为了帮助理解这一部分的核算业务，将产品生产业务中各账户之间的关系总结为核算流程图，如图5-5所示。

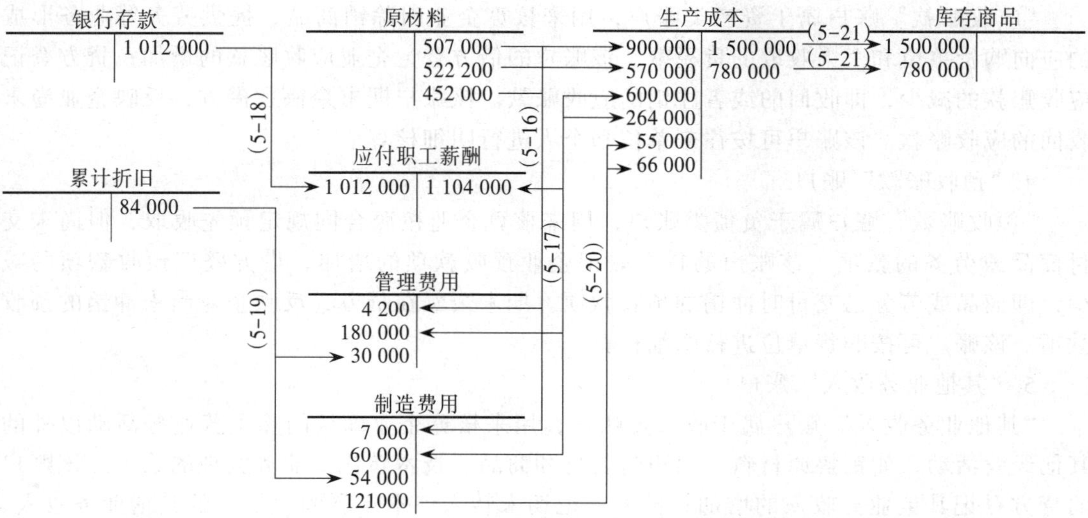

图5-5　产品生产业务中各账户之间的核算流程图

▸▸▸▸▸▸ 第五节　销售过程的核算

一、销售过程概述

销售业务是指企业将完工的产品通过市场销售出去收回货款的过程，该过程是制造企业生产经营过程的最后环节。为了销售生产的产品，企业还必须交纳各项税费，支付销售费用等，因此企业销售过程的主要业务不仅包括收入的确认和核算，还包括确认和核算为实现收入而发生的成本、税金及相关费用。

二、销售业务核算的账户设置

1.“主营业务收入”账户

“主营业务收入”账户属于收入类账户，用来核算企业确认的销售商品、提供劳务等主营业务的收入。该账户的贷方登记主营业务收入的增加，即平时企业因销售实现的主营业务收入；借方登记期末转入“本年利润”账户的主营业务收入，以及发生销售退回和销售折让时应冲减的本期主营业务收入。结转后，该账户无余额。

2.“主营业务成本”账户

“主营业务成本”账户属于费用类账户，用来核算企业销售商品、提供劳务等业务时应结转的成本。该账户的借方登记主营业务发生的实际成本，即已销产品的实际成本；贷方登记期末转入“本年利润”账户的主营业务成本。结转后，该账户无余额。

3.“应收账款”账户

“应收账款”账户属于资产类账户，用来核算企业因赊销商品、提供劳务等业务形成的应向购货单位和个人收取的货税款。该账户的借方登记企业应收账款的增加；贷方登记应收账款的减少，即收回的或者注销的应收账款。该账户期末余额在借方，反映企业尚未收回的应收账款。该账户可按往来单位和个人进行明细核算。

4.“预收账款”账户

“预收账款”账户属于负债类账户，用来核算企业按照合同规定预先收取，但尚未交付商品或劳务的款项。该账户的贷方登记企业预收款项的增加；借方登记预收款项的减少，即商品或劳务已交付时冲销的预收款项。期末余额在贷方，反映企业尚未冲销的预收款项。该账户可按购货单位进行明细核算。

5.“其他业务收入”账户

“其他业务收入”账户属于收入类账户，用来核算企业确认的除主营业务活动以外的其他经营活动，如销售原材料、出租包装物和商品、技术转让等业务实现的收入。该账户的贷方登记其他业务收入的增加；借方登记期末转入“本年利润”账户的其他业务收入。结转后，该账户无余额。

6.“其他业务成本”账户

“其他业务成本”账户属于费用类账户，用来核算企业确认的除主营业务活动以外的其他经营活动所发生的支出，如销售材料的成本、出租固定资产的折旧、出租无形资产的摊销、出租包装物的成本或摊销等。该账户的借方登记企业为取得其他业务收入而发生的实际成本；贷方登记期末转入“本年利润”账户的其他业务成本。结转后，该账户无余额。

7.“税金及附加”账户

“税金及附加”账户属于费用类账户，用来核算企业经营活动过程中发生的消费税、城市维护建设税、资源税、教育费附加、房产税、车船税、城镇土地使用税和印花税等相关税费。该账户的借方登记各种税金及附加的增加；贷方登记期末转入“本年利润”账户的本期税金及附加发生额总额。期末结转后，该账户无余额。

8.“销售费用”账户

“销售费用”账户属于费用类账户，用来核算企业发生的各项销售费用，如包装费、展览费和广告费、运输费、装卸费等以及为销售本企业商品而专设的销售机构的职工薪酬、业务费、折旧费等经营费用。该账户的借方登记发生的各项销售费用，贷方登记期末转入“本年利润”账户的本期销售费用发生额总额。期末结转后，该账户无余额。该账户可按费用项目进行明细核算。

三、销售业务的业务核算

（一）主营业务收入与主营业务成本的核算

例5-22

京华公司向顺通公司销售A产品800件，单位价格3 200元，合计2 560 000元，增值税税额为332 800元，货税款已收到存入银行。

这项销售业务的发生，使公司银行存款增加2 892 800元，记入"银行存款"账户的借方，同时使公司的收入增加2 560 000元，记入"主营业务收入"账户的贷方，销项税额增加332 800元，记入"应交税费——应交增值税（销项税额）"账户的贷方。会计分录如下：

借：银行存款　　2 892 800
　贷：主营业务收入　　2 560 000
　　应交税费——应交增值税（销项税额）　　332 800

例5-23

京华公司将B产品840件出售给大疆公司，每件单位价格3 750元，货款总计3 150 000元，增值税销项税额为409 500元，货税款暂未收到。

这项销售业务的发生，使公司应收账款增加3 559 500元，记入"应收账款"账户的借方；另一方面使公司的收入增加3 150 000元，记入"主营业务收入"账户的贷方，增值税销项税额增加409 500元，记入"应交税费——应交增值税（销项税额）"账户的贷方。会计分录如下：

借：应收账款——大疆公司　　3 559 500
　贷：主营业务收入　　3 150 000
　　应交税费——应交增值税（销项税额）　　409 500

例5-24

京华公司收到蓝天公司准备购买B产品预付的定金50 000元，存入银行。

这项预收业务的发生，使京华公司银行存款增加50 000元，记入"银行存款"账户的借方；使公司的负债增加50 000元，记入"预收账款"账户的贷方。会计分录如下：

借：银行存款　　50 000
　贷：预收账款——蓝天公司　　50 000

例5-25

京华公司向预付货款公司蓝天公司发出B产品50件，单位价格3 800元，货款190 000元，增值税销项税额为24 700元，共计214 700元。扣除预收账款50 000元外，已收银行存款164 700元。

这项销售业务的发生，使银行存款增加164 700元，记入"银行存款"账户的借方，使预收账款减少50 000元，记入"预收账款"账户的借方；使收入增加190 000元，记入

“主营业务收入”账户的贷方，销项税额增加24 700元，记入“应交税费——应交增值税（销项税额）”账户的贷方。会计分录如下：

借：银行存款　　164 700

　　预收账款——蓝天公司　　50 000

　贷：主营业务收入　　190 000

　　　应交税费——应交增值税（销项税额）　　24 700

例5-26

结转已销售A产品的成本1 200 000元，B产品的成本702 000元。

公司出售产品后，一方面使公司库存商品减少，同时将已出售商品的成本结转至主营业务成本，与主营业务收入进行配比，记入“主营业务成本”账户的借方；另一方面使库存商品减少，记入“库存商品”账户的贷方。会计分录如下：

借：主营业务成本——A产品　　1 200 000

　　　　　　　　——B产品　　702 000

　贷：库存商品——A产品　　1 200 000

　　　　　　　——B产品　　702 000

（二）其他业务收入与其他业务成本的核算

例5-27

京华公司将一批成本为8 000元的闲置丁材料出售，售价为12 000元，增值税销项税额为1 560元，所有货税款已收到转入银行。

这项出售原材料业务属于其他业务，一方面使该公司的银行存款增加13 560元，记入“银行存款”账户的借方；另一方面使公司的其他业务收入增加12 000元，记入“其他业务收入”账户的贷方，销项税额增加1 560元，记入“应交税费——应交增值税（销项税额）”账户的贷方。会计分录如下：

借：银行存款　　13 560

　贷：其他业务收入　　12 000

　　　应交税费——应交增值税（销项税额）　　1 560

例5-28

结转已出售丁材料的实际成本8 000元。

该事项的发生，一方面使公司的其他业务成本增加8 000元，记入“其他业务成本”账户的借方，另一方面使该公司的原材料减少8 000元，记入“原材料”账户的贷方。会计分录如下：

借：其他业务成本　　8 000

　贷：原材料——丁材料　　8 000

（三）销售费用的核算

例5-29

京华公司用银行转账支票支付广告费及参展费5 000元（增值税略）。

这项业务的发生，一方面使公司的广告费用增加5 000元，记入"销售费用"账户的借方；另一方面使公司的银行存款减少5 000元，记入"银行存款"账户的贷方。会计分录如下：

借：销售费用　　5 000

　贷：银行存款　　5 000

（四）税金及附加的核算

例5-30

经计算确认，京华公司12月份应交纳教育费附加800元、城市维护建设税1 200元。

这项业务的发生，一方面使公司的税金及附加增加2 000元，记入"税金及附加"账户的借方；另一方面使公司的应交税费增加2 000元，记入"应交税费"账户的贷方。会计分录如下：

借：税金及附加　　2 000

　贷：应交税费——应交教育费附加　　800

　　　　　　——应交城市维护建设税　　1 200

为了帮助理解这一部分的核算业务，将产品销售业务中各账户之间的关系总结为核算流程图，如图5-6所示。

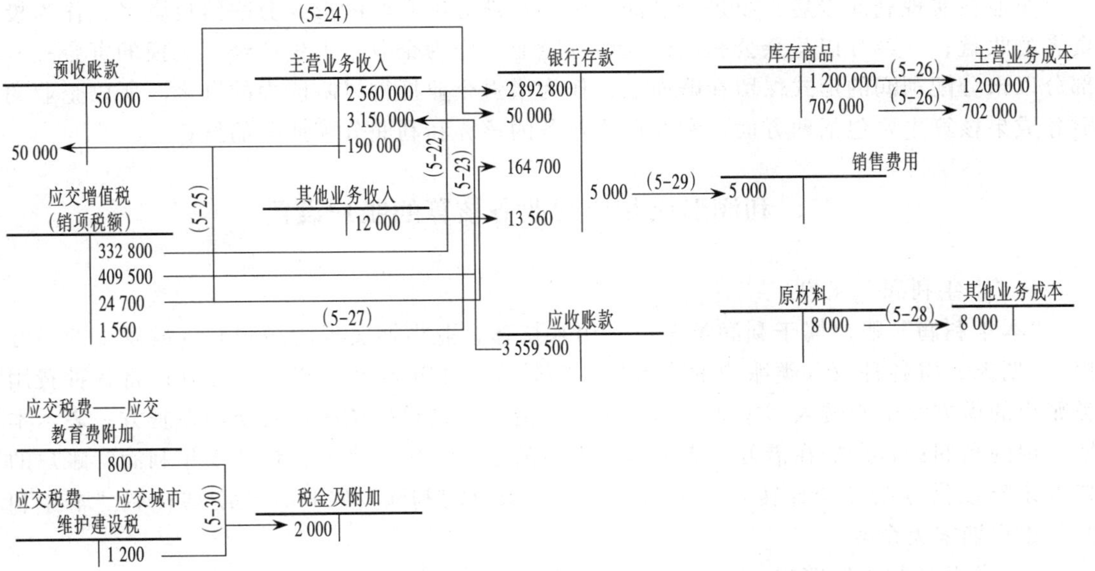

图5-6　产品销售业务中各账户之间的核算流程图

▸▸▸▸▸▸ 第六节　利润形成和分配过程的核算

一、利润形成和分配过程概述

利润是企业在一定会计期间内实现的各项收入减去费用后的净额，它是企业期末实现的经营成果，包括营业利润、营业外收支净额和所得税费用三部分，其中利润总额为营业利润、营业外收支净额之和，净利润为利润总额与所得税费用之差。

1.营业利润=营业收入-营业成本-税金及附加-销售费用-管理费用-财务费用+其他收益+（或-）公允价值变动损益+（或-）资产处置损益+（或-）资产减值损失

营业利润是企业营业收入减去营业成本、税金及附加、期间费用，再减去或者加上其他收益、公允价值变动损益等后的余额。期间费用包括财务费用、销售费用和管理费用，这三个账户前面已经详细介绍过，此处不再赘述。

2.利润总额（税前利润）=营业利润+营业外收支净额

营业外收支净额是指企业发生的与其生产经营无直接关系的各种收入减去各项支出后的净额。营业外收入主要包括非流动资产处置利得、盘盈利得、捐赠及无法偿还的应付账款等；营业外支出主要包括非流动资产处置损失、盘亏损失、公益性捐赠支出、自然灾害造成的非常损失等。

3.净利润（税后利润）=利润总额-所得税费用

所得税费用是企业根据应纳税所得额和适用税率计算的应纳税额，具有强制性、无偿性的特点。

所得税费用=利润总额（税前利润）×所得税税率

企业在实现利润以后，要进行利润分配。一部分以利润的形式分配给投资者，作为投资者的收益；一部分以盈余公积的形式留存企业，作为企业扩大生产经营规模的资金；一部分以未分配利润的形式保留在账面上，作为增强企业抵御风险能力的资金。所以企业的财务成果核算主要包括两方面：利润形成业务的核算和利润分配业务的核算。

二、利润形成和分配业务核算的账户设置

1.“本年利润”账户

“本年利润”账户属于利润类账户，用来核算企业当期实现的净利润（或发生的净亏损）。期末，将各种收入类账户的贷方发生额转入“本年利润”账户的贷方；将各种费用类账户的借方发生额转入“本年利润”账户的借方；结转后该账户若余额在贷方，表示本期实现的利润；若余额在借方，表示本期发生的亏损。年度终了，将“本年利润”账户的贷方余额或借方余额全部转入“利润分配——未分配利润”账户，年度结转后“本年利润”账户期末无余额。

2.“营业外收入”账户

“营业外收入”账户属于收入类账户，用来核算企业发生的各项营业外收入。该账户的贷方登记实现的营业收入以外的收入（如罚没收入、盘盈利得、捐赠利得等）。期末从该账户借方将本期贷方发生额结转到“本年利润”账户的贷方，结转后该账户期末无余额。

3.“营业外支出”账户

“营业外支出”账户属于费用类账户，用来核算企业发生的各项营业外支出。该账户的借方登记营业活动以外发生的支出（如罚没支出、盘亏损失、公益性捐赠支出等）。月末从该账方贷方将本期借方发生额结转到“本年利润”账户的借方，结转后该账户期末无

余额。

4.“交易性金融资产”账户

“交易性金融资产”账户属于资产类账户，该账户的借方登记交易性金融资产的增加，贷方登记已出售的交易性金融资产，即减少。期末余额在借方表示现持有的交易性金融资产。该账户可按金融资产的类别和品种，设置“成本”和“公允价值变动”等明细账进行明细核算。

5.“投资收益”账户

“投资收益”账户属于损益类账户，用来核算各项投资业务所形成的投资损益。该账户的贷方登记实现的投资收益，借方登记发生的投资损失，期末结转后，该账户无余额。该账户可按投资项目设置明细账，进行明细分类核算。

6.“所得税费用”账户

“所得税费用”账户属于费用类账户，用来核算企业确认的所得税费用。该账户的借方登记发生的所得税费用，期末将本账户本期借方发生额结转到“本年利润”账户，结转后该账户期末无余额。

7.“利润分配”账户

“利润分配”账户属于所有者权益类账户，用来核算企业实现利润的分配情况或亏损的弥补情况。在盈利的情况下，该账户的贷方登记从“本年利润”账户的借方转入的利润金额，借方登记企业提取的盈余公积和已分配的利润。在亏损的情况下，该账户的借方登记从“本年利润”账户的贷方转入的亏损金额。若是期末贷方余额，表示企业留存的可供分配的利润金额；若是期末借方余额，表示尚未弥补的亏损金额。

8.“盈余公积”账户

“盈余公积”账户属于所有者权益类账户，用来核算企业从利润中提取的盈余公积。该账户的贷方登记从利润中提取的盈余公积，借方登记已使用的盈余公积，贷方余额表示尚未使用的盈余公积。

9.“应付利润”账户

“应付利润”账户属于负债类账户，用来核算企业应付给投资者的利润。该账户的贷方登记应付给投资者的利润，借方登记已支付给投资者的利润，贷方余额表示尚未支付的利润。

三、利润形成和分配的业务核算

企业除从事生产经营活动外，还利用企业闲余资金进行一些投资活动，获得投资收益。这里只举例说明交易性金融资产的业务核算，交易性金融资产账户在前面已经介绍。

（一）投资收益的核算

例 5-31

2022 年 11 月 20 日京华公司以 900 000 元出售其持有的某短期股票，同时支付佣金及手续费共计 800 元，该股票购进时的实际成本是 620 000 元，净投资收益为 279 200 元。

这项业务的发生，使公司的银行存款增加900 000元，记入“银行存款”账户的借方；同时使该公司的交易性金融资产减少620 000元，记入“交易性金融资产”账户的贷方，投资收益增加279 200元，记入“投资收益”账户的贷方。会计分录如下：

借：银行存款　　900 000

　贷：交易性金融资产——成本　　620 000

　　　投资收益　　279 200

　　　银行存款　　800

（二）营业外收入与营业外支出的业务核算

例5-32

京华公司获得一笔捐赠500 000元，已存入银行。

这项业务的发生，使公司的银行存款增加500 000元，记入“银行存款”账户的借方；同时使公司的营业外收入增加500 000元，记入“营业外收入”账户的贷方。会计分录如下：

借：银行存款　　500 000

　贷：营业外收入——捐赠利得　　500 000

例5-33

京华公司向当地特殊学校捐赠价值5 000元的教学用具。

这项业务的发生，使公司捐赠支出增加5 000元，记入“营业外支出”账户的借方；同时使公司银行存款减少5 000元，记入“银行存款”账户的贷方。会计分录如下：

借：营业外支出——公益性捐赠　　5 000

　贷：银行存款　　5 000

（三）利润总额的核算

根据前期京华公司生产经营业务的处理，接下来进行公司利润总额的核算。

第一步，结转收入类账户。

例5-34

年末将京华公司2022年所有收入类账户发生额结转至“本年利润”账户。其中，“主营业务收入”贷方发生额为5 900 000元，“其他业务收入”贷方发生额为12 000元，“营业外收入”贷方发生额为500 000元，“投资收益”贷方发生额为279 200元，全部结转至“本年利润”账户的贷方。

该结转事项将收入类账户贷方发生额从借方转出至“本年利润”账户的贷方，即冲减收入类账户，记入“主营业务收入”“其他业务收入”“营业外收入”“投资收益”账户的借方，使收入类账户余额为零。同时“本年利润”账户因为转入而增加，记入“本年利润”账户的贷方。会计分录如下：

借：主营业务收入　　5 900 000

　　其他业务收入　　12 000

　　营业外收入　　500 000

　　投资收益　　279 200

贷：本年利润　6 691 200

第二步，结转费用类账户。

例5-35

年末结转京华公司2022年所有费用类账户发生额至“本年利润”账户。其中，“主营业务成本”借方发生额为1 902 000元，“其他业务成本”借方发生额为8 000元，“营业外支出”借方发生额为5 000元，“税金及附加”借方发生额为2 000元，“管理费用”借方发生额为252 000元，“财务费用”借方发生额为17 500元，“销售费用”借方发生额为5 000元。

该结转事项将费用类账户借方发生额从贷方转出至“本年利润”账户的借方，即冲减费用类账户，记入“主营业务成本”“其他业务成本”“营业外支出”“税金及附加”“管理费同”“销售费用”“财务费用”账户的贷方，使费用类账户余额为零。同时“本年利润”账户因转入而减少，记入“本年利润”账户的借方。会计分录如下：

借：本年利润	2 191 500	
贷：主营业务成本		1 902 000
其他业务成本		8 000
营业外支出		5 000
税金及附加		2 000
管理费用		252 000
财务费用		17 500
销售费用		5 000

(四) 所得税费用的核算与结转

例5-36

京华公司2022年应纳税所得额为4 499 700元（6 691 200-2 191 500），适用的所得税税率为25%。计提并结转本年度所得税。

第一步，所得税的计算。

所得税费用的核算比较复杂，本书采用简易方式计算所得税费用，公式为：所得税费用=应纳税所得额×所得税税率。

所得税费用=4 499 700×25% =1 124 925（元）

该项业务的发生，使公司的所得税费用增加1 124 925元，记入“所得税费用”账户的借方；同时使公司的应交所得税增加1 124 925元，记入“应交税费——应交所得税”账户的贷方。会计分录如下：

借：所得税费用	1 124 925	
贷：应交税费——应交所得税		1 124 925

第二步，实际缴纳所得税款。

该项业务的发生，使公司的应交税费减少1 124 925元，记入“应交税费——应交所得税”账户的借方；同时使该公司的银行存款减少1 124 925元，记入“银行存款”账户的贷方。会计分录如下：

借：应交税费——应交所得税　　1 124 925

　贷：银行存款　　1 124 925

第三步，结转本年度所得税费用。将公司所得税费用1 124 925元结转至“本年利润”账户的借方。

该项结转事项将所得税费用借方发生额从贷方结转至“本年利润”账户的借方，使所得税费用账户无余额。该项结转事项使公司的所得税费用减少1 124 925元，记入“所得税费用”账户的贷方；使本年利润减少1 124 925元，记入“本年利润”账户的借方。会计分录如下：

借：本年利润　　1 124 925

　贷：所得税费用　　1 124 925

（五）净利润的计算和结转

企业将所得税费用结转至“本年利润”账户之后，如果“本年利润”账户的贷方发生额合计数大于借方发生额合计数，则视为该企业本期有净利润；反之，则为净亏损。若本年实现了净利润，则将净利润从“本年利润”账户的借方转入“利润分配——未分配利润”账户的贷方，结转后，“本年利润”账户无余额。

例5-37

年末结转京华公司2022年净利润3 374 775元。

该项结转事项，使公司本年利润减少3 374 775元，记入“本年利润”账户的借方；同时使公司未分配利润增加3 374 775元，记入“利润分配——未分配利润”账户的贷方。会计分录如下：

借：本年利润　　3 374 775

　贷：利润分配——未分配利润　　3 374 775

（六）利润分配业务核算

在实现利润后，企业将根据有关法律制度规定和企业章程对实现的净利润进行分配。“利润分配”账户可根据利润分配去向分别设置“提取法定盈余公积”“提取任意盈余公积”“应付利润”“盈余公积补亏”“未分配利润”等明细账，进行明细分类核算，期末应将“利润分配”账户下其他明细账户的余额转入其下的“未分配利润”明细账户，结转后除“未分配利润”账户可能有余额外，其他各明细账户无余额。

企业利润应按下列顺序分配：首先，提取法定盈余公积。按照有关规定，公司应当按照当年税后利润（抵减期初累计亏损后）的10%提取法定盈余公积，提取的法定盈余公积累计额超过注册资本50%以上的，可以不再提取。其次，提取任意盈余公积。公司提取法定盈余公积后，经股东会或者股东大会决议，还可以从税后利润中提取任意盈余公积。最后，分配投资者利润（或股利）。企业可供分配的利润扣除提取的盈余公积后，即为可供投资者分配的利润，即可供投资者分配的利润=可供分配的利润-提取的盈余公积。

企业可采用现金股利、股票股利等形式向投资者分配利润（或股利）。

1.提取盈余公积的业务核算

“盈余公积”账户可设置“法定盈余公积”和“任意盈余公积”明细账，进行明细分类核算。提取法定盈余公积时，借记“利润分配——提取法定盈余公积”，贷记“盈余公积——法定盈余公积”；提取任意盈余公积时，借记“利润分配——提取任意盈余公积”，贷记“盈余公积——任意盈余公积”。

例 5-38

年末，京华公司按10%的比例提取法定盈余公积，按5%的比例提取任意盈余公积。京华公司2022年实现税后净利润3 374 775元。

该项业务的发生，使公司的可供分配利润减少506 216.25元，记入“利润分配”账户的借方；同时使公司的盈余公积增加506 216.25元，记入“盈余公积”账户的贷方。会计分录如下：

借：利润分配——提取法定盈余公积	337 477.50	
——提取任意盈余公积	168 738.75	
贷：盈余公积——法定盈余公积		337 477.50
——任意盈余公积		168 738.75

2.向投资者分配利润的业务核算

企业根据利润分配方案，按应支付的现金利润，借记“利润分配——应付利润”，贷记“应付利润”。

例 5-39

京华公司2022年经股东大会表决通过，向股东分配现金利润800 000元。

该项业务的发生，使公司未分配利润减少800 000元，记入“利润分配——应付利润”账户的借方；同时使公司的负债应付利润增加800 000元，记入“应付利润”账户的贷方。会计分录如下：

借：利润分配——应付利润	800 000	
贷：应付利润		800 000

3.未分配利润的计算和结转

例 5-40

期末结清“利润分配”各明细账发生额（除“未分配利润”外）。

该项业务的发生，使公司未分配利润减少，记入“利润分配——未分配利润”账户的借方；同时对冲其他明细账，记入“利润分配——提取法定盈余公积”“利润分配——提取任意盈余公积”“利润分配——应付利润”账户的贷方。会计分录如下：

借：利润分配——未分配利润	1 306 216.25	
贷：利润分配——提取法定盈余公积		337 477.50
——提取任意盈余公积		168 738.75
——应付利润		800 000

为了帮助理解这一部分的核算业务，将利润形成与分配业务中各账户之间的关系总结为核算流程图，如图5-7所示。

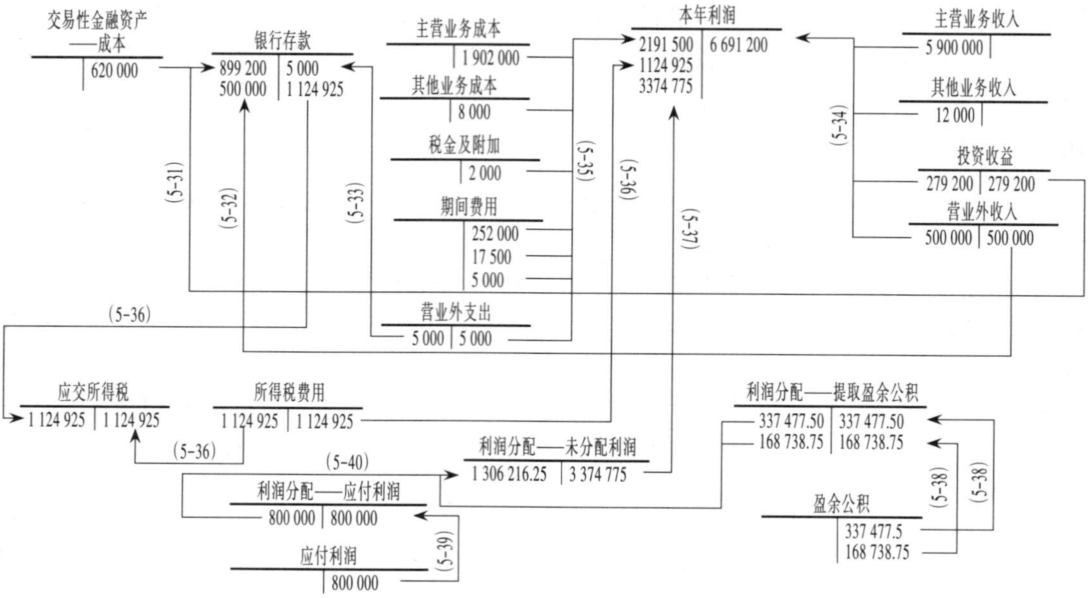

图5-7　利润形成与分配业务中各账户之间的核算流程图

本章小结

本章主要介绍了企业主要经济业务的核算，主要包括筹资业务的核算、供应过程的核算、生产过程的核算、销售过程的核算及利润形成和分配过程的核算。筹资业务主要包括权益筹资和债务筹资，筹资方式和业务核算是重点。供应过程主要对固定资产的购建和原材料的购进进行介绍，固定资产购建成本核算和原材料成本核算是重点和难点。生产过程重点介绍了产品成本的主要构成部分：直接材料、直接人工和制造费用。产品成本的归集和完工入库业务的核算是这一过程的重点和难点。销售过程部分主要介绍了销售产品形成的收入、费用的确认及业务核算。利润形成和分配过程部分主要介绍了会计期间利润的形成和利润的分配方式，重点介绍各项收入、各项费用在期末的结转，利润分配的去向及业务核算。

课后习题

一、业务题

1.筹资业务的核算

A股份公司2023年1月份发生下列经济业务：

（1）接受投资者投入企业的资本200 000元，款项存入银行。

（2）收到某投资者投入的一套全新设备，投资双方确认的价值为30 000元，设备交付使用；收到专利权一项，投资双方确认的价值为60 000元，相关手续已办妥。

（3）从银行取得期限为4个月的生产运营用借款600 000元，款项已存入开户银行。

（4）若上述借款年利率为4%，根据与银行签署的借款协议，该项借款的利息按季度支付，本金于到期后一次归还。计算提取本月应负担的借款利息。

（5）从银行取得期限为2年的借款1 500 000元，所得借款已存入开户银行。

（6）通过银行偿还到期短期借款本金100 000元。

要求：根据上述经济业务编制会计分录。

2.供应阶段的业务核算

（1）6日，向B工厂购进下列原材料，未验收入库，货款尚未支付。取得增值税专用发票，增值税税率为13%。其中甲材料1 600千克，单价10元/千克；乙材料800千克，单价16元/千克，合计28 800元。

（2）以现金支付上述材料运费500元，装卸费220元，费用按重量比重分配。

（3）上述材料验收后，材料按实际成本入账。

（4）15日，以银行存款归还B工厂的货款。

（5）17日，从C工厂购入乙材料11 100元，企业签发并承兑一张商业汇票以抵付货款（包括增值税）。材料未到，已取得增值税专用发票，增值税税率13%。

（6）20日，上述从C工厂购入的乙材料运到，以现金支付运费200元，以银行存款支付装卸搬运费600元。

（7）从C工厂购入的乙材料验收入库，按实际成本入账。

（8）21日，向供货商D公司用银行转账方式预付货款15 000元，准备用于购买D公司的甲材料。

要求：根据上述经济业务编制会计分录。

3.生产阶段的业务处理

某工厂一车间5月份开始生产A、B两种产品，发生下列经济业务：

（1）本月投产A产品100件、B产品50件，生产A产品领用甲材料10 000元，生产B产品领用乙材料8 000元；两种产品生产共同领用丙材料4 500元，共同领用材料按产品投产量比例分配。

（2）用现金购买办公用品450元，其中：车间办公用品200元，企业管理部门办公用品250元。

（3）以银行存款支付水电费1 000元，其中：车间水电费700元，企业管理部门水电费300元。

（4）车间生产工人薪酬7 500元，车间管理人员薪酬2 500元，企业管理部门人员薪酬1 500元。车间生产工人薪酬按A、B两种产品生产工时比例进行分配，已知A、B两种产品所耗工时分别是1 000小时、500小时。

（5）领用丙材料6 000元，其中：车间一般消耗5 500元，企业管理部门消耗500元。

（6）用银行存款支付固定资产日常修理费4 000元，其中：车间设备的修理费为3 000元，企业管理部门设备的修理费为1 000元。

（7）提取本月固定资产折旧12 000元，其中：车间使用固定资产应提折旧为7 000元，企业管理部门用固定资产应提折旧为5 000元。

（8）假定上述车间发生的间接费用是为了管理和组织A、B两种产品生产而发生的。将本月发生的制造费用按A、B两种产品生产工时比例进行分配。

（9）本月开始投产的两种产品全部完工验收入库，结转入库产品成本。

要求：根据上述经济业务编制会计分录。

4.销售阶段的业务处理

M股份公司2022年4月份发生下列经济业务：

（1）4月2日，销售甲产品600件，每件售价200元，货款120 000元，增值税税率为13%，货款已收到并存入银行。

（2）4月5日，收到上月Q工厂所欠货款8 000元，存入银行。

（3）4月10日，销售给Q工厂甲产品400件，单价200元/件；销售乙产品200件，单价100元/件，共计100 000元，增值税销项税额13 000元，收到面值为113 000元的商业汇票一张。

（4）4月16日，以银行存款支付金融机构手续费2 000元。

（5）4月17日，销售A材料4 000千克，每千克3元，货款共计12 000元，增值税销项税额为1 560元，款项已收到并存入银行。

（6）4月18日，以银行存款支付销售甲产品、乙产品的保险费用700元、广告宣传费用1 300元。

（7）4月26日，销售给P工厂甲产品900件，单价200元/件；销售乙产品200件，单价100元/件。货款共200 000元，增值税销项税额26 000元，款项尚未收到。

（8）4月30日，上述销售的甲、乙产品属于应缴纳消费税的产品，假定消费税税率为5%。

（9）4月30日，结转本月已销材料成本9 000元。

（10）4月30日，结转本月已销产品的生产成本，其中：甲产品单位成本为180元，乙产品单位成本为80元。

要求：根据上述经济业务编制会计分录。

5.利润形成与分配阶段的业务处理

W股份公司2022年12月份发生下列有关利润形成与分配的业务：

（1）用现金5 000元支付厂部办公用品费。

（2）将无法偿还的应付账款28 000元予以核销。

（3）用银行存款5 000元支付罚款支出。

（4）报销职工差旅费200元，付给现金。

（5）计提应由本月负担的银行借款利息550元。

（6）收到罚款收入20 000元存入银行。

（7）结转本月实现的各项收入，其中：产品销售收入148 000元，营业外收入32 000元。

（8）结转本月发生的各项费用，其中：产品销售成本40 000元，产品销售费用1 500元，产品销售税金2 000元，管理费用33 600元，财务费用450元，营业外支出22 450元。

（9）根据（7）、（8）项业务确定的利润总额按25%的税率计算所得税并予以结转。

（10）按税后利润的10%提取法定盈余公积。

（11）将剩余利润的40%分配给投资人。

（12）年末结转本年净利润60 000元。

（13）年末结转利润分配项目27 600元。

要求：根据上述经济业务编制会计分录。

二、思考题

1. 权益筹资和债务筹资有什么不同？

2. 材料采购的成本包括哪些？

3. 产品的生产成本构成项目有哪些？

4. 销售过程的会计核算包括哪些？

5. 企业的利润总额包括哪些项目？

6. 净利润的分配顺序是什么？

三、案例讨论题

目的：练习对经济业务的判断及业务处理能力。

资料：大疆公司正在进行裁员，员工张林目前有三个方案可供选择。

方案一：在大疆公司继续任职，每月收入为3 000元。

方案二：下岗再就业。张林每月可获得失业补助300元，如果考虑再就业，每月可能会取得收入1 800元。

方案三：辞职创业。

经与家人商量后，张林投资20 000元开办一家米粉店，销售炒米粉。以下是米粉店开业1个月的经营状况。

（1）支付了3个月的房租费1 500元。

（2）月初购买各种材料3 000月，目前已经用了三分之一的材料。

（3）支付一个员工工资1 000元。

（4）支付本月水电费200元。

（5）本月的营业收入12 000元。

要求：

（1）张林的选择对不对？为什么？

（2）写出以上业务的会计分录。

第六章

账户的分类

学习目标

1. 掌握：账户按经济内容分类；总分类账户和明细分类账户平行登记的方法。

2. 理解：账户按结构和用途分类；实账户与虚账户对分期计算利润和编制会计报表的重要性。

3. 了解：账户分类的意义与原则。

课程思政

1. 价值塑造

•培养分类即管理的科学思维方式。

•树立总与分的辩证统一思想。

•将账户分类思想转化为应对一切突发事件的能力。

2. 知识传授

•账户按照不同的分类基础形成了四种分类，即分别按照经济内容、账户提供指标的详细程度、账户的用途与结构、账户期末是否存在余额进行分类，全面、立体、多视角地呈现了账户的性质和特点。

•通过总分类账与明细分类账平行登记的原理，领悟总与分的关系。

3. 能力培养

•培养辨别事物同一性、相似性与差异性的能力。在寻找经济业务相似性与差异性的过程中，逐渐了解企业经济活动的本质，引起资金变化的原因以及资金流转于各个账户之间仍然保持平衡的精妙设计。

•培养多视角认识同一问题的能力。同一账户可以按照不同的分类基础归入不同类型的账户。

▸▸▸▸▸▸ 第一节　账户分类的意义

企业发生的各种经济业务是十分复杂的，账户是根据会计科目开设的、用来分类连续地记录各项经济业务的内容，反映各个会计要素增减变化情况及其结果的。账户分类是指按照不同标准对企业设置的账户作进一步的分类，以便了解每一个账户的性质、用途和结构，揭示每一个账户的基本特点和内在规律。

一、账户分类便于设置完整的账户体系，全面反映企业经营活动情况

各单位的经营活动特点不同，资金运动的内容不同，所涉及的账户体系也就不同。要想有效地反映和监督单位的经营活动，就要从本单位经营活动的特点出发，选择能够反映本单位经营活动的账户体系。它要求会计工作者必须了解不同类型的账户包括哪些具体的账户，它们反映的具体经济内容是什么，这些账户的发生额和余额能提供什么样的核算资料。只有这样，才能选择合适的账户建立本单位的账户体系，使它们能全面系统地记录本单位的经济活动过程和结果，为会计信息使用者提供所需的信息。

二、账户分类可以揭示账户的特征，有利于加深对账户的理解和使用

账户分类标准是依据账户的特征确定的，而每一个账户都具有若干特征，因此每一个账户都可以按不同的标准加以分类。

例如，“原材料”账户从会计要素（经济内容）来看，属于资产类账户，反映企业在生产经营过程中必不可少的流动资产；从用途和结构来看，属于盘存类账户，反映在某一时点企业的库存数是多少；从提供指标的详细程度来看，属于总分类账户，总括地反映企业原材料的增减变动及结存情况。

账户按提供指标详细程度分类，目的在于把握不同层次账户提供核算指标的规律性，以便准确运用各级账户，提供不同层级的核算指标，满足经营管理的不同需要。

三、账户分类有利于从不同侧面了解账户设置和运用的规律性

有些账户从表面看是相互独立的，却存在此消彼长的关系。例如，资产与费用之间就存在转化关系，最初以资产形态表现的资产，随着对其使用、消耗，最终都会转化为费用。存货消耗后，构成产品成本的一部分，记入“生产成本”账户，出售后再转化为已销售产品的成本，记入“主营业务成本”账户；固定资产通过计提折旧转化为费用，也可以说费用是瞬间的资产。因此，资产类账户与费用类账户的结构相同。

再比如收入类账户和费用类账户，从经济内容来讲，一个代表资金流入，一个代表资金流出；从账户的用途来讲，它们是损益类账户，专门用来计算企业盈亏；从账户结构来讲，它们在借贷记账法下，收入的贷方表示增加，借方表示转出（减少），费用的借方表

示增加，贷方表示转出（减少）。

四、账户分类有利于编制会计报表

为了及时、正确地编制会计报表，要根据特定财务报表所反映的经济内容，正确确定编制每张财务报表所需的数据资料来自哪些账户，这些账户能提供什么样的会计信息。例如，资产负债表是用来反映某一时点的财务状况的，是对某一时点企业现存经济资源和它们的来源及相应经济责任的说明。它的数据资料由资产、负债和所有者权益三类账户提供。若不能正确确定为编制财务报表提供数据资料的账户，就不能正确编制会计报表。因此，掌握账户分类及账户的经济内容、用途和结构，有利于正确编制会计报表。

▸▸▸▸▸▸ 第二节　账户按经济内容的分类

账户分类是指按照一定的标准对账户所做的分类。按经济业务内容分类是账户最基础和最基本的分类，回答账户是什么，即所要记录的经济内容。在经济内容分类的基础上再按用途和结构分类，以帮助正确使用各种账户。

一、账户按经济内容分类

账户按照经济内容分类，事实上就是按照会计要素进行分类，是最重要的分类。按经济内容分类也基本决定了账户的用途和结构，是理解其他账户分类的基础。账户按照其反映的经济内容不同，可分为六大类：资产类账户、负债类账户、所有者权益类账户、收入类账户、费用类账户和利润类账户。按经济内容可以从静态（财务状况）和动态（经营成果）方面客观记录和反映企业的经济活动，加强财产物资、债权债务、利润形成和分配的管理。

（一）资产类账户

资产是企业的经济资源，是利润的源泉。资产类账户是核算企业各种资产增减变动及结余额的账户。例如，“库存现金”“银行存款”“应收账款”“在途物资”“原材料”“库存商品”“固定资产”“无形资产”“长期股权投资”等账户均为典型的资产类账户。

（二）负债类账户

负债是企业现时的义务，是企业资金来源之一。负债类账户是核算企业各种负债增减变动及结余额的账户。例如，“短期借款”“应付账款”“应付职工薪酬”“应交税费”“应付股利”“长期借款”“应付债券”等账户为典型的负债类账户。

（三）所有者权益类账户

所有者权益由资本和留存收益两部分组成。所有者权益类账户是核算企业所有者权益增减变动及结余额的账户。例如，资本类账户有“实收资本（或股本）”“资本公积”账户；留存收益类账户有“盈余公积”“未分配利润”账户。

（四）收入类账户

收入是企业提供商品或劳务取得的资金回流。收入类账户是核算企业在生产经营过程中所取得的各种经济利益的账户。例如，“主营业务收入”“其他业务收入”“投资收益”等账户为典型的收入类账户。由于收入有广义与狭义之分，所以广义上的收入类账户还包括“营业外收入”账户。广义的收入是利润表的构成项目，因此，广义的收入类账户属于损益类账户。

（五）费用类账户

费用是为取得收入而付出的代价。费用类账户是核算企业在生产经营过程中发生的各种费用支出的账户。例如，“主营业务成本”“税金及附加”“管理费用”“财务费用”“销售费用”“资产减值损失”等账户为典型的费用类账户。由于费用也有广义与狭义之分，所以广义的费用类账户还包括“生产成本”“制造费用”“营业外支出”“所得税费用”等账户。广义费用中的生产成本和制造费用属于成本类费用，这类费用是通过形成主营业务成本的形式来计入利润表的。除此之外，其他广义费用均为利润表的构成项目，因此，“生产成本”“制造费用”账户又称成本类账户，其他广义费用类账户也均属于损益类账户。

（六）利润类账户

利润分利润形成与利润分配。利润类账户是核算利润的形成和分配情况的账户。例如，“本年利润”和“利润分配”账户为典型的利润类账户。利润形成有“本年利润”账户，利润分配有“利润分配”账户。由于利润属于所有者的权益，所以“本年利润”和“利润分配”账户也属于所有者权益类账户。

▸▸▸▸▸▸ 第三节　账户按用途和结构分类

账户按经济内容分类，可以使我们了解完整的账户体系包括哪些账户，各类账户所核算的会计对象的具体内容是什么。这对于正确区分账户的经济性质，合理地设置和运用账户以满足经营管理的需要具有重要意义。但是，仅按经济内容对账户进行分类，还不能使我们了解各种账户的作用，以及它们是如何向会计信息的使用者提供所需的信息的。为了运用账户来记录经济业务，掌握账户在提供会计信息方面的规律性，就需要在按经济内容分类的基础上，进一步研究账户如何按用途和结构分类。

账户的用途是指设置和运用账户的目的是什么，通过账户记录能够提供什么核算指标。如我们设置“固定资产”“原材料”等实物资产账户的目的是反映相应的实物资产，通过这些账户记录能够提供相应的实物资产的增减变动及结余额方面的核算资料。

账户按用途和结构可分为盘存账户、资本账户、结算账户、成本计算账户、跨期摊配账户、集合分配账户、调整账户、损益计算账户和财务成果账户等九类账户。从用途和结构分类，更容易理解比较复杂的成本计算账户、调整账户和结算账户的使用方法，丰富对会计账户的认识。

一、盘存账户

盘存账户是用来核算和监督各种财产物资和货币资金的增减变动及其结存情况的账户。这类账户的借方登记各种财产物资或货币资金的增加额；贷方登记其支出或减少额；账户余额总是在借方，表示各项财产物资或货币资金的结存数额。

属于盘存账户的有“库存现金”“银行存款”“原材料”“库存商品”“固定资产”等账户。

可以通过实地盘点和对账的财产清查方法，检查实存的财产物资及其在经营管理上存在的问题。这类账户中除货币资金账户外，其余账户的实物明细账均可以提供实物和货币两种指标。

二、资本账户

资本账户是用来核算和监督取得资本和资本退出及其实有数的账户。这类账户的贷方登记各项资本的增加额，借方登记减少额，账户的余额总是在贷方，表示各项资本的实有数额。

属于资本账户的有“实收资本（股本）”“资本公积”“盈余公积”“未分配利润”等账户。这类账户的总分类账及其明细分类账只能提供货币指标。

三、结算账户

结算账户是用来核算和监督企业与其他单位或个人之间发生的债权、债务往来结算业务的账户。结算账户可分为债权结算账户、债务结算账户和债权债务结算账户三类。

（一）债权结算账户

债权结算账户是专门用于核算和监督企业与各个债务单位或个人之间结算业务的账户。这类账户的借方登记债权的增加额，贷方登记债权的减少额，账户的余额一般在借方，表示期末债权的实有数额。

属于债权结算账户的有“应收账款”“其他应收款”“应收票据”“预付账款”等账户。

（二）债务结算账户

债务结算账户是专门用于核算和监督企业与各个债权单位或个人之间结算业务的账户。这类账户的贷方登记债务的增加额，借方登记债务的减少额，账户的余额一般在贷方，表示期末债务的实有数额。

属于债务结算账户的有“短期借款”“应付账款”“应交税费”“应付职工薪酬”“预收账款”“其他应付款”等账户。

（三）债权债务结算账户

债权债务结算账户是用于核算和监督企业与某一单位或个人之间发生的债权和债务往来结算业务的账户。在实际工作中，与企业经常发生结算业务的往来单位，有时是企业的债权人，有时是企业的债务人。例如，企业向同一单位销售产品，有些款项是预收的，预收款项时，该单位是企业的债权人；有些款项是应收未收的，此时该单位是企业的债务人。为了集中反映企业与某一单位或个人所发生的债权和债务的往来结算情况，可以在一个账户中核算应收和应付款项的增减变动和余额。债权债务结算账户的借方登记债权的增加额和债务的减少额；贷方登记债务的增加额和债权的减少额；余额可能在借方，也可能在贷方。

债权债务结算账户具有下列特点：①余额可能在借方，也可能在贷方。借方余额反映的不一定是债权，贷方余额反映的也不一定是债务。②从明细分类账的角度看，借方余额表示期末债权的实有数额，贷方余额表示期末债务的实有数额。③从总分类账的角度看，借方余额表示期末债权大于债务的差额，贷方余额表示期末债务大于债权的差额。

如果企业不单独设置“预收账款”账户，可以用“应收账款”账户同时反映销售产品或提供劳务的应收款项和预收款项，这时“应收账款”账户便是债权债务结算账户。如果企业不单独设置“预付账款”账户，可以用“应付账款”账户同时反映购进材料的应付款项和预付款项，这时“应付账款”账户也是债权债务结算账户。

如果企业将其他应收款和其他应付款的增减变动和结果都集中在“其他往来”账户中核算，“其他往来”账户也是一个债权债务结算账户。债权债务结算账户需根据总分类账户所属明细分类账户的余额方向分析判断其账户的性质。

结算账户只能提供货币指标，应按发生结算业务的对应单位或个人开设明细分类账户，以便及时进行结算和核对账目。

四、成本计算账户

成本计算账户是用来归集和核算某一成本计算对象的账户。这类账户的借方汇集生产经营过程中某个阶段发生的、应计入成本的全部费用数额；贷方登记转出已完成某个阶段的成本计算对象的实际成本；账户的期末余额在借方，表示尚未完成某个阶段成本计算对象的实际成本。

成本计算账户主要有“材料采购（在途物资）”“生产成本”等账户。

五、跨期摊配账户

跨期摊配账户是用来核算和监督应由若干会计期间共同负担的费用，并将这些费用摊配于各个相应的会计期间的账户。“长期待摊费用”是典型的跨期摊配账户，借方登记实际支出的长期待摊费用，贷方登记分摊到各个会计期间的长期待摊费用，期末余额总是在借方，表示已经支付的、留待以后向各个期间分摊的长期待摊费用。

六、集合分配账户

集合分配账户是用来汇集和分配企业在某一阶段所发生的费用，反映和监督费用的发生和分配情况。集合分配账户的借方登记费用的发生，贷方登记费用的分配。一般情况下，该类账户没有期末余额，发生多少，分配多少。

集合分配账户最典型的是“制造费用”账户。制造费用的借方归集在制造过程中所发生的各种难以直接计入产品生产成本的间接费用，然后再采用一定的标准分配计入各种产品的生产成本。

“制造费用”账户具有过渡性质，在其借方归集完所有费用后，将从贷方全部转入“生产成本”账户的借方。

七、调整账户

调整账户是为了便于计算被调整账户余额而开设的账户。在会计核算工作中，由于经营管理上的需要或其他原因，要求某些账户反映某项经济活动的原始数据，而其增减金额专门设置一个账户来进行反映。例如，固定资产在未处置或报废前，需要按取得固定资产时的原始成本来反映，但其成本需要进行系统合理的分配，每期分配的成本通过“累计折旧”账户进行核算，“累计折旧”对“固定资产”起抵减作用，固定资产账面净值=固定资产原始成本-累计折旧。

反映经济活动原始数据的账户，称为“被调整账户”；对被调整账户进行调整的账户，称为“调整账户”。调整账户按调整方式分为备抵账户、附加账户和备抵附加账户三类。

（一）备抵账户

备抵账户又称抵减账户，起冲减被调整账户金额的作用。被调整账户实际余额可用下列公式计算：

被调整账户余额-备抵账户余额=被调整账户实际余额

备抵账户的余额一定要与被调整账户的余额方向相反，上述公式才能成立。

（二）附加账户

附加账户是用来增加被调整账户的余额，以求得被调整账户实际余额的账户。其调整方式可用下列计算公式表示：

被调整账户余额+附加账户余额=被调整账户实际余额

附加账户的余额一定要与被调整账户的余额方向一致。如果被调整账户的余额在借方，附加账户的余额也一定在借方；如果被调整账户的余额在贷方，附加账户的余额也一定在贷方。

（三）备抵附加账户

备抵附加账户是依据调整账户与被调整账户的余额方向，用来抵减被调整账户余额，或者用来附加被调整账户余额，以求得被调整账户实际余额的账户。当调整账户的余额与被调整账户的余额方向相反时，该类账户起抵减账户的作用，其调整方式与备抵账户相同；当调整账户的余额与被调整账户的余额方向一致时，该类账户起附加账户的作用，其调整方式与附加账户相同。

典型的备抵附加账户是“材料成本差异”账户。调整账户不能离开被调整账户而独立存在，有调整账户就一定有被调整账户，它们是相互联系、相互结合的一组账户。调整账户与被调整账户所反映的经济内容是相同的，被调整账户反映原始数据，调整账户反映对原始数据的调整数额，二者结合起来使用，可以提供经营管理上所需要的某些特定指标。

八、损益计算账户

损益计算账户是用来归集企业生产经营过程中某个会计期间的收入和费用的账户。将收入类账户和费用类账户放在一起，便于理解影响利润（亏损）的因素。就理解账户结构而言，可以将其拆分为收入类账户和费用类账户。

九、财务成果账户

财务成果账户是用来计算并确定企业在一定时期内全部经营活动最终成果的账户。这类账户的贷方登记一定期间发生的各项收入数额；借方汇集一定期间内发生的与收入相配比的各项费用数额。期末如为贷方余额，表示收入大于费用的差额，为企业实现的利润总额；如为借方余额，表示收入小于费用的差额，为企业发生的亏损总额。

▸▸▸▸▸▸ 第四节　总分类账户与明细分类账户的平行登记

一、总分类账户和明细分类账户的设置

为了适应经济管理的需要，对于一切经济业务都要在有关账户中进行登记，既要提供总括的核算资料，又要提供详细的核算资料。各会计主体日常使用的账户，按提供资料的详细程度不同，可以分为总分类账户和明细分类账户两种。

总分类账户（亦称一级账户），是按照总分类科目设置，仅以货币计量单位进行登记，用来提供总括核算资料的账户。前面例子中的账户，都是总分类账户。通过总分类账户提供的各种总括核算资料，可以概括地了解一个会计主体各项资产、负债及所有者权益等会计要素增减变动的情况和结果。但是，总分类账户并不能提供关于各项会计要素增减变动过程及其结果的详细资料，也就难以满足经济管理的具体需要。因此，各会计主体在设置总分类账户的同时，还应根据实际需要，在某些总分类账户的统驭下，分别设置若干明细分类账户。

明细分类账户，是按照明细分类科目设置，用来提供详细核算资料的账户。例如，为

了具体了解各种材料的收、发、结存情况，就有必要在“原材料”总分类账户下，按照材料的品种分别设置明细分类账户。又如，为了具体掌握企业与各往来单位之间的货款结算情况，就应在“应付账款”总分类账户下，按各债权单位的名称分别设置明细分类账户。在明细分类账户中，除了以货币计量单位进行金额核算外，必要时还要运用实物计量单位进行数量核算，以便通过提供数量方面的资料，对总分类账户进行必要的补充。

除了总分类账户和明细分类账户，各会计主体还可根据实际需要设置二级账户。二级账户是介于总分类账户和明细分类账户之间的一种账户。它提供的资料比总分类账户详细、具体，但比明细分类账户概括和综合。例如，在“原材料”总分类账户下，可以先按原料及主要材料、辅助材料、燃料等材料类别设置若干二级账户，其下再按材料的品种等设置明细分类账户。设置二级账户后，总分类账户可以把它作为中间环节来控制所属明细分类账户，这对加强经营管理有一定的作用，但也会增加核算工作量。因此，二级账户一般不宜多设，必要时也可不设。在不设置二级账户的情况下，所需数据可根据有关明细分类账户的记录汇总求得。

二、总分类账户与明细分类账户的平行登记

总分类账户是所属明细分类账户的统驭账户，对所属明细分类账户起着控制作用；而明细分类账户则是某一总分类账户的从属账户，对其所隶属的总分类账户起着辅助作用。某一总分类账户及其所属明细分类账户的核算对象是相同的，它们提供的核算资料互相补充，只有把二者结合起来，才能既总括又详细地反映同一核算内容。因此，总分类账户和明细分类账户必须平行登记。

在登记总分类账户和明细分类账户时，要遵循以下平行登记的原理：

1. 同时登记。在登记总账的同时登记总账所属的所有明细账。
2. 依据相同。登记总账的依据与登记明细账的依据相同。
3. 方向相同。总账本期发生额登记在借方，明细账也登记在借方，反之亦然。
4. 金额相等。总账登记的金额等于总账所属明细账登记金额之和。

本章小结

账户分类是指按照不同标准对企业设置的账户作进一步的分类，以便了解每一个账户的性质、用途和结构，揭示每一个账户的基本特点和内在规律。按经济业务内容分类是账户最基础和最基本的分类，回答账户是什么，即所要记录的经济内容。为了运用账户来记录经济业务，掌握账户在提供会计信息方面的规律性，就需要在按经济内容分类的基础上，进一步研究账户按用途和结构分类。平行登记是根据记账凭证，一方面记入有关总分类账户；另一方面记入总分类账户所属的各个明细分类账户。平行登记的要点是同时登记、方向相同、金额相等、依据相同。

课后习题

目的：练习账户分类。

资料：填写表6-1。

表 6-1 账户分类

经济业务	会计科目	按经济内容分类	按用途结构分类
生产设备	固定资产	资产类账户	盘存账户
厂房			
生产用原材料			
某职工借支差旅费			
存放在银行的款项			
销售商品取得的货款			
应付给购货方的款项			
未完工产品			
完工产品			
已销售商品的成本			
支付管理部门水电费			
出纳保管的现金			
销售商品支付的运费			

要求：根据所给出的经济业务，确定其归属的会计科目，并按上列表格内容进行填写。

第七章

会计凭证

学习目标

1. 掌握：原始凭证与记账凭证的填制与审核。

2. 理解：原始凭证与记账凭证的种类以及会计凭证的传递与保管。

3. 了解：会计凭证的概念与作用。

课程思政

1. 价值塑造

•培养以事实为依据，用证据说话的思维方式。

•树立铃下印章，便是立下言信的思想，培养勇于承担责任的高贵品质。

2. 知识传授

•会计凭证分为原始凭证和记账凭证。原始凭证是记录经济交易发生时间、发生地点、交易内容、交易数量、交易金额和交易对手等信息的书面文件，是会计进行确认与计量并按复式记账原理编制记账凭证的依据。

•原始凭证所载内容真实与否，会计分类确认和计量正确与否，直接关系会计账簿记录和财务报告准确与否。因此，对会计凭证的填制要做到内容齐全、书写规范、填制及时、手续完备。建立严格的稽核制度，保证每一笔会计记录得到及时认真的审核、检查与评估，以确保会计信息的真实与完整。

3. 能力培养

•培养学生说话做事要有根有据的优良品德、缜密的思维逻辑、严谨的做事态度。

•培养学生承担责任的能力。建立会计记录无小事的思想，一分一毫都要做到有据可查，有证可依。

•培养学生认真细致的工作作风，保证每一笔会计分录都必须与原始凭证内容相符，并进行认真复核。

▶▶▶▶▶▶▶ 第一节　会计凭证概述

一、会计凭证的含义

会计凭证，是指用以记录经济业务、明确经济责任的书面证明。它是登记账簿的依据，填制和审核会计凭证是会计核算方法体系中的一种专门方法。

任何单位对所发生的每一项经济业务都必须按照规定的程序和要求，由经办经济业务的有关人员填制或取得会计凭证。在会计凭证中，应注明经济业务的内容，并由相关人员在凭证上签名或盖章，以对凭证的真实性和正确性负责。会计凭证只有经有关人员审核后，才能作为登记账簿的依据。

二、会计凭证的作用

会计凭证是在经济管理的过程中，为充分发挥会计的职能，适应经济管理的客观需要而产生的。一方面，会计核算的客观性原则要求进行会计核算必须客观真实地记录和反映经济业务，一切会计记录均需有真实凭据，只有这样才能保证会计核算资料的真实性和可靠性；另一方面，从经济业务发生的特点看，在时间上经济业务总是连续不断地发生，不断影响着企业资产、负债、所有者权益的总额或其内部结构的变化，在空间范围上，经济业务不可能仅仅局限于会计部门和会计人员的感官范围之内，大量的主要的经济业务都远离会计部门和会计人员，会计部门和会计人员如欲对这些经济业务进行记录反映、监督和控制，只能通过某种手段或方式来解决时间上和空间上带来的问题。上述客观需要唯有“填制和审核会计凭证”这一专门方法才能满足。因此，填制和审核会计凭证是整个会计核算的起点，是一切会计核算资料得以产生的基础。

▶▶▶▶▶▶▶ 第二节　原始凭证的填制与审核

原始凭证是指在经济业务发生或完成时取得或填制的，用以记录或证明经济业务的发生或完成情况的原始凭据。各单位在办理各种会计事项时，必须取得或者填制原始凭证，并及时送交会计机构。

一、原始凭证及其种类

由于经济业务的类型较为复杂，原始凭证的格式也各有差异。依据原始凭证本身的特点，可作如下分类：

（一）按照取得来源分类

原始凭证按照取得来源，可分为自制原始凭证和外来原始凭证。

自制原始凭证是指由本单位有关部门和人员在执行或完成某项经济业务时，自制用于成本、费用、损失和其他收（支）核算的会计原始凭证。如仅供本单位内部使用的借款借据、差旅费报销单等。

外来原始凭证是指在经济业务发生或完成时从其他单位或个人取得的用以记录经济业务发生及完成情况的书面证明，如发票（纸质发票和电子发票）、财政票据、完税凭证、收款凭证、分割单、机票、火车票、餐费收据等。

（二）按照填制手续和内容不同分类

原始凭证按照填制手续和内容，可分为一次凭证、累计凭证和汇总凭证。

一次凭证是指一次填制完成，只记录一笔经济业务且仅一次有效的原始凭证。入库单和提货单是比较典型的一次凭证。

累计凭证是指用以记录和反映在一定时期内连续不断发生的某种经济业务，其填制手续需经多次进行才能完成的原始凭证。这种原始凭证可将一定时期内发生的同种经济业务全部登记在同一张凭证上。累计凭证是指在一定时期内多次记录发生的同类型经济业务且多次有效的原始凭证。其特点是：在一张凭证内可以连续登记相同性质的经济业务，随时结出累计数及结余数，并按照费用限额进行费用控制，期末按实际发生额记账。限额领料单是典型的累计凭证，在有效期内（一般为一个月），只要领用数量不超过限额就可以连续使用。在管理实践中，材料的定额标准一般由单位的计划管理部门和会计管理部门共同确定。

汇总凭证是指对一定时期内反映相同经济业务内容的若干张原始凭证，按照一定标准综合填制的凭证。发料凭证汇总表是典型的汇总凭证，负责材料管理的会计人员一般按旬汇总，每月编制一份发料凭证汇总表交给记账人员进行账务处理。

（三）按照格式不同分类

原始凭证按照格式的不同，可分为通用凭证和专用凭证。

通用凭证是指由有关部门统一印制、在一定范围内使用的具有统一格式和使用方法的原始凭证（如发票）。

专用凭证（非通用凭证）是指由单位自行印制、仅在本单位内部使用的原始凭证（如材料领用单、借据、差旅费报销单等）。

二、原始凭证的基本内容

由于原始凭证所记录和反映的经济业务的具体内容各不相同，名称、格式也存在差异，但作为经济业务的最初信息载体，它必须能够完成以下两个任务：一是详细记载经济业务的发生及完成情况；二是明确每笔经济业务的经办部门或经办个人的经济责任。所以原始凭证应当具备以下基本内容（也称为原始凭证要素）：①凭证的名称；②填制凭证的日期；③填制凭证单位名称或者填制人姓名；④经办人员的签名或者盖章；⑤接受凭证单位名称；⑥经济业务内容；⑦数量、单价和金额。

在实际工作中，有时针对某些特殊管理要求、为保证会计资料的规范性或根据需要补充适当内容，可印制统一标准格式的原始凭证。

三、原始凭证的填制

原始凭证是记账的依据，原始凭证的填制正确性对会计工作的正常进行、会计核算资料的及时产生和资料的正确性、真实性都有重要影响。因此，保证会计核算资料的质量必须首先从保证原始凭证的质量开始做起，原始凭证的填制也就显得尤为重要。

（一）原始凭证填制的基本要求

原始凭证的填制必须符合下列要求：

1.记录真实

原始凭证的内容是否真实，会影响整个会计核算资料的质量。所以，作为整个会计核算工作基础环节的原始凭证，必须真实准确地记录和反映已客观发生的经济业务，唯有真实客观的经济业务才能作为会计核算的原始数据来源而被记录在原始凭证上。原始凭证上填制的日期、经济业务内容和数字必须是经济业务发生或完成的实际情况，不得弄虚作假，不得以匡算数或估计数填入，以确保原始凭证所记经济业务真实可靠。

2.内容完整

原始凭证中应该填写的项目要逐项填写，不可缺漏、省略；名称要写全，不要简化；品名和用途要填写明确，不能含糊不清；有关部门和人员的签名和盖章必须齐全，以保证原始凭证资料的完整性。

3.手续完备

单位自制的原始凭证必须有经办业务的部门和人员签名盖章；对外开出的凭证必须加盖本单位的公章或财务专用章；从外部取得的原始凭证必须有填制单位公章或财务专用章。总之，取得的原始凭证必须符合手续完备的要求，以明确经济责任，确保凭证的合法性、真实性。

4.书写清楚、规范

原始凭证中的文字、数字的书写都要清晰、工整、规范，做到字迹端正、易于辨认，不草、不乱、不造字，大小写金额要一致。复写的凭证要不串行、不串格，不模糊，一式几联的原始凭证，应当注明各联的用途。数字和货币符号的书写要符合下列要求：

（1）数字要一个一个地写，不得连笔写。特别是在要连写几个“0”时，也一定要单个地写，不能将几个“0”连在一起一笔写完。数字排列要整齐，数字之间的间距要均匀，不宜过大。此外，阿拉伯数字的书写还应有高度的标准，一般要求数字的高度占凭证横格的1/2为宜。书写时还要注意紧靠横格底线，使上方能有一定的空位，以便需要进行更正时可以再次书写。

（2）阿拉伯数字前面应该书写货币币种符号或者货币名称简写和币种符号。币种符号与阿拉伯数字之间不得留有空白。凡阿拉伯金额数字前写有货币币种符号的，数字后面不再写货币单位。所有以元为单位（其他货币种类为货币基本单位，下同）的阿拉伯数字，除表示单价等情况外，一律填写到角分；无角分的，角位和分位写“00”或者符号“—”；有角无分的，分位应当写“0”，不得用符号“—”代替。在发票等须填写大写金额数字的原始凭证上，如果大写金额数字前未印有货币名称，应当加填货币名称，然后在其后紧接着填写大写金额数字，货币名称和金额数字之间不得留有空白。

（3）汉字填写金额如零、壹、贰、参、肆、伍、陆、柒、捌、玖、拾、佰、仟、万、亿等，应一律用正楷或行书体填写，不得用〇、一、二、三、四、五、六、七、八、九、十等简化字代替，不得任意自造简化字。大写金额数字到元或角为止的，在“元”或“角”之后应当写“整”或“正”字。阿拉伯金额数字之间有“0”时，汉字大写金额应写“零”字；阿拉伯金额数字中间连续有几个“0”时，大写金额中可以只写一个“零”字；阿拉伯金额数字元位为“0”或者数字中间连续有几个“0”，元位也是“0”，但角位不是“0”时，汉字大写金额可以只写一个“零”字，也可以不写“零”字。

5.连续编号

原始凭证要顺序连续或分类编号，在填制时要按照编号的顺序使用，跳号的凭证要加盖“作废”戳记，连同存根一起保管，不得撕毁。

6.不得涂改、刮擦、挖补

原始凭证所记载的各项内容均不得涂改，随意涂改无效，不能作为记账凭证或登记会计账簿的依据。原始凭证记载内容有错误的，应当由开具单位重开或更正，并在更正处加盖出具单位印章。原始凭证金额出现错误不得更正，只能由原始凭证开具单位重新开具。原始凭证开具单位应当依法开具准确无误的原始凭证，对于填制有误的原始凭证，负有更正和重新开具的法律义务，不得拒绝。

7.填制及时

所有业务的有关部门和人员，在经济业务实际发生或完成时，必须及时填写原始凭证，做到不拖延、不积压，不事后补填，并按规定的程序审核。

（二）自制原始凭证的填制要求

不同的自制原始凭证，填制要求也有所不同。

1.一次凭证的填制

一次凭证应在经济业务发生或完成时，由相关业务人员一次填制完成。该凭证往往只能反映一项经济业务，或者同时反映若干项同一性质的经济业务。

2.累计凭证的填制

累计凭证应在每次经济业务完成后，由相关人员在同一张凭证上重复填制完成。该凭证能在一定时期内不断重复地反映同类经济业务的完成情况。

3.汇总凭证的填制

汇总凭证应由相关人员在汇总一定时期内反映同类经济业务的原始凭证后填制完成。该凭证只能将类型相同的经济业务进行汇总，不能汇总两类或两类以上的经济业务。

（三）外来原始凭证的填制要求

外来原始凭证应在企业与外单位发生经济业务时，由外单位的相关人员填制完成。外来原始凭证一般由税务机关等业务部门统一印制，或经税务部门批准由经营单位印制，在填制时加盖出具凭证单位公章方为有效。对于一式多联的原始凭证必须用复写纸套写或打印机套打。

四、原始凭证的审核

为了如实反映经济业务的发生和完成情况，充分发挥会计的监督职能，保证会计信息的真实、合法、完整和准确，会计人员必须对原始凭证进行严格审核。

审核的内容主要包括：审核原始凭证的真实性；审核原始凭证的合法性；审核原始凭证的合理性；审核原始凭证的完整性；审核原始凭证的正确性；审核原始凭证的及时性。

从外单位取得的原始凭证，必须盖有填制单位的公章；从个人取得的原始凭证，必须有填制人员的签名或者盖章。自制原始凭证必须有经办单位领导或者指定的人员签名或者盖章。对外开出的原始凭证，必须加盖本单位公章。

凡填有大写和小写金额的原始凭证，大写与小写金额必须相符。购买实物的原始凭证，必须有验收证明。支付款项的原始凭证，必须有收款单位和收款人的收款证明。

一式几联的原始凭证，应当注明各联的用途，只能以一联作为报销凭证。一式几联的发票和收据，必须用双面复写纸（发票和收据本身具备复写纸功能的除外）套写，并连续编号。作废时应当加盖“作废”戳记，连同存根一起保存，不得撕毁。

发生销货退回的，除填制退货发票外，还必须有退货验收证明；退款时，必须取得对方的收款收据或者汇款银行的凭证，不得以退货发票代替收据。

职工因公出差借款凭据，必须附在记账凭证之后。收回借款时，应当另开收据或者退还借据副本，不得退还原借款收据。

原始凭证的审核，是一项很细致而且十分严肃的工作。要做好原始凭证的审核，充分发挥会计监督的作用，会计人员应该做到精通会计业务，熟悉有关的政策、法令和各项财务规章制度，对本单位的生产经营活动有深入的了解，同时还要求会计人员具有维护国家法令、制度和本单位财务管理的高度责任感，敢于坚持原则，才能在审核原始凭证时正确掌握标准，及时发现问题。

在原始凭证的审核过程中，对于内容不完整、手续不齐备、数字不准确以及业务情况不明的原始凭证，应退还给有关业务经办人员或经办部门，向他们解释清楚，让其补齐手续、完整记录或对错误进行更正直至符合要求。对于那些违反财经法令和制度的一切收支凭证，不予受理，拒绝办理，并说明缘由，向单位领导做出汇报。对于伪造涂改、营私舞弊等不法行为所产生的原始凭证，在不予受理的同时，应当予以扣留，并及时向会计主管人员和单位负责人汇报，请求查明原因，进行专案处理，追究当事人的责任。只有严格审核原始凭证，方能保证会计工作的质量，才能保证会计核算资料的真实性和正确性。

▸▸▸▸▸▸ 第三节　记账凭证的填制与审核

一、记账凭证及其种类

记账凭证，是指会计人员根据审核无误的原始凭证，按照经济业务的内容加以归类，并据以确定会计分录后所填制的会计凭证，作为登记账簿的直接依据。

记账凭证可按不同标准分类，按照用途可分为专用记账凭证和通用记账凭证；按照填列方式可分为单式记账凭证和复式记账凭证。

（一）按凭证的用途分类

会计机构、会计人员要根据审核无误的原始凭证填制记账凭证。记账凭证可以使用专用记账凭证，也可以使用通用记账凭证。

1.专用记账凭证。专用记账凭证是指分类反映经济业务的记账凭证。专用记账凭证按其反映经济业务的内容，可分为收款凭证、付款凭证和转账凭证。

（1）收款凭证。收款凭证是指用于记录现金和银行存款收款业务的记账凭证。此凭证已经在左上角锁定借方科目，在实务工作中，会计人员只需打“√”即可选定借方科目，且只需要填写应贷记的科目。

（2）付款凭证。付款凭证是指用于记录现金和银行存款付款业务的记账凭证。此凭证已经在左上角锁定贷方科目，会计人员只需打“√”即可选定贷方科目，且只需要填写应借记的科目。出纳人员根据收款凭证收款或根据付款凭证付款后，为避免重收重付，应在收款凭证上加盖“收讫”戳记或在付款凭证上加盖“付讫”戳记。

（3）转账凭证。转账凭证是指不涉及现金和银行存款的记账凭证。会计人员填写应借记和应贷记的会计科目。

2.通用记账凭证。通用记账凭证是指用来反映所有经济业务的记账凭证，为各类经济业务所共同使用，其格式与转账凭证相同，会计人员填写应借记和应贷记的会计科目。

（二）按凭证的填列方式分类

1.单式记账凭证。单式记账凭证是指每一张记账凭证只填列经济业务事项所涉及的一个会计科目及其金额的记账凭证，填列借方科目的称为借项记账凭证，填列贷方科目的称为贷项记账凭证。

2.复式记账凭证。复式记账凭证是将每一笔经济业务所涉及的全部科目及其发生额均在同一张记账凭证中反映的一种凭证。

二、记账凭证的基本内容

记账凭证是登记账簿的依据，因其所反映经济业务的内容不同、各单位规模大小及其对会计核算繁简程度的要求不同，其内容有所差异，但应当具备以下基本内容：填制凭证的日期；凭证编号；经济业务摘要；会计科目；金额；所附原始凭证张数；会计主管、记账、审核、出纳、制单等有关人员签章。

上述要素是记账凭证的必备内容，任何一张记账凭证都不得缺少。以自制的原始凭证或者原始凭证汇总表来代替记账凭证的，也必须具备上述记账凭证应有的要素项目。

三、记账凭证的填制要求

记账凭证根据审核无误的原始凭证或原始凭证汇总表填制。记账凭证填制正确与否，直接影响整个会计系统最终提供信息的质量高低。与原始凭证的填制相同，记账凭证也有记录真实、内容完整、手续齐全、填制及时等要求。

（一）记账凭证填制的基本要求

1. 记账凭证各项内容必须完整。

2. 记账凭证的书写应当清楚、规范。

3. 除结账和更正错账可以不附原始凭证外，其他记账凭证必须附原始凭证。

4. 记账凭证可以根据每一张原始凭证填制，或根据若干张同类原始凭证汇总填制，也可以根据原始凭证汇总表填制，但不得将不同内容和类别的原始凭证汇总填制在一张记账凭证上。

5. 记账凭证应连续编号。

6. 填制记账凭证时若发生错误，应当重新填制。

7. 记账凭证填制完成后，如有空行，应当自金额栏最后一笔金额数字下的空行处至合计数上的空行处划线注销。

（二）收款凭证的填制要求

收款凭证左上角的“借方科目”按收款的方式填写“库存现金”或“银行存款”；日期填写的是填制本凭证的日期；右上角填写填制收款凭证的顺序号；“摘要”填写对所记录的经济业务的简要说明；“贷方科目”填写与收入“库存现金”或“银行存款”相对应的会计科目；“记账”是该凭证已登记账簿的标记，防止经济业务重记或漏记；“金额”是指该项经济业务的发生额；该凭证右边“附件×张”是指本记账凭证所附原始凭证的张数；最下边分别由有关人员签章，以明确经济责任。

（三）付款凭证的填制要求

付款凭证是根据审核无误的有关“库存现金”和“银行存款”的付款业务的原始凭证填制的。付款凭证的填制方法与收款凭证基本相同，不同的是在付款凭证的左上角应填列贷方科目，即“库存现金”或“银行存款”科目，“借方科目”栏应填写与“库存现金”或“银行存款”相对应的一级科目和明细科目。

对于涉及“库存现金”和“银行存款”之间的相互划转业务，为了避免重复记账，一般只填制付款凭证，不再填制收款凭证。

出纳人员在办理收款或付款业务后，应在原始凭证上加盖“收讫”或“付讫”戳记，以免重收重付。

（四）转账凭证的填制要求

转账凭证通常根据有关转账业务的原始凭证填制。转账凭证中“总账科目”和“明细科目”栏应填写应借、应贷的总账科目和明细科目，借方科目应计金额应在同一行的“借方金额”栏填列，贷方科目应计金额应在同一行的“贷方金额”栏填列，“借方金额”栏合计数与“贷方金额”栏合计数应相等。

此外，某些既涉及收款业务，又涉及转账业务的综合性业务，可分开填制不同类型的记账凭证。

四、记账凭证的审核

为了保证会计信息的质量，在记账之前应由有关稽核人员对记账凭证进行严格的审核，审核的内容主要包括：内容是否真实；项目是否齐全；科目是否正确；金额是否正确；书写是否规范；手续是否完备。

▸▸▸▸▸▸ 第四节　会计凭证的传递和保管

一、会计凭证的传递

会计凭证的传递是指从会计凭证的取得或填制时起至归档保管过程中，在单位内部有关部门和人员之间的传送程序。会计凭证的传递具体包括传递程序和传递时间。

各单位的经营业务性质是多种多样的，各种经营业务又有各自的特点，所以，办理各项经济业务的部门和人员以及办理凭证所需要的时间、传递程序也必然各不相同。这就要求每个单位都必须根据自己的业务特点和管理特点，由单位领导会同会计部门及有关部门共同设计制定出一套会计凭证的传递程序，使各个部门保证有序、及时地按规定的程序处理凭证传递。

二、会计凭证的保管

会计凭证的保管是指会计凭证记账后的整理、装订、归档和存查工作。会计凭证作为记账的依据，是重要的会计档案和经济资料。任何单位在完成经济业务手续和记账后，都必须将会计凭证按规定立卷归档，形成会计档案资料，妥善保管，以便日后随时查阅。

会计凭证保管的要求如下：

1. 每月记账完毕，要将本月各种记账凭证加以整理，检查有无缺号、附件是否齐全。然后按顺序排列，装订成册。为了便于事后查阅，应加具封面，封面上应注明：单位的名称、所属的年度和月份、起讫的日期、记账凭证的种类、起讫号数、总计册数等，并由有关人员签章。为了防止任意拆装，在装订线上要加贴封签，并由会计主管人员盖章。

2. 如果在一个月内，凭证数量过多，可分装若干册，在封面上加注共几册字样。如果某些记账凭证所附原始凭证数量过多，也可以单独装订保管，但应在其封面及有关记账凭证上加注说明，对重要原始凭证，如合同、契约、押金收据以及需要随时查阅的收据等，需要单独保管，并应编制目录，且在原记账凭证上注明另行保管，以便查核。

3. 装订成册的会计凭证应集中保管，并指定专人负责。查阅时，要有一定的手续制度。

4. 每年装订成册的会计凭证，在年度终了时可暂由单位会计机构保管一年，期满后应当移交本单位档案机构统一保管；未设立档案机构的，应在会计机构内部指定专人保管。

出纳人员不得兼管会计档案。

5. 严格遵守会计凭证的保管期限要求，期满前不得任意销毁。

本章小结

本章主要介绍了会计凭证的含义、会计凭证的填制与审核、会计凭证的传递与保管。会计凭证是记录经济业务、明确经济责任的书面证明，也是登记账簿的依据。任何单位对所发生的每一项经济业务都必须按照规定的程序和要求，由经办经济业务的有关人员填制或取得会计凭证。会计凭证分为原始凭证和记账凭证。原始凭证是记录经济交易发生时间、发生地点、交易内容、交易数量、交易金额和交易对手等信息的书面文件，是会计进行确认与计量并按复式记账原理编制记账凭证的依据。记账凭证，又称记账凭单，是指会计人员根据审核无误的原始凭证，按照经济业务的内容加以归类，并据以确定会计分录后所填制的会计凭证，是登记账簿的直接依据。任何单位在完成经济业务手续和记账后，都必须将会计凭证按规定立卷归档，形成会计档案资料，妥善保管，以便日后随时查阅。

课后习题

一、单项选择题

1. 原始凭证按照取得的方式或来源，可分为外来原始凭证和（　　）。

A. 自制原始凭证　B. 一次原始凭证　C. 累计原始凭证　D. 汇总凭证

2. 机票、火车票等属于（　　）。

A. 自制原始凭证　B. 外来原始凭证　C. 累计原始凭证　D. 汇总凭证

3. 在原始凭证的审核过程中，对于内容不完整、手续不齐备、数字不准确以及业务情况不明的原始凭证应该（　　）。

A. 退还给有关业务经办人员或经办部门，让其进行更正直至符合要求

B. 不予受理，拒绝办理

C. 在不予受理的同时，应当予以扣留

D. 追究当事人的责任

4. 对于涉及“库存现金”和“银行存款”之间的相互划转业务，为了避免重复记账，一般只填制（　　）。

A. 收款凭证　B. 付款凭证　C. 转账凭证　D. 汇总凭证

5. 每年装订成册的会计凭证，在年度终了时可暂由单位会计机构保管（　　）年。

A. 1　B. 2　C. 3　D. 1.5

二、多项选择题

1. 原始凭证按照填制手续和内容，可分为（　　）。

A. 自制原始凭证　B. 一次原始凭证　C. 累计原始凭证　D. 汇总凭证

2. 下列属于原始凭证应当具备的基本内容的有（　　）。

A. 凭证的名称　B. 填制凭证的日期

C. 经济业务内容　D. 数量、单价和金额

3.原始凭证填制的基本要求包括（　　）。

A.记录真实　　B.内容完整　　C.手续完备　　D.书写清楚、规范

4.以下关于原始凭证的审核的说法，正确的有（　　）。

A. 凡从外单位取得的原始凭证，必须盖有填制单位的公章

B. 从个人处取得的原始凭证，必须有填制人员的签名或者盖章

C. 自制原始凭证必须有经办单位领导人或者其指定的人员签名或者盖章

D. 对记载不完整的原始凭证，予以退回，要求经办人员更正、补充

三、思考题

1. 会计凭证对于加强内部控制、明确经济责任能够起到什么作用？

2. 为什么说会计凭证的填制与审核对于保证会计信息真实性具有重要意义？

3. 会计凭证的审核对于会计管理职能的发挥有什么作用？

4. 原始凭证包括哪些种类？

5. 为什么说原始凭证是最具法律效力的凭证？

6. 填制原始凭证需要注意哪些问题？

7. 审核原始凭证应该包括哪些内容？

8. 记账凭证可以分成哪几种？填制时应该注意哪些问题？

9. 审核记账凭证应该包括哪些内容？

10. 原始凭证与记账凭证的作用有什么不同？

11. 如何认识会计凭证传递的作用？

12. 在组织会计凭证的传递时需要注意什么问题？

四、案例讨论题

目的：掌握原始凭证的填制、审核。

资料：京华公司2022年5月13日从外地购买一批原材料，收到发票后，与实际支付款项进行核对时发现发票金额错误，经办人员在原始凭证上进行更改，并加盖了自己的印章作为报销凭证。

要求：该公司经办人员更改原始凭证金额的做法是否符合法律规定？为什么？

第八章

会计账簿

学习目标

1. 了解：会计账簿的概念和分类。

2. 掌握：序时账簿和分类账簿的设置和登记方法；会计账簿的登记规则和错账更正方法。

3. 熟悉：对账和结账程序。

课程思政

1.价值塑造

•树立统驭与被统驭、补充与被补充、零星分散与系统综合的辩证统一思想。

•理解浓缩后的信息价值一般要高于非浓缩信息的价值。

•理解会计账簿是纳税的基础设施。

2.知识传授

•会计账簿位于会计核算三大环节的中心位置，是连接会计凭证与财务会计报告的桥梁。对会计凭证的信息进行汇总、浓缩，是为编制财务会计报告做准备。

•根据会计账簿的使用目的和重要程度不同，会计账簿可分为日记账、总分类账、明细分类账和备查账簿等。其中，总分类账统驭明细分类账，明细分类账是对总分类账的补充。

•设置会计账簿不仅是企业内部管理的需要，更是缴纳税金的依据。根据相关法律法规，营业执照批准下来，首月建账，在取得税务登记证的次月起进行纳税申报。

•会计账簿的启用程序、登记方法、对账、结账以及错账更正都有严格规定，需要遵照执行。

3.能力培养

•培养对违法行为的辨识能力。可以设问“企业在法定账簿之外是否可以再设置一套账簿?”通过分析讨论让学生充分认识伪造、变造会计凭证、会计账簿，编制虚假财务会计报告，隐匿或者故意销毁应当依法保存的会计凭证、会计账簿、财务会计报告，是法律所不允许的；构成犯罪的，将被依法追究刑事责任。

•培养有错必改的能力。通过会计错账更正，告诉学生在日常生活和学习过程中也可能会犯错，但是一定要用正确的方法及时更正错误，这样才能真正达到预期目标，否则就会偏离目标路线，产生不可挽回的后果和损失。

▸▸▸▸▸▸▸ 第一节　会计账簿概述

一、会计账簿的基本认知

（一）会计账簿的概念

通俗地说，会计账簿就是账户的合订本。依据专业术语解答会计账簿的含义，其由具有格式性的账页构成，依据符合审核标准的会计凭证编制，具有全面系统和连续不断的特点，主要用于记载各类经济事务。会计账簿有着多重作用：第一，拓展、审查、核对会计凭证；第二，为编制财务报表奠定基础；第三，有效连接会计凭证和财务报表。

对于账簿的概念，可以从两个方面理解：一是封面构成，兼顾专门性的格式与互为连接的若干账页；二是内容构成，账簿将全部经济事项依据账户序时进行记录与归类。

在会计账簿上依法统一记录与核算每个单位的各类经济业务事项，不得违反会计法和国家统一的会计制度的规定私设会计账簿。

设置和登记账簿的作用主要有：（1）记载和存储会计信息；（2）分类和汇总会计信息；（3）检查和校正会计信息；（4）编报和输出会计信息。

（二）会计账簿的基本内容

会计账簿在实际运用中，虽然记录的经济业务和账簿的格式存在一定的差异，但账簿都涵盖以下基本内容：

（1）封面，主要涵盖会计所属单位、名称与时间，例如总账、明细账，还包括库存现金日记账等。

（2）扉页，是书或账簿翻开后的第一页，又称内中副封面。其主要内容包括账簿的运用、检索明细科目和经管人员一览表。经管人员一览表的内容较多，主要包含所属单位、账簿名称与页数，日期和经管人员相关信息。

（3）账页，主要将单位的各项具体经济业务记录在案，其格式随着所记录经济业务内容而发生变化，其内容主要涵盖账户名称、日期和编号，还包括摘要，除此之外还包括借方金额或贷方金额等。

（三）会计账簿与账户的关系

账簿与账户在形式和内容上有着密切的联系。账簿是由若干账页构成的具体实物形态和载体的簿籍，账簿是账户存在的前提；但是，个别账户序时记录经济事项时，需加以区分，账簿只是一个外在形式，账户才是它的实质内容。

二、会计账簿的分类

会计账簿的分类很多。不同类别的会计账簿可以提供不同的信息，满足不同的需要。

各个单位在设置会计账簿时都需得遵守两项要求：一是符合全国性的会计制度，二是符合会计业务的需求。一般分为总账、明细账、日记账和其他辅助性账簿。

（一）按用途分类

账簿依据它的用途，可以分为三类，主要有日记账、分类账和备查账簿。

1.序时账簿

序时账簿，也称日记账，主要是依据各单位经济业务的时间先后顺序逐日逐笔登记的账簿。序时账簿按其记录的内容，可分为普通日记账和特种日记账。在我国，大多数单位一般只设库存现金日记账和银行存款日记账，即特种日记账。

（1）普通日记账。普通日记账又称分录账、分录簿、分录日记账，是对单位的全部经济业务按其发生时间的先后顺序逐日逐笔登记的账簿。这种账簿中所记载的信息实际上是一笔笔的会计分录，因此，普通日记账实质上是记账凭证的誊写本，誊写工作量比较大。普通日记账设有借方金额栏和贷方金额栏，因此，又被称作两栏式日记账。

（2）特种日记账。特种日记账是对某一特定种类的经济业务按时间顺序记录的账簿，常用的特种日记账包括库存现金日记账和银行存款日记账。

2.分类账簿

账簿依据会计要素加以区分单位所有的经济业务。分类账簿按其记录经济业务的详略程度可分为两种，即总分类账簿和明细分类账簿。

总分类账簿，又称总账，是根据总分类账户开设的，总括反映某类经济活动的账簿；明细分类账簿，又称明细账，是根据总分类账户所属明细分类账户开设的账簿，用以提供单位经济业务的明细核算资料。总账统领明细账，明细账补充说明总账。

3.备查账簿

备查账簿，又称辅助、补充登记账簿，主要的作用是针对未能全部记录的经济业务进行补充登记，一般为序时或分类账簿，例如备查日记或是备查分类账。备查账簿和其他账簿没有密切关系，仅仅起到一种补充作用。备查账簿格式不固定，是否设置需考虑实际需要。

（二）按账页格式分类

基于账页格式，账簿主要可以分为两栏、三栏以及多栏式账簿，还有数量金额式账簿和平行式账簿。

1.两栏式账簿

两栏式账簿主要是指账页仅仅设置两个金额栏目，即借方与贷方。普通日记账和转账日记账一般采用两栏式。因为企业普遍使用记账凭证，故这种作为分录簿使用的账簿，我国一般不大使用。

2.三栏式账簿

三栏式账簿主要是指账页设置三个金额栏目，即借方、贷方、余额。各种日记账、总账以及负债类、所有者权益类总账所属的明细账户都可使用三栏式账簿。

3.多栏式账簿

多栏式账簿是在账簿的两个基本栏目借方和贷方按需要分设若干专栏的账簿，如多栏式日记账、多栏式明细账。但是，专栏设置在借方，还是设置在贷方，或是两方同时设置专栏，设置多少个专栏，则根据需要确定。收入、费用类明细账一般采用这种格式的账簿。

4.数量金额式账簿

数量金额式账簿是指基于账簿中借方、贷方和余额等栏目，再在相应栏目里分设数量、单价和金额等栏目，主要用于计量单位财产物资的实物数量和价值量。一般用于原材料、还未销售出去的商品等存货明细账。

5.横线登记式账簿

横线登记式账簿，又称平行式账簿，主要记录与经济业务有密切关系的相关事项，并记录在账簿里的同一行上，使得单位经济业务发生和完成情况清晰明了。比如，单位核对与验算原材料采购业务时，常常会运用计划成本法，通常需要按照实际采购价格记录实际成本，同时记录计划成本和材料成本。

（三）按外形特征分类

基于外部特点，账簿可分为三类，主要包括订本账、活页账和卡片账。

1.订本式账簿

订本式账簿（订本账），主要是指还未运用前就对账簿的账页进行装订与不间断地编号，如订本分类账和订本日记账。该种账簿具有有利于整合账页、抽换账页难度系数大的优点，从而保证了账簿的完整性。其缺点是难以准确地为每一个账户预留账页。订本账主要用于较为重要的和统驭性的账户，如总分类账以及银行存款日记账。

2.活页式账簿

活页式账簿（活页账），主要是为了紧跟经济业务内容的变化，随时可增减账页，将其放于活页账夹内，比如我们常说的活页、明细分类账。在账簿还未完全记录结束时，将账页放在活页账夹中，而非将其固定，直到会计年度结束后，才对活页账夹里的账页进行装订、加具封面、连续编号。

3.卡片式账簿

卡片式账簿（卡片账），主要是指在专门设置的卡片箱中放置一些卡片式账页，可以根据需要随时增添账页的账簿。严格地说，卡片账也是活页账的一种，区别在于装的地方不同，一个装在活页账夹中，一个放在卡片箱内。实践中，固定资产的明细核算一般采用卡片账形式。

▸▸▸▸▸▸ 第二节　会计账簿的启用与登记要求

一、会计账簿的启用

实际运用会计账簿时，在封面上必须确切地标明经济业务所在单位以及账簿名称。除此之外，还需附上内容完整的启用表，主要包括日期、页数以及盖章，另外还有各类人员（记账、会计机构与主管人员）在进行工作交接时，对工作具体交接日期、交接双方的姓名的填写，各类人员还要在会计账簿上进行签名或者盖章。

实际运用订本式账簿时，它的页数应该从头到尾顺序编制，不可以跳页和缺号。

实际运用活页式账簿时，需要在固定时间依据账户次序进行编号与装订。在此之后，在活页式账页中编写页码需要依据实际运用的账页顺序。除此之外，还得附加目录，目录主要标明登记的每个账户的名称和页次。

二、会计账簿的登记要求

为了使账簿记录的错误降到最低，需要遵守会计准则、条例、相关法律规定以及国家有关行政法规的规定，依据审核通过的会计凭证登记会计账簿。主要需做到以下要求：

1.准确完整

在登记会计账簿的过程中，会计账簿内容主要包括日期、账簿编号、有关经济业务的内容摘要、经济业务的金额及其他有关材料。这些内容须逐笔登记，其中涉及的数字必须准确无误、摘要应填写清楚、登记要及时。

2.注明记账符号

会计结束登记账簿后，要准确注明已经记账，就需要在会计凭证上进行签署名字或盖章，并且标注好已经完成登记账簿的相关符号，表示已经记账。

3.书写留空

会计在书写账簿中的文字与数字时，文字数字不能占满全格，需得留有一定的空格，通常来说，应该只占格高的一半。

4.书写笔颜色为蓝黑色

会计在记录相关账簿时，对书写工具也有一定要求，主要颜色一般是蓝黑或黑色，记录账簿一般不得使用圆珠笔或铅笔，只有银行的复写账簿可以使用圆珠笔。

5.特殊记账使用红墨水

会计在记录相关账簿时，以下特殊情况可以使用红墨水：首先，冲销错误记录。其次，在不设借贷等栏的多栏式账页中，记录减少数。再次，在会计账簿的三栏式账户中，若未印明余额方向，可以在余额栏内记录负数金额。最后，依据会计制度，可以用红墨水登记的记录。

6.登记不间断

各种各样的会计账簿需要依据账簿逐项不间断地进行记录，不可以存在隔行与隔页的情况。若是存在这种情况，就需要通过画线的方式注销会计账簿中的空行和空页，或者标注“此行空白”或“此页空白”字样，再进行签名或盖章。

7.结算账户余额

需要结算资金余额的账户，在结出余额后，需要在会计账簿里“借或贷”一栏中标注“借”或“贷”字样。若是没有留存余额，就应该在相应的栏目中标注“平”字，并且还得在余额栏内用“0”表示。值得注意的是，有些会计账簿需要以日为单位结算余额，主要包含库存现金和银行存款日记账。

8.过次承前

会计账簿登记需要换页时，应结出本页合计数及余额，一般标注在有关栏目的本页最后一行和下页第一行，还需要在本页最后一行的“摘要”栏中备注“过次页”字样，在下一页第一行的“摘要”栏中备注“承前页”字样。

9.不得修改

由于记账凭证错误而导致账簿记录发生错误时，应该及时纠正这些错误，依据已经更正的记账凭证登记账簿。

▸▸▸▸▸▸▸ 第三节　会计账簿的格式与登记规则

一、日记账的格式与登记方法

日记账是指依据单位发生的经济业务的时间先后次序顺序记录并进行登记的账簿。其主要是为了在账簿中清楚明了地反映出经济业务的时间次序。日记账按所核算和监督单位经济业务的范畴，分为特种日记账与普通日记账。目前我国的企业仅设置库存现金与银行存款日记账。

（一）库存现金日记账的格式与登记方法

库存现金日记账属于序时账簿，主要作用是核算和监督库存现金日常收款、付款和结存情况。库存现金日记账的格式主要分为三栏式以及多栏式，且必须使用订本账格式。

1.三栏式库存现金日记账

其作用主要是记录单位库存现金增减变动及其结果。主要设置三个金额栏目，具体而言就是借方、贷方、余额，也被称作收入、支出和结余。

此外，为了清晰地反映与现金业务相关的对应账户，在“摘要”栏右边设有“对方科目”栏。

出纳员应当逐日逐笔登记库存现金日记账，按照“上日余额+本日收入-本日支出=本日余额”的公式，逐日结出当日的现金余额，并与现金实际数核对。对于从银行提取现金的业务，由于只填制付款凭证，记账时应根据银行存款付款凭证予以登记。

2.多栏式库存现金日记账

多栏式库存现金日记账是在三栏式库存现金日记账基础上发展起来的。与三栏式库存现金日记账不同的是，它的借方和贷方金额栏都设置了专栏，分别按照收入的来源和支出的用途进行分类，使得企业的现金流动情况更为清晰明了。在月末结账时，多栏式库存现金日记账可以结算出各收入来源专栏和支出用途专栏的合计数，有利于审核分析现金收支的合理性和合法性，并且可以更加方便地检查财务收支计划的执行情况。此外，其全月发生额还可以作为登记总账的依据，以便更好地掌握企业的财务状况。

但如果多栏式库存现金日记账借方和贷方对应的科目太多，账页宽度过大，会计人员不断从左往右查看账页，就会不利于记账和保管。于是，在手工记账的会计实践中，会计人员采用了一种新的做法，即分设多栏式现金收入日记账和现金支出日记账，将原本冗长的账页拆分成两个分册进行记录，前者只按贷方科目设置专栏，另设“支出合计”栏和

“余额”栏，后者只按支出的对方科目设专栏，另设“收入合计”栏和“余额”栏。

对于这种分设的多栏式库存现金日记账，在记账过程中：首先登记现金支出日记账以及现金收入日记账，然后每天营业结束后，将现金支出日记账中的支出总计金额转入现金收入日记账，进而计算出当日的余额。

（二）银行存款日记账的格式与登记方法

企业在管理银行存款时，需要使用银行存款日记账来记录和监督每日银行存款的收入、支出和结余情况。为了更好地管理银行存款，银行存款日记账应该根据企业在银行开设的不同账户和币种，分别设置不同的账簿，每个银行账户都需要设立一个日记账。

银行存款日记账的格式和登记方法与三栏式库存现金日记账相似，出纳员按照日期顺序，根据与银行存款收付业务相关的记账凭证，按照日期依次进行登记。具体来说，银行存款收款凭证用于登记银行存款收入栏，银行存款付款凭证用于登记支出栏。每日结计存款余额，以便及时监督企业的资金使用和管理。

二、总分类账的格式与登记方法

（一）总分类账的格式

总分类账是一种用于记录和提供总括会计信息的账簿，其主要目的是按照总分类账户对会计信息进行分类登记，以提供全面的会计信息。为确保记录的准确性和完整性，总分类账需要使用订本式账簿。通常情况下，总分类账是根据不同会计科目的编码顺序进行设置的，且要为每个账户预留相对应的账页。总分类账的格式通常情况下是三栏式，其中包括借方、贷方、余额三个金额栏目。根据实际工作需要，也可在借方和贷方两栏内增设对方科目栏，但操作起来比较烦琐。

（二）总分类账的登记方法

由于登记依据的不同，总分类账登记方式存在一定的差别。对于经济业务少的中小企业，可以根据记账凭证逐笔登记总账；而对于经济业务比较多的大型企业，可以使用记账凭证汇总表（也就是科目汇总表）或汇总记账凭证等定期登记总账。

三、明细分类账的格式与登记方法

各企业在设置总账的同时，还应设置必要的明细账。明细账是对总账的补充，同时也是编制会计报表的依据之一。

明细分类账一般根据记账凭证和相应的原始凭证来登记，它可以提供更为详细和具体的交易或事项核算资料，来弥补总账所提供核算资料数据不足的缺点。明细分类账通常使用卡片式账簿、活页式账簿。

按照不同的明细分类账所记录的业务特征，明细分类账的常用账页格式主要有以下四种：

(一) 三栏式明细账

三栏式账页是一种包括余额、借方和贷方三个栏目的账簿格式，用于对各项经济业务进行分类核算，提供详细的核算数据资料。该格式与三栏式总账的格式相似。这种明细账的格式用于需要进行金额核算的资本、债权和债务明细账等，如“实收资本”“应收账款”“应付账款”等科目的明细分类核算。

(二) 多栏式明细账

多栏式账页是一种账簿格式，它将同一个总账科目的各个明细科目合并在一张账页上进行登记。在这种账页的借方或贷方金额栏内，设有若干专栏，用于根据明细项目进行分类核算。这种多栏式账页可以用于对利润分配、支出、收入等科目的明细分类核算，如“利润分配”“管理费用”“营业外收入”等明细科目。

(三) 数量金额式明细账

数量金额式账页主要用于财产物资的明细核算，适用于既要进行金额核算又要进行数量核算的账户，如原材料、库存商品等存货账户，这种账页在余额、借方和贷方三个栏目下分别再设单价、数量和金额三个专栏，用于对经济业务进行详细的数量和金额分类记录。

数量金额式账页提供了企业有关财产物资数量和金额收、发、存的详细资料，采用这种账页格式有助于增强对财产物资实物保管和使用监督的控制，从而确保这些财产物资的安全和完整。

(四) 横线登记式明细账

横线登记式账页采用横线登记的方式，每行记录一项相关的业务，便于根据每行的登记情况来判断业务的进展。该账页格式可以用于记录备用金、应收票据、在途物资和材料采购等经济业务。

▸▸▸▸▸▸ 第四节　对账与结账

一、对账

《会计基础工作规范》规定，各单位都应当定期对会计账簿记录的有关数字与库存实物、货币资金、有价证券、往来单位或者个人等进行相互核对，保证账证相符、账账相符、账实相符。对账工作每年至少进行一次。

(一) 对账的概念

对账是指在期末结账前，将账簿记录与相关的会计凭证、财产物资的实际结存数额进行核对，以确保账簿记录的真实准确。对账的过程包括对账簿所记录的数据进行核对和检查。通过对账这一步骤，可以有效地保证账簿记录的真实性和准确性。

（二）对账的内容

一般情况下，对账分为三个部分：账簿与凭证核对、账簿与账簿核对和账簿与实际数额核对。

1.账簿与凭证核对（账证核对）

账簿是根据经过审核之后的会计凭证登记的，但实际工作中仍有可能发生账证不符的情况。记账后，应核对会计账簿记录与原始凭证、记账凭证的时间、凭证字号、内容、金额是否一致，记账方向是否相符。

2.账簿与账簿核对（账账核对）

核对不同会计账簿之间的账簿记录是否相符，包括：总账有关账户的余额核对，总账与明细账核对，总账与日记账核对，会计部门的财产物资明细账与财产物资保管和使用部门的有关明细账核对等。

3.账簿与实际数额核对（账实核对）

核对会计账簿记录与财产等实有数额是否相符，包括：库存现金日记账账面余额与库存现金实际库存数相核对；银行存款日记账账面余额定期与银行对账单相核对；各种财物明细账账面余额与财物实存数额相核对；各种应收、应付款明细账账面余额与有关债务、债权单位或者个人核对等。

二、结账

（一）结账的概念

结账即计算并结转各个账户的本期发生额和期末余额（期末余额结转下期为期初余额），并据以得出本期损益金额。结账的内容通常包括两个方面：一是结清各种损益类账户，并据以计算确定本期利润；二是结出各资产、负债和所有者权益类账户的本期发生额合计和期末余额。

（二）结账的程序

首先，结账前，需要将本期发生的所有经济业务记录入账，并确保记录的准确性。如果发现了任何记账错误，就需要采取适当的方法进行更正。

其次，在确认本期所有经济业务已经被准确地记录入账的前提下，按照权责发生制的要求，对相关账项进行调整，并合理地确定应计入本期的收入和费用。

再次，需要将各个损益类账户的余额全部转入“本年利润”账户，并使所有损益类账户结余为零。

最后，需要对资产、负债和所有者权益类账户的本期发生额和余额进行结算，并将它们转入下一期。

完成上述工作后，需要根据总分类账和明细分类账的本期发生额和期末余额进行试算平衡。

（三）结账的方法

结账方法的要点主要有：

1. 针对不需要按月结算的账户，需要每次记账后随时结算余额，以确保账目准确无误。当月最后一笔经济业务记录的同一行内余额即为月末余额。在月末进行结账时，只需在该月最后一笔经济业务记录下方划红线，无须重新计算余额。

2. 每月结算库存现金、银行存款日记账，以及按月结算收入和费用发生额等明细账时，应在最后一笔经济业务记录下通栏划单红线。划线时需标出当月发生额和余额，并在摘要上注明“本月合计”字样。在下方也要再次通栏划单红线。该操作不会影响账户的正确性和准确性。

3. 凡须结计本年累计发生额的各明细账户，在月终时，将从年初到月底的累计发生额列于“本月合计”一行，并在当月累计发生额下登记，并在摘要栏中写上“本年累计”字样，并在其下方通栏划单红线。12月底为“本年累计”，就是全年累计发生额，在全年累计发生额下通栏划双红线。

4. 一般情况下，总账账户只需结出月末余额。在年底结账时，为了总括反映全年各项资金运动情况的全貌，要结出总账账户的全年发生额和年末余额，在“摘要”栏内写上“本年合计”字样，并在合计数下通栏划双红线。

5. 有余额的账户在每一年结束时，应当将其余额结转下年，并在“摘要”栏注明“结转下年”字样；在下一个财务年度建立的相关账户中，将上一年度的结转情况填入首行，并在“摘要”栏注明“上年结转”字样，使年末有余额账户的余额在账户中如实反映，以免混淆有余额的账户和无余额的账户。

▸▸▸▸▸▸ 第五节　错账查找与更正的方法

《会计法》规定，会计账簿记录发生错误或者隔页、缺号、跳行的，应当按照国家统一的会计制度规定的方法更正，并由会计人员和会计机构负责人（会计主管人员）在更正处盖章。《会计基础工作规范》中明确指出，账簿记录发生错误，不准涂改、挖补、刮擦或者用药水消除字迹，不准重新抄写，必须按照相应方法进行更正。

一、错账查找方法

手工记账时，记账凭证常常会发生借方金额（或贷方金额）被重复记账、漏记、借贷方金额方向记反、相邻数字颠倒、数字整体错位、数字记错等记账差错。这就会导致在试算平衡时，借方发生额（或余额）合计数不等于贷方发生额（或余额）合计数。会计人员需要及时找出差错并予以更正。

（一）差数法

差数法是一种用于查找错账的方法，其核心是通过计算账目的差额来寻找错误。例如，若记账时只记了某个会计分录的借方，漏记了贷方，则在试算平衡时就会出现借方金额大于贷方金额的情况；若记账时只记了某个会计分录的贷方，漏记了借方，则在试算平衡时就会出现贷方金额大于借方金额的情况。会计人员可通过检索含有该差额的记账凭证，从而查找并补记漏记的金额。

（二）尾数法

尾数法是指对于发生的差错只查找末位数，以提高查错效率的方法。

（三）除2法

除2法是通过将账目的差额除以2来查找错误。如果试算平衡时借贷方之差是偶数，那么就可以将该差额除以2，根据得出的商，去检索含有该商数的记账凭证，从而查找并更正记账差错。

出现这种差错的原因通常是会计分录记账方向错误，即某个会计分录中的借方金额在记账时被错记入贷方，或某个会计分录中的贷方金额被错记入借方。在这类情况下，试算平衡时借方合计、贷方合计的差额便表现为该金额的2倍。因此，将该差额用2去除，得出的商即记错借贷方向的金额。

例如，应贷记“银行存款”账户15 330 000元，但记账时误记为借记“银行存款”账户15 330 000元，从而导致试算平衡时借方合计比贷方合计多30 660 000元。在追查错账时，将30 660 000除以2，得出的商是15 330 000。从而，可通过检索含有该商数（即15 330 000）的记账凭证，查找并更正记账差错。

（四）除9法

除9法是一种查找错账的方法，其核心是通过将账目的差额除以9来寻找错误，适用于查找由于数字整体错位和邻数颠倒所导致的记账差错，具体包括以下三种情况。

1.将数字写小

该类错误即数字位数整体上写小一位，错误金额是正确金额的1/10。例如，记账凭证上显示，借记“库存商品”500 000元，贷记“银行存款”500 000元，但在记账时，借记的金额没问题，贷记的金额误记为50 000元，这样，在试算平衡时，借方合计比贷方合计大450 000元。该差额除以9，得出的商为50 000，即为错误金额。该商乘以10，所得到的积500 000即应记的正确金额。

2.将数字写大

该类错误即数字位数整体上写大一位，错误金额是正确金额的10倍。例如，记账凭证上显示，借记“库存商品”5 000 000元，贷记“银行存款”5 000 000元，但在记账时，借记的金额没问题，贷记的金额误记为50 000 000元。这样，在试算平衡时，借方合计比贷方合计小45 000 000元。该差额除以9，得出的商为5 000 000，即应记的正确金额。该商乘以10，所得到的积50 000 000即错误金额。

当然，在试算平衡时，对于借方合计和贷方合计之间存在的能被9整除的差额，会计人员并不能一眼看出究竟是将数字写小了还是写大了。所以，只能将该差额除以9，尝试着去寻找应记的正确金额。

3.邻数颠倒

在电子账务处理下，由于系统中设有借方金额和贷方金额的校验平衡程序，因此，在进行记账操作时，借方金额和贷方金额必然相等，这是基本的会计原则。但是，在手工记账的情况下，由于人为疏忽等原因，有时可能会出现借方金额（或贷方金额）相邻数字颠倒的错误。例如，记账凭证上显示，借记“管理费用”369 000元，贷记“银行存款”369 000元，但在记账时，借记的金额误记为639 000元，贷记的金额没问题。这样，在试算平衡时，借方发生额合计比贷方发生额合计大270 000元。该差额除以9，得出的商为30 000元。由此判断，出现颠倒的数字可能在十万位、万位，且两个相邻数字的差为±3。在这种情况下，会计人员就可以锁定十万位、万位的数字相差3的金额数字，然后根据这些数字逐个尝试寻找出现记账差错的数据源头。

二、错账更正方法

（一）划线更正法

在结账前若发现账本上的文字或数字有误，而记账凭证是正确的，可作划线更正。也就是在不符合要求的文字或数字旁边画一条红线，在红线的上方用蓝色（黑色）字体将符合要求的文字或数字进行填写。对此，负有责任的人必须在更正的地方盖上印章，以示负责。如果数字有错误，则全部划横线更正，不能仅仅更正错误数字中的个别数字。若是文字差错，可只划去错误的局部文字。

（二）红字更正法

下列两种情况，均可采用红字更正法：（1）记账后，发现凭证中的借方和贷方的会计科目有差错而造成的记账错误。（2）记账后，发现会计凭证与会计账簿中的借方与贷方并无差错，但因记入的款额多于应记入的款额而造成的会计差错。就前者而言，可以使用红色字体填写一张与原记账凭证一致的记账凭证，再使用黑色（蓝色）字体填写一张正确的记账凭证，并依以记账。在后一种情况下，可以将多记的金额用红字编制与原记账凭证借、贷科目相同的记账凭证，以冲销多记的金额，据以记账。

（三）补充登记法

如果在记账后，发现记账凭证和账簿记录中应借、应贷会计科目正确，但是所记金额小于应记金额，就可以使用补充登记法来对其进行修改。其方法是，根据少记的金额，用蓝色的字体，编制一张与原记账凭证应借、贷科目完全一致的记账凭证，以补充少记的金额，并据以记账。

▸▸▸▸▸▸▸ 第六节　会计账簿的更换与保管

一、会计账簿的更换

通常情况下，更换会计账簿一般在新的会计年度建账时进行。其中，日记账和总账以及大多数明细账都需要每年更换一次，这样可以保证会计记录的清晰和准确。备查账簿则可以连续使用，不需要每年更换。

二、会计账簿的保管

当一个会计年度结束后，在结转至下一年度之前，所有账簿都应该被集中统一管理。为了确保会计记录的完整和准确，会计账簿应该由本单位的会计部门暂时保管一年。一年期满后，会计部门应编制清单，并移交给档案部门长期保管。

为了管理方便并保证会计记录的安全性，各种账簿应该按年度分类归档，并编制目录进行妥善保管。这样既可以在需要查阅时快速地找到所需账簿，提高工作效率，又可以保证各种账簿的安全和完整。

保管期满后，会计账簿按规定的审批程序经批准后才能被销毁。

本章小结

会计账簿位于会计核算三大环节的中心位置，是连接会计凭证与财务会计报告的桥梁。根据会计账簿的使用目的和重要程度不同，会计账簿包括总分类账和日记账，此外备查账簿和明细分类账等也属于会计账簿。其中，总分类账是核心，明细分类账是对总分类账的补充。根据《会计基础工作规范》的规定，各单位应当定期对会计账簿记录的有关数字与库存实物、货币资金、有价证券、往来单位或者个人等进行相互核对，保证账证相符、账账相符、账实相符。对账工作每年至少进行一次。会计账簿的更换一般是在新会计年度建账时进行，对于总账、日记账和大多数明细账而言，需要每年更换一次，不同的是，备查账簿是允许连续使用的。

课后习题

一、单项选择题

1.会计账簿的登记应基于（　　）。

A.经济合同　　B.会计分录　　C.记账凭证　　D.有关文件

2.从银行提取库存现金，登记库存现金日记账的依据是（　　）。

A.库存现金收款凭证　　B.银行存款付款凭证

C.银行存款收款凭证　　D.备查账

3.生产成本明细账一般采用（　　）明细账。

A.三栏式　　B.多栏式　　C.数量金额式　　D.任意格式

4.会计人员在结账前发现，按记账凭证进行记账时，把600元错写为6 000元，如果该记账凭证使用的会计科目正确，可采取（　　）予以纠正。

A.补充登记法　　B.划线更正法　　C.红字更正法　　D.横线登记法

5.活页账一般适用于（　　）。

A.固定资产明细账　　B.总分类账

C.库存现金日记账和银行存款日记账　　D.明细分类账

6.订本账主要不适用于（　　）。

A.特种日记账　　B.普通日记账　　C.总分类账　　D.明细分类账

7.固定资产明细账的外表形式可以采用（　　）。

A.订本式账簿　　B.卡片式账簿　　C.活页式账簿　　D.多栏式明细分类账

二、多项选择题

1.按照使用的账页格式，会计账簿可以分为（　　）。

A.三栏式账簿　　B.多栏式账簿

C.数量金额式账簿　　D.卡片式账簿

2.下列属于错账查找方法的有（　　）。

A.差数法　　B.尾数法　　C.除2法　　D.除9法

3.下列属于错账更正方法的有（　　）。

A.差数法　　B.划线更正法　　C.红字更正法　　D.补充登记法

4.下列属于对账内容的有（　　）。

A.账账核对　　B.账证核对　　C.账实核对　　D.证证核对

5.下列属于明细账常用的账页格式的有（　　）。

A.三栏式明细账　　B.多栏式明细账

C.数量金额式明细账　　D.横线登记式明细账

6.下列属于账簿按用途分类的有（　　）。

A.序时账簿　　B.分类账簿　　C.备查账簿　　D.三栏式账簿

三、思考题

1.设立会计账簿的原因是什么？会计凭证是否可以替代会计账簿？

2.设立会计账簿时需要遵循哪些原则？

3.按照不同的标准，账簿有哪些种类？

4.总分类账与明细分类账有哪些格式？

5.启用新的会计账簿时需要注意哪些问题？

6.在登记会计账簿时需要注意哪些问题？

7.有哪些方法可以查找错账？这些方法分别适用于哪些情况？

8.有哪些方法可以更正错账？这些方法分别适用于哪些情况？

四、案例讨论题

目的：练习错账的更正。

资料：在企业中，资金的流转关乎企业的生死存亡，因此会计是非常重要的岗位，京华公司收回一笔金额为1 130 000元的应收账款，会计人员小王编制的会计分录如下：

借：银行存款　　1 130 000

　贷：营业外收入　　1 130 000

要求：

（1）判断上述小王编制的会计分录是否正确。

（2）如果上述会计分录不正确，请你采用正确的更正方法予以更正（包括编制会计分录，登记有关总分类账）。

第九章

财产清查

学习目标

1. 理解：财产清查的概念、清查的意义。
2. 掌握：清查的基本方法和应用。
3. 熟悉：清查结果的会计处理。

课程思政

1.价值塑造

•树立据实记录是美德的价值观。

•严格按照内部控制流程，采用科学合理的盘点方法。

•做到账账相符、账实相符，保证会计信息真实可靠。

2.知识传授

•财产清查是摸清企业家底的重要举措，是在编制财务会计报告，尤其是年报之前必须要做的工作。

•财产清查分定期清查和不定期清查，全面清查和局部清查。全面清查包括货币资金清查、实物资产清查和应收款项清查。这部分内容涉及面广、业务量大，要针对不同财产采用不同的盘点方法。

•能实地盘点的就实地盘点，如房屋、机器设备、存货等。农、林、渔、畜牧业由于自然属性及具有生命的特点，盘点难度较大，要高度关注。对高密闭、高腐蚀、剧毒等物资的盘点要借助高科技手段。对债权债务的盘点采用函证的核对方法。

3.能力培养

•培养明辨是非的能力。如果发现“白条抵库”“小金库”等问题，应如何处理？教育学生无论日后从事何种工作，都要坚持原则，恪守职业道德规范。挪用公款、贪污受贿就是犯罪。

•培养负责的精神和能力。财产清查能够反映企业内部控制制度的有效性、财会人员及相关工作人员的职业道德水平和工作作风问题，对学生的思想政治教育影响较大。要本着对投资者等利益相关者负责的态度切实履行职责，认真清查财产，如实反映。

▸▸▸▸▸▸▸ 第一节　财产清查概述

一、财产清查的概念

财产清查，是指通过实地盘点，核对、查询并确定货币资金、往来款项、有价证券、债权债务等各项财产物资的实际结存数，并与账面结存数核对，以保证账实相符的一种会计核算方法。

二、财产清查的意义

财产清查不但是会计核算的一种重要方法，也是财产物资管理的一项重要制度。通过财产清查，可以核对账实是否相符，并可进一步分析账实不符的原因，分清各方责任，并按规定的手续及时调整账面数据，直至账实相符。单位必须有计划、有组织地进行财产清查。

（一）账实不符的原因

1. 财产物资在保管过程中发生自然损溢，如干耗、消蚀、增重等；

2. 在财产物资的收发过程中，由于计量、计算、检验不准确而发生的品种、数量、质量上的差错与等级的变动；

3. 由于自然灾害和非常情况而造成的财产物资毁损；

4. 不法分子营私舞弊、贪污盗窃所造成的财产物资损失；

5. 在财产物资增减变动时，没有及时办理相关手续，发生漏记，导致差错；

6. 由于实物管理部门的管理人员管理不善或者工作失职而造成财产物资的损坏、变质、短缺或偷盗；

7. 由于在凭证和账簿的登记中出现漏记错记，造成往来款项的差错；

8. 由于未达账项引起的账与账不符；

9. 其他原因引起的资产损失或增加等。

（二）财产清查的意义

1. 通过财产清查，保证账实相符，提高会计核算资料的真实性与可靠性；

2. 通过财产清查，相关部门之间相互牵制、相互制约，保证财产物资的安全与完整，完善企业的内部控制；

3. 通过财产清查，可以揭示财产物资的使用情况，从而提高财产物资的使用效率。

三、财产清查的分类

（一）按清查的对象和范围分类

财产清查按照清查的对象和范围，可以分为全面清查和局部清查。

1.全面清查

全面清查是指对所有的财产和资金进行全面盘点与核对。其清查对象主要包括货币资金，实物资产，债权、债务结算款项等。全面清查范围广，工作量大，一般在年终决算或企业撤销、合并或改变隶属关系时进行。

2.局部清查

局部清查也称重点清查，是指根据需要对财产物资中某些特定部分进行的清查。局部清查的对象主要是流动性大、容易出问题的财产。

局部清查应该包括以下几个方面：

（1）库存现金，出纳人员应于每日业务终了时清点核对，做到日清月结。

（2）银行存款和银行借款，出纳人员每月至少应同银行核对一次。

（3）库存商品、原材料、包装物等，年内应轮流盘点或重点抽查；对各种贵重物资，每月应盘点一次。

（4）债权债务，每年至少应同对方核对一至两次。

（二）按财产清查的时间分类

财产清查按照清查的时间不同，可以分为定期清查和不定期清查。

1. 定期清查

定期清查是指根据管理制度的规定或预先计划安排的时间，对财产物资、货币资金、往来款项进行的清查。一般在月末、季末、半年末、年末结账前进行。定期清查既可以是对财产物资、货币资金、往来款项进行的全面清查，也可以是只对其中某些部分进行的局部清查。

2. 不定期清查

不定期清查是根据实际需要所进行的临时性清查，事先并无规定的清查时间。不定期清查的清查范围根据实际需要，可以是全面清查，如在企业清算、撤销或合并时，为查清单位实际拥有资产情况所进行的临时性清查；也可以是局部清查，如因更换仓库保管人，为分清经济责任，对被更换保管人员所管理的资产进行的清查，或发生非常灾害和意外损失时，为查明损失情况，对受灾的资产进行的清查等。

（三）按财产清查的执行单位分类

财产清查按照执行单位的不同，可以分为内部清查和外部清查。

1.内部清查

内部清查是指由本单位内部自行组织清查工作小组所进行的财产清查工作。大多数财产清查都是内部清查。

2.外部清查

外部清查是指由上级主管部门、审计机关、司法部门、注册会计师根据国家有关规定或情况需要对本单位进行的财产清查。一般来讲，进行外部清查时应有本单位相关人员参加。

▸▸▸▸▸▸ 第二节 财产物资的盘存制度

财产清查的重要环节是盘点财产物资的实存数量，为了让盘点工作顺利进行，应建立相应的盘存制度。财产物资的盘存制度，是通过对财产物资的实物盘查、核对，来确定其实际结存情况的一种制度。财产物资的盘存制度一般有永续盘存制和实地盘存制两种。

一、永续盘存制

永续盘存制（perpetual inventory system），也叫账面盘存制，是通过设置存货的明细账户，逐笔登记存货的收入数、发出数，并能随时计算出存货结存数量的方法。

（一）永续盘存制确定账面结存数量与金额的方法

永续盘存制下平时对各项财产物资的增减变动数依据会计凭证在有关的明细账中连续地登记，并根据账簿的记录随时结算出各种财产物资的账面结存数量和金额。在财产清查时，根据账面记录和清查盘点的结果，确认财产物资盘盈和盘亏数，再根据定期实地盘点后的结果调整账面记录，以达到账实相符的状态。在永续盘存制下，财产物资账面期末余额的计算方法见下式：

账面期末结存存货数量=期初账面结存存货数量+本期入库存货数量-本期发出存货数量

账面期末结存存货成本=期初账面结存存货成本+本期入库存货成本-本期发出存货成本

（二）永续盘存制的步骤

1. 会计部门应设立“库存材料”和“库存商品”等总账及明细账，进行数量、金额的双重计量。

2. 仓储部门应设立材料、商品保管账和保管卡，进行存货收发数量的记录。

3. 双方应经常进行账目核对，保证账账相符；还应定期或不定期地进行财产清查，以保证账实相符。

永续盘点库存商品举例如图9-1所示。

（三）永续盘存制的优缺点及适用范围

1.永续盘存制的优点

永续盘存制的优点是：对财产物资核算手续严密，要求逐日逐笔地登记财产物资增减变化的情况，并且随时结出其账面结存数，有利于企业及时掌握财产物资的收、发、存的动态状况；便于从数量和金额两个方面来管理企业的财产物资，有利于加强财产物资的管理，对保证企业财产物资的安全与完整具有重要的作用。

2.永续盘存制的缺点

永续盘存制要求对企业的财产物资逐日逐笔地登记账簿，其核算的工作量是较大的，需要在会计核算上投入较多的人力和费用。

库存商品明细账

会计科目：W 商品　　　　　　　　　　　　　　　　实物计量单位：件

××年		凭证号	摘要	借方			贷方			借或贷	余额		
月	日			数量	单价	金额	数量	单价	金额		数量	单价	金额
6	1		结存							借	150		
	8	（略）	销售				70			借	80		
	15		购入	100						借	180		
	20		销售				50			借	130		
	24		销售				90			借	40		
	28		购入	200						借	240		
	30		销售				60			借	180		
合计				300			270			借	180		

永续盘存制（账面盘存制）

可随时计算确定结存存货数量

图 9-1　永续盘存制盘点库存商品

3.适用范围

永续盘存制在控制和保护财产物资安全与完整方面具有明显的优势，在实际工作中被大多数企业广泛地采用。

二、实地盘存制

实地盘存制（physical inventory system），也称以存计销制、定期盘存制，在期末通过盘点实物确定存货数量，并据以计算出期末存货成本和本期发出存货成本的一种盘存方法。

（一）实地盘存制确定账面结存数量与金额的方法

实地盘存制平时只在有关账簿中登记财产物资的增加数，不登记财产物资的减少数；到了期末，先对企业的财产物资进行实地盘点，再根据实地盘点所得的实存数来倒轧出本期的减少数；然后完成账面减少和结存的记录，使账实相符。采用实地盘存制倒轧本期减少数的计算公式，如下式所示：

期末结存存货成本=期末存货实地盘存数量×存货单价

本期发出存货成本=期初结存存货成本+本期入库存货成本-期末结存存货成本

（二）实地盘存制的步骤

1. 每期期末实地盘点存货确定期末存货数量。
2. 计算期末存货成本。
3. 计算本期发出存货成本。

实地盘存库存商品举例如图 9-2 所示。

库存商品明细账

会计科目：W 商品　　　　　　　　　　　　　　　　　　　　　　实物计量单位：件

××年		凭证号	摘要	借方			贷方			借或贷	余额		
月	日			数量	单价	金额	数量	单价	金额		数量	单价	金额
6	1		结存							借	200	10	2 000
	5		购入	400	12	4 800				借	600		6 800
	9		购入	200	15	3 000				借	800		9 800
合计				600	—	7 800	580				220		

平时只登记存货增加数，不登记存货减少数

月末时，计算确定本月发出数

月末时，实地盘点确认结存数

图9-2　实地盘存制盘点库存商品

（三）实地盘存制的优缺点及适用范围

1.实地盘存制的优点

实地盘存制平时对财产物资的收发业务只记收入增加额，不记发出减少额，平时工作程序比较简单。

2.实地盘存制的缺点

实地盘存制容易掩盖财产物资管理中存在的问题，因为倒轧数成分比较复杂，既包含正常的减少数额，还可能包含由于丢失、损毁等原因造成的减少数额；各项减少的财产物资平时如果没有严密的手续，不利于实行日常的会计监督，不利于及时了解企业库存物资的动态情况。

3.实地盘存制的适用范围

实地盘存制适用于价值低、损耗大且难以控制的存货的盘存。

▸▸▸▸▸▸ 第三节　财产清查的组织与方法

一、财产清查的程序

财产清查一般包括以下程序：

1.成立财产清查工作小组，组织清查人员学习有关政策规定，掌握有关法律、法规和相关业务知识，以提高财产清查工作的质量。

2.制订清查工作计划，确定清查对象、范围，明确清查任务。

3.完成财产清查前的业务准备工作：

（1）财务部门做好账簿记录的准备；

（2）物资管理部门做好管理实物的准备；

（3）准备清查用具；

4.实施盘点清查工作，填制盘存清单。

5.根据盘存清单，分析及处理清查结果。

二、货币资金的清查

货币资金的清查包括对库存现金、银行存款以及其他货币资金的清查。它是企业财产中最活跃的资产，流动性较强，是财产清查的一项重要内容。在这里我们重点介绍库存现金和银行存款的清查方法。

（一）库存现金的清查

1.库存现金的清查方法

库存现金的清查一般采用实地盘点法，先盘点库存现金的实存数，再与库存现金日记账的账面余额进行核对，以查明盈亏的情况。进行库存现金的盘点时，应由清查人员会同库存现金的出纳人员共同在场清点。

2.库存现金的清查步骤

清查前，出纳人员应将现金收付款凭证全部登记入账，并结出“库存现金日记账”的余额。

清查时，出纳人员要在场，现钞应逐张查点。认真审核现金收款凭证、付款凭证和有关账簿，检查账务处理是否合法合规合理，记录是否有误；重点查明有无违反现金管理制度的规定，有无“白条”“借据”抵充现金，有无坐支现金等情况。

清查结束后，将清查结果编制库存现金盘点报告表。库存现金盘点报告表既是盘存清单，又是实存账存对比表，是用以调整账簿记录的重要原始凭证。库存现金盘点报告表要由盘点人员、出纳人员和相关负责人共同签章。

（二）银行存款的清查

1.银行存款的清查方法

银行存款由于没有实物形态，所以银行存款的清查方法与实物、库存现金资产的清查方法存在不同，宜采用企业的银行存款日记账与银行的对账单逐笔进行核对的方法。

企业银行存款账面余额与银行对账单余额不一致，不一定是企业或银行记账错误，可能是企业和银行发生时间性记账差异，即存在未达账项。如果发现未达账项，应编制“银行存款余额调节表”，对未达账项进行调节后，再确定单位与银行双方记账是否一致，双方的账面余额是否相符。

2.未达账项

（1）含义

未达账项，是指企业和银行之间对于同一业务，由于收、付款的结算凭证在传递、接收时间上的不一致，记账时间不一致，从而导致一方已经取得凭证并登记入账，而另一方没有接到凭证尚未登记入账的款项。

（2）未达账项的四种情况

企业与银行之间的未达账项主要有以下四种情况：企业已经收款入账而银行尚未收款

入账的款项；企业已经付款入账而银行尚未付款入账的款项；银行已经收款入账而企业尚未收款入账的款项；银行已经付款入账而企业尚未付款入账的款项。

3.银行存款的清查步骤

第一步，在核对账目前，存款企业应检查银行存款账户的记录是否完整正确，本期发生的所有收、付款凭证是否全部入账，并结出银行存款日记账的余额。

第二步，收到银行对账单时，应将“银行存款日记账”上的每一笔业务与银行对账单逐笔勾对，对于没勾对上的相应用记号标出，以便分析原因。

第三步，对银行存款日记账和银行对账单中不一致的账项，应查明是否属于未达账项。

第四步，根据核对出来的未达账项与银行存款日记账以及银行对账单编制“银行存款余额调节表”，然后检查双方余额是否相符。

4.银行存款余额调节表的编制

（1）含义

银行存款余额调节表，是在银行对账单余额和企业银行存款日记账余额基础上，各自加上对方已收而本企业未收的未达账项的数额，减去对方已付而本企业未付的未达账项的数额，使其双方余额一致的一种调节方法。

（2）银行存款余额调节表的作用

银行存款余额调节表是一种对账记录或对账工具，不能作为调整账面记录的依据，即不能根据银行存款余额调节表中的未达账项来调整银行存款账面记录，未达账项只有在收到有关凭证后才能进行有关的账务处理。

调节后的余额如果相等，通常说明企业和银行的账面记录一般没有错误，该余额通常为企业可以动用的银行存款实有数。调节后的余额如果不相等，通常说明一方或双方记账有误，需进一步追查，查明原因后予以更正和处理。

凡有几个银行户头以及开设外币存款户头的单位，应分别按存款户头开设“银行存款日记账”。每月月底，应分别将各户头的“银行存款日记账”与各户头的“银行对账单”核对，并分别编制各户头的“银行存款余额调节表”。

（3）银行存款余额调节表的编制方法

编制“银行存款余额调节表”时，根据企业银行存款日记账余额和银行对账单余额与未达账项之间的关系可以有余额法、差额法两种方法。

① 余额法，是以银行和企业双方银行存款余额为基础进行调节，使之一致的方法。

② 差额法，是以银行存款日记账余额与银行对账单余额之间的差额进行调节，使之一致的方法。

例9-1

某企业20×2年8月31日银行存款日记账余额为11 200元，银行对账单余额为14 800元，经核对发现以下未达账项：企业已收销货款400元入账而银行尚未收款入账；企业开出转账支票3 600元支付购料款并已入账，而银行尚未记减少；银行代企业收到某单位汇来的货款2 000元入账，而企业尚未记增加；银行代企业支付水电费1 600元入账，企业尚未记减少。银行存款余额调节表见表9-1。

表 9-1

银行存款余额调节表

20×2 年 8 月 31 日

单位：元

项 目	金 额	项 目	金 额
企业银行存款日记账余额	11 200	银行对账单余额	14 800
加：银行已收企业未收	2 000	加：企业已收银行未收	400
减：银行已付企业未付	1 600	减：企业已付银行未付	3 600
调整后存款余额	11 600	调整后存款余额	11 600

（三）其他货币资金的清查

其他货币资金是指除库存现金、银行存款以外的其他各种货币资金，主要包括外埠存款、银行汇票存款、银行本票存款、在途货币资金和信用证存款等。

其他货币资金的清查采用函证法，其清查的步骤为：

第一步，采用函证方式证实其存款确实存在；

第二步，查明各项存款是否属于正常业务的需要，是否手续健全、合法。

尤其要注意外埠存款，它远离所在企业，不易管理与控制，其用途、使用情况特别要查明，以保证企业货币财产的安全。

三、实物资产的清查

实物资产是指具有实物形态的各种资产，包括原材料、半成品、在产品、产成品、低值易耗品、包装物和固定资产等。

（一）实物资产的清查方法

由于各种财产物资的实物形态、体积、质量、堆放方式的不同，采用的清查方法也应不同。在实际工作中对财产物资的清查通常采用的方法主要有以下几种：

1.实地盘点法

实地盘点法就是运用度、量、衡等工具，通过点数，逐一确定被清查实物实有数的一种方法。这种方法适用范围较广，大多数财产物资的清查都可采取，并且这种方法查明的数字准确可靠，但工作量较大，只适用于能直接查清数量的财产。

2.技术推算法

技术推算法是指利用技术方法对实物资产的实存数进行推算的一种方法。这种方法适用于那些不能逐一清点，单位价值又比较低的实物的清查，如露天堆放的燃料用煤。

3.抽样盘存法

抽样盘存法是指在列入检查范围的各项物资中，抽取一部分收发频繁、容易流失的物资进行盘点的方法。这种方法适用于那些价值小、数量多、质量比较均匀的财产物资的清查，如小型零件。

4.函证核对法

函证核对法是指向对方单位寄发函证调查，并与本单位账存数进行核对的方法。这种方法可以用于委托加工或保管的实物资产的清查，或者是往来款项的清查。

（二）存货的清查

1.存货清查的含义与内容

存货的清查，是指对库存商品、原材料、在产品、产成品、低值易耗品、包装物及委托加工物资等的清查。

存货清查的内容就是要核对存货的账存数和实存数，查明盘亏和盘盈存货的品种、规格和数量；变质、毁损、积压存货的品种、规格和数量。存货应当定期盘点，至少每年盘点一次。

2.存货清查的步骤

存货的清查一般采用实地盘点法、技术推算法和抽样盘存法。

实地盘点法的具体步骤为：

第一步，所有的清查人员与库房的保管人员一同在现场对存货采用相应的清查方法进行盘点，确定其实存数量，并同时检查存货的质量情况。

第二步，将盘点结果填在事先设计好的“盘存单”（见表9–2）中，并由盘点人员和存货保管人员共同确认并签章。

表9–2 **盘存单**

单位名称： 盘点时间： 编号：

财产类别： 存放地点： 单位：

实有数量	账存数量	对比结果		备注
		盘盈	盘亏	

清查小组负责人签章： 盘点人签章： 保管人签章：

第三步，实物清点结束后，把“盘存单”与相应的会计上的存货记录进行对比，若有差异，填制“实存账存对比表”（见表9–3）。

表9–3 **实存账存对比表**

单位名称： 盘点时间： 编号：

财产类别： 存放地点： 金额单位：

编号	类别名称	计量单位	单价	对比结果								备注
				实存		账存		盘盈		盘亏		
				数量	金额	数量	金额	数量	金额	数量	金额	

主管： 会计： 制表：

（三）固定资产的清查

1.固定资产清查的含义

固定资产的清查是指对房屋、建筑物、机器设备、交通工具、仪器仪表等财产进行的清查。固定资产大部分是使用中的固定资产，分散在企业的各个部门，所以清查起来比较烦琐，要求清查人员认真地盘点核对。

2.固定资产清查的方法及步骤

固定资产通常采用实地盘点法进行清查。

第一步，在进行清查前，会计部门应将固定资产总账的期末金额与固定资产明细账进行核对，保证固定资产总账与所属的明细账金额一致。

第二步，进行实地盘点，对固定资产所处的状况进行清查，按固定资产的名称、类别、编号、使用或存放地点等内容进行逐一的清查核对，确认账实是否相符。

第三步，根据盘点的结果，将那些在清查中发现的盘盈、盘亏和损毁的固定资产的情况，编制“固定资产清查盘盈（盘亏）报告单”。

四、往来款项的清查方法

往来款项的清查，主要包括对应收账款、应付账款、预收账款、预付账款、其他应收款、其他应付款等的清查，一般采用函证核对法。其清查的步骤为：

第一步，检查本单位各项往来款项记录的完整性与正确性。

第二步，按照往来单位逐户编制一式两联的对账单，采用电函、信函或专人送交的方式请对方单位核对信息。对方单位核对后，将结果回函反馈给发出单位，作为进一步核对和查找的依据。

第三步，单位根据清查的结果编制“往来款项清查报告单”。

▸▸▸▸▸▸▸ 第四节　财产清查结果的处理

一、财产清查结果的处理程序

通过财产清查可以确定企业财产物资的账存数与实存数之间的差异，对财产物资的账实差异进行认真的调查与分析，查明引起差异的原因，明确经济责任，并据以提出处理意见，呈报有关部门领导审批处理。同时，在清查的过程中发现单位在财产物资管理上和会计核算上存在的问题，应提交给有关部门并就相关问题提出可行性的建议，让相关部门认真总结经验与教训，制定出整改的措施，从而提高单位财产物资的管理水平。

对于通过上述清查发现的差异结果，应根据实存账存对比表、固定资产盘盈（盘亏）报告单、库存现金盘点报告表、往来款项清查报告单等及时调整账项，保证账实相符。企业对资产清查的结果，应当按照国家有关会计准则的规定进行认真处理。资产清查中发现的盘盈和盘亏等问题，首先要核准金额，然后按规定的程序和权限批准后，才能进行会计处理，在实际工作中对财产清查结果的处理应按以下步骤完成：（1）核准数字（包括金额和数量），查明原因；（2）调整账簿记录，做到账实相符；（3）报请批准，进行批准后的账务处理。

账存实存对比表属于调整账面记录的原始凭证（见表9-4）。

表 9-4 账存实存对比表

单位名称： 年 月 日

财产名称	实存数量	账存数量	实存与账存对比		备注
			盘盈	盘亏	
清查盘点的财产	盘点后确认的实存数量	账面结存数量	实存数量多于账面结存数量	实存数量少于账面结存数量	

盘点人签章： 保管人员签章：

二、财产清查结果的账务处理

(一) 设置“待处理财产损溢”账户

为了反映和监督企业在财产清查中各项财产物资的盘盈、盘亏和损毁及处理的情况，应设置“待处理财产损溢”账户对其清查的结果进行核算。该账户是资产类账户，用来核算在清查过程中查明的各项财产盘盈、盘亏和损毁的价值。

“待处理财产损溢”账户借方登记各项财产物资的盘亏或毁损额和报经批准后转销的各项财产物资的盘盈数额，贷方登记各项财产物资的盘盈数额和报经批准后转销的各项财产物资的盘亏或毁损数额。期末处理前的借方余额，反映尚未处理的各项财产物资的净损失，即盘亏和毁损大于盘盈的余额；期末处理前的贷方余额，反映尚未处理的各项财产物资的净溢余，即盘盈大于盘亏和毁损的余额。

企业损溢的财产物资，应及时查明原因进行账务处理。因此，在期末结账前应将“待处理财产损溢”账户余额处理完毕，处理后该账户应无余额。

财产物资在运输途中发生的非正常损耗与短缺，也通过本账户核算。企业如有盘盈的固定资产，一般应作为前期差错记入“以前年度损益调整”账户。

(二) 库存现金清查结果的账务处理

库存现金盘盈、盘亏处理的基本做法是：当库存现金盘盈时，增加“库存现金”账户的记录，以保证账实相符，同时记入“待处理财产损溢”账户的贷方，等待批准处理；当库存现金盘亏时，冲减“库存现金”账户的记录，以保证账实相符，同时记入“待处理财产损溢”账户的借方，等待批准处理。经批准后，对于库存现金的盘盈和盘亏，应根据其产生的原因采取不同的处理方法。一般来说，对于无法查明原因的库存现金盘盈，经批准后可记入“营业外收入”账户；对于已查明原因应付给其他单位或个人的库存现金，应记入“其他应付款”账户；对于库存现金的盘亏，应由责任人赔偿的，记入“其他应收款”账户。同时，记入“待处理财产损溢”账户的借（或贷）方。

例9-2

某企业财产清查中发现库存现金长款（盘盈）150元。

借：库存现金　　150

　贷：待处理财产损溢——待处理流动资产损溢　　150

上述长款未查明产生原因，转作营业外收入。

借：待处理财产损溢——待处理流动资产损溢　　150

　贷：营业外收入　　150

例9-3

某企业财产清查中发现库存现金短款（盘亏）500元。

借：待处理财产损溢——待处理流动资产损溢　　500

　贷：库存现金　　500

经查，上述短款系出纳员责任，由其个人赔偿。

借：其他应收款　　500

　贷：待处理财产损溢——待处理流动资产损溢　　500

（三）存货清查结果的账务处理

存货应当定期盘点，每年至少盘点一次。对盘盈、盘亏、毁损的存货，应先通过“待处理财产损溢”账户核算，同时要及时查明原因，然后根据企业的管理权限，经股东大会、董事会、经理（厂长）会议或类似机构批准后，在期末结账前处理完毕。根据批准的处理决定，盘盈的存货，应冲减当期的管理费用；盘亏的存货，在减去过失人或者保险公司等赔款和残料价值之后，计入当期管理费用，属于非常损失的，计入营业外支出。盘盈或盘亏的存货，如在期末结账前尚未批准相关处理意见，应在对外提供财务会计报告时先按上述办法进行处理，并在会计报表附注中做出说明。如果其后批准处理的金额与已经处理的金额出现差异，则应按照差异调整会计报表相关项目的年初数。

1.存货盘盈的会计处理

借：原材料

　贷：待处理财产损溢

企业审核批准处理后的会计处理：

借：待处理财产损溢

　贷：管理费用

2.存货盘亏的会计处理

借：待处理财产损溢

　贷：原材料

企业审核批准处理后的会计处理：

借：管理费用（减去过失人或者保险公司等赔款和残料价值的差值）

　　其他应收款（过失人或保险公司赔付）

　　原材料（残料）

　　营业外支出（非常损失）

　贷：待处理财产损溢

例9-4

某企业财产清查中盘盈G材料2 000千克，按8 000元入账。

借：原材料——G材料　　8 000

　贷：待处理财产损溢——待处理流动资产损溢　　8 000

以上材料盘盈系收发计量不够精准正常形成的，冲减管理费用。

借：待处理财产损溢——待处理流动资产损溢　　8 000

　贷：管理费用　　8 000

（四）固定资产清查结果的账务处理

固定资产应当定期或者至少每年实地盘点一次。对于盘亏和毁损的固定资产，应先通过“待处理财产损溢”账户核算，然后及时查明原因并做出书面报告，经股东大会、董事会、经理（厂长）会议或类似机构批准后，在期末结账前处理完毕。

1.固定资产盘盈的会计处理

借：固定资产

　贷：累计折旧

　　　以前年度损益调整

企业审核批准处理后的会计处理：

借：以前年度损益调整

　贷：应交税费

　　　盈余公积

　　　利润分配——未分配利润

2.固定资产盘亏的会计处理

借：待处理财产损溢

　　累计折旧

　贷：固定资产

企业审核批准处理后的会计处理：

借：营业外支出

　　其他应收款

　贷：待处理财产损溢

例9-5

某企业在财产清查过程中，盘亏设备一台，原价20万元，累计折旧5万元。

借：待处理财产损溢——待处理固定资产损溢　　150 000

　　累计折旧　　50 000

　贷：固定资产　　200 000

上述盘亏设备查明为意外损失，应由保险公司赔偿10万元，其余经批准转销。

借：其他应收款——保险公司　　100 000

　　营业外支出　　50 000

　贷：待处理财产损溢——待处理固定资产损溢　　150 000

（五）往来款项清查结果的账务处理

1.无法收回的应收账款的会计处理

如果经过财产清查发现存在无法收回的应收账款，经股东大会、董事会、经理（厂长）会议或类似机构批准后，可采用备抵法从“坏账准备”账户里面冲减。批准前，无须经过“待处理财产损溢”账户核算。

借：坏账准备

　贷：应收账款

2.无法偿付的应付账款的会计处理

应付账款在财产清查中发生不相符，在处理前也不能通过“待处理财产损溢”账户核算，批准后记入“营业外收入”账户。

借：应付账款

　贷：营业外收入

本章小结

单位为了保证账实相符，提高会计信息质量，提高经营管理水平，必须对财产进行清查。

为了使财产清查能够顺利进行，单位需要建立财产物资的清查制度。同时，由于财产物资特点各异，需要区分财产物资的种类采取不同的方法进行清查。

为了完整地核算和监督财产清查中查明的各种财产盘盈、盘亏和毁损的价值及处理情况，应设置“待处理财产损溢”账户。单位应查明财产损溢的原因，根据不同原因进行相应的账务处理。

课后习题

一、单项选择题

1.银行存款的清查，就是将（　　）进行核对。

A.银行存款日记账与银行存款收、付款凭证

B.银行存款日记账和银行对账单

C.银行存款日记账与分类账

D.银行存款总分类账与银行存款收、付款凭证

2.未达账项不包括（　　）。

A.企业已收，银行未收　　B.企业已收，银行已收

C.企业已付，银行未付　　D.银行已付，企业未付

3.企业如有盘盈的固定资产，应作为前期差错记入的账户是（　　）。

A.“以前年度损益调整”　　B.“管理费用”

C.“营业外收入”　　D.“待处理财产损溢”

4.不能采用实地盘点法进行清查的是（　　）。

A.库存商品　　B.固定资产　　C.库存现金　　D.银行存款

5.财产清查是保证（　　）的一种必要的会计方法。

A.账账相符　　B.账证相符　　C.账实相符　　D.账表相符

6.在永续盘存制下，平时（　　）。

A.对各项财产物资增加数和减少数都要根据会计凭证在账簿中登记

B.只在账簿中登记财产物资的增加数，不登记减少数

C.对各项财产物资的增加数和减少数都不在账簿中登记

D.只在账簿中登记财产物资的减少数，不登记增加数

7.银行存款的清查，主要采取对账和编制（　　）的方法进行。

A.银行存款余额调节表　　B.对账单

C.盘存单　　D.银行存款日记账

二、多项选择题

1.采用实地盘点法进行清查的有（　　）。

A.固定资产　　B.库存商品　　C.银行存款　　D.库存现金

2.财产清查按照清查的对象和范围可分为（　　）。

A.局部清查　　B.外部清查　　C.全面清查　　D.定期清查

3.属于账实核对内容的有（　　）。

A.库存现金日记账与库存现金核对

B.账簿记录与会计凭证核对

C.银行存款日记账与银行对账单核对

D.日记账与总分类账核对

4.使企业银行存款日记账余额大于银行对账单余额的未达账项是（　　）。

A.企业先收款记账而银行未收款未记账的款项

B.银行先付款记账而企业未付款未记账的款项

C.银行先收款记账而企业未收款未记账的款项

D.企业和银行同时收款记账的款项

5.在编制银行存款余额调节表时，在银行对账单一侧（　　）。

A.减：银行已付，企业未付　　B.加：企业已收，银行未收

C.加：银行已收，企业未收　　D.减：企业已付，银行未付

三、思考题

1.什么是财产清查？

2.为什么要进行财产清查？

3.财产清查有哪些种类？

4.财产清查的方法有哪些？

5.如何进行银行存款的清查？如何编制“银行存款余额调节表”？

6.何为未达账项？为什么会产生未达账项？

7.财产清查有几种可能的结果？不同情况如何处理？

四、案例讨论题

1.目的：银行存款余额调节表的编制

资料：赣江股份有限公司2022年9月30日银行存款日记账余额为600 000元，银行对账单余额为750 000元，经企业会计人员逐笔核对，发现存在下列未达账项：

（1）银行已代付货款40 000元，企业未入账；

（2）银行已代收货款105 000元，企业未入账；

（3）企业已付水电费115 000元，银行未入账；

（4）企业已收销货款30 000元，银行未入账。

要求：根据上述资料，计算赣江股份有限公司2022年9月末“银行存款余额调节表”（见表9-5）中5个项目的金额：

（1）银行已收企业未收；

（2）银行已付企业未付；

（3）企业已收银行未收；

（4）企业已付银行未付；

（5）调节后存款余额。

表 9-5

银行存款余额调节表

2022 年 9 月 30 日

单位：元

项 目	金 额	项 目	金 额
企业银行存款日记账余额		银行对账单余额	
加：银行已收企业未收		加：企业已收银行未收	
减：银行已付企业未付		减：企业已付银行未付	
调节后存款余额		调节后存款余额	

2.目的：财产清查账户的处理

资料：东方公司12月份进行财产清查，发生以下业务：

（1）甲材料盘亏1 200千克，单位成本30元/千克，经查明600千克属定额内损耗；200千克属超定额损耗；400千克属保管员不负责任造成，这400千克要求保管员承担全部责任，其他盘亏计入管理费用。

（2）乙材料由于受暴风雨影响毁损2 000千克，单位成本40元/千克，增值税10 400元，经批准30%由保险公司理赔，70%由公司自己承担。

（3）盘盈A产品80千克，单位成本40元/千克，金额为3 200元。经上级领导部门批准，A产品属于自然因素造成的盘盈，批准作为冲减管理费用处理。

（4）盘亏设备一台，原价为300 000元，已提取折旧220 000元，经批准转为“营业外支出”。

（5）盘盈机器一台，重置价值为500 000元，经鉴定为八成新，所得税税率为25%，按净利润提取10%的法定盈余公积。

（6）公司应付M企业货款30 000元，因M企业撤销，无法支付，经批准转销。

（7）公司应收N企业货款20 000元，因N企业倒闭无法收回，冲减坏账准备。

要求：根据以上资料进行账务处理。

3.目的：未达账项的把握与错账更正

资料：求精工厂2022年5月最后三天银行存款日记账与银行对账单的记录如下（假定以前的记录是相符的）：

（1）求精工厂银行存款日记账的记录见表9-6。

表9-6 银行存款日记账

日期	摘要	金额（元）
5月29日	开出转账支票#2416预付下半年报刊订阅费	102.00
5月29日	收到委托银行代收山东泰利厂货款	10 000.00
5月30日	开出转账支票#2417支付车间机器修理费	98.00
5月31日	存入因销售产品收到的转账支票一张	6 300.00
5月31日	开出转账支票#2418支付钢材货款	1 400.00
月末余额		84 700.00

（2）银行对账单的记录见表9-7。

表9-7 银行对账单

日期	摘要	金额（元）
5月29日	代收山东泰利厂货款	10 000.00
5月30日	代付电费	2 700.00
5月31日	代收安徽东皖厂货款	3 500.00
5月31日	支付#2416转账支票	120.00
5月31日	支付#2417转账支票	89.00
月末余额		80 591.00

经核对查明，求精工厂账面记录有两笔错误：5月29日，开出转账支票#2416预付报刊订阅费应为120元，错记为102元；5月30日，开出转账支票#2417支付车间机器修理费应为89元，错记为98元。两笔错误均系记账凭证编制错误。

要求：

（1）编制更正会计分录，更正以上两笔错账后，计算银行存款日记账的更正后余额。

（2）查明未达账项后，编制银行存款余额调节表。

第十章

财务会计报告

学习目标

1. 掌握：资产负债表和利润表的编制方法。
2. 理解：财务会计报告的作用。
3. 了解：财务会计报告的概念与分类。

课程思政

1.价值塑造

•树立财务会计报告具有社会属性和经济后果的责任意识。

•树立只有充分、如实披露信息才能降低信息不对称，优化社会资源配置的理念。

•培养万事万物之间都是相关、相连的，财务报表数据之间也是如此的思维方式。

•激发学生支持企业研发，树立科技兴国的爱国思想。中国梦的实现需要一代又一代人的努力。

2.知识传授

•财务报表是会计工作的最终产品。该产品不同于普通产品，具有影响投资和资源重新分配的作用。

•财务报表是企业综合实力、财务状况、经营成果和现金流量信息的集中展示，信息含量高，具有决策价值。

•高质量信息应具备真实性、准确性、完整性和及时性等信息质量特征。

•财务报表之间不是孤立的，而是彼此相连的，可以相互印证。报表与报表之间、报表内部各项目之间具有钩稽关系。

•资产负债表反映企业某一特定时日的财务状况，即资产、负债和所有者权益的构成情况。利润表反映企业在一定会计期间的经营成果，即盈利或亏损的信息。现金流量表反映企业一定期间现金流入和现金流出的流量信息。所有者权益变动表反映企业一定期间所有者权益增减变动的原因。

•四表一注构成企业财务报告的主体内容。附注主要是对主表项目及采用方法的解释和说明。只有读懂附注，才能深刻理解财务报表上每一项目的内涵和每一个数据的计算方法。

3.能力培养

•培养编制财务报表的能力。财务报表编制除掌握基本方法，还要具备细心和耐心的品质。

•培养解读财务报表的能力。编表是一种提供信息能力的体现，解读报表则是综合运用这些信息能力的体现，是更高一级的能力要求。解读报表，除了需要会计知识，还需要经济学、管理学、组织学、心理学、法学和行业知识等以及对未来的判断能力。

•培养科技强国的自豪感。通过利润表中的研究费用、资产负债表中的开发支出、无形资产项目的讲解，让学生明白主动关心企业的科技投入和发展成果对推动社会进步的巨大作用。

•培养对虚假信息说“不”的能力和勇气。通过披露会计信息虚假事件的案例，说明企业应诚实履行信息披露义务，教育学生要自觉维护国家利益、社会利益、集体利益，提供的财务报表要真实准确，体现客观公正的原则，没有粉饰经济业务活动的情况。

▸▸▸▸▸▸▸ 第一节　财务会计报告概述

一、财务会计报告的概念与分类

（一）财务会计报告的定义

财务会计报告，是指企业根据经过审核的会计账簿记录和有关资料，编制并对外提供的反映单位某一特定日期财务状况和某一会计期间经营成果、现金流量及所有者权益等会计信息的总结性书面文件。财务会计报告的主要作用是向财务会计报告使用者提供真实、公允的信息，用于落实和考核企业领导人经济责任的履行情况，并有助于包括所有者在内的财务会计报告使用者的经济决策。我国颁布的《企业财务会计报告条例》规定：企业不得编制和对外提供虚假的或者隐瞒重要事实的财务会计报告。企业负责人对本企业财务会计报告的真实性、完整性负责。

（二）财务会计报告的种类

我国《企业财务会计报告条例》规定，企业的财务会计报告可根据编制时间段分类，如以年为单位的年度、半年度财务会计报告，或以月为单位的月、季度财务会计报告。月、季度财务会计报告于月末及季度末期编制；半年度财务会计报告提供一个会计年度的前六个月或后六个月的财务情况；年度财务会计报告是一个会计年度结束后对外公布上一年的财务状况、经营成果、现金流量。一般地，时间跨度为月、季、半年的财务会计报告统称为中期财务会计报告。

通常情况下，企业年度财务会计报告的会计期间是指公历每年的1月1日至12月31日；半年度财务会计报告的会计期间是指公历每年的1月1日至6月30日，或7月1日至12月31日；季度财务会计报告的会计期间是指公历每一季度；月度财务会计报告的会计期间则是指公历每月1日至最后1日。

此外，根据财务会计报告的汇报范畴不同，可分为个别和合并财务会计报告。只突显某个特定会计主体的营收状况、财务信息和现金流动的称为个别财务会计报告。编报主体可以是法律主体，如子公司；也可以是非法律主体，如分公司、事业部等。而合并财务会计报告的主体范畴更大，它通常针对某个集团对外业务的营收状况、财务信息和现金流动进行总结。一个集团由母公司及其合并的子公司组成，合并财务会计报告编制方为集团母公司。集团业务包括对外业务和对内业务，对外业务是指除母子公司、各子公司之间的业务以外的业务。对内业务是指母公司与子公司及各子公司之间形成的投融资、担保、采购、销售等业务。

二、财务会计报告的构成

关于财务会计报告应包括哪些内容，《企业会计准则——基本准则》中第四十四条提到："财务会计报告包括会计报表及其附注和其他应当在财务会计报告中披露的相关信息和资料。"企业对外公布的财务会计报告的内容、类型和资料格式，以及报告中的附注等内容必须严格按照会计准则的规定进行编制；对企业管理中涉及的内部的财务会计报告没有强制性规定。

（一）财务报表

根据《企业会计准则第30号——财务报表列报》的规定，财务报表是对企业财务状况、经营成果和现金流量的结构性表述。资产负债表、利润表、现金流量表、所有者权益（或股东权益，下同）变动表和附注是财务会计报告不可缺少的部分，这些必须具备的内容对于财务会计报告的重要性不相上下。

（二）财务报表附注

财务报表附注是对在资产负债表、利润表、现金流量表和所有者权益变动表等报表中列示项目的文字描述或明细资料，以及对未能在这些报表中列示项目的说明等。

（三）财务情况说明书

由财务会计报告体现出的企业经营状况会在财务情况说明书中采用文字或者图表的方式作进一步的解释和说明。重点解释财务会计报告数据背后的市场环境、业务背景、主客观原因以及合理化的建议等。比如，企业亏损的主客观原因分析、收支的详细对比以及扭亏为盈的对策等。

需要指出的是，对外披露的财务会计报告采用统一的标准化格式（特殊企业特殊业务除外），附注和财务情况说明书采用非标准格式，但它们都具有同等的重要性。上述内容间的关系如图10-1所示。

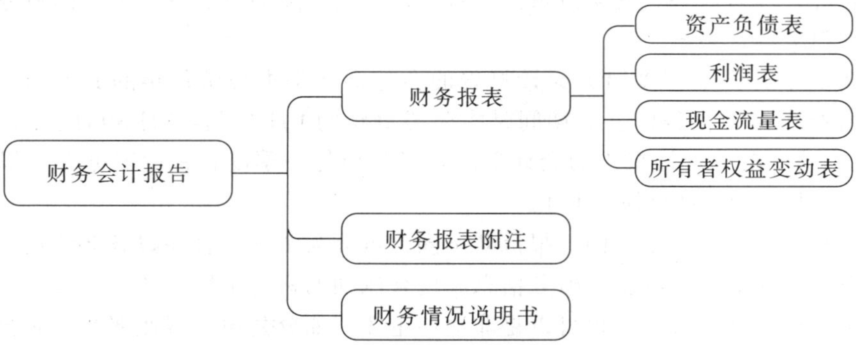

图10-1　财务会计报告的构成

对外披露财务会计报告时，财务会计报告应当由单位负责人和主管会计工作的负责人、会计机构负责人（会计主管人员）签名并盖章；设置总会计师的单位，还须由总会计师签名并盖章。

企业或单位的法定代表人或法律规定可以行使相应职权的负责人可以算作该单位的负责人。负责人应负责确保本单位的财务会计报告不作假、不遗漏。

三、财务会计报告的基本要求

(一) 以持续经营为基础编制

企业应当以持续经营为基础，根据实际发生的交易和事项，按照《企业会计准则——基本准则》和其他各项会计准则的规定进行确认和计量，在此基础上编制财务报表。企业不应以附注披露代替确认和计量，不恰当的确认和计量也不能通过充分披露相关会计政策而纠正。

如果按照各项会计准则规定披露的信息不足以让报表使用者了解特定交易或事项对企业财务状况和经营成果的影响时，企业还应当披露其他的必要信息。

在编制财务报表的过程中，企业管理层应当利用所有可获得信息来评价企业自报告期末起至少12个月的持续经营能力。

评价时需要考虑宏观政策风险、市场经营风险、企业目前或长期的盈利能力、偿债能力、财务弹性以及企业管理层改变经营政策的意向等因素。评价结果表明对持续经营能力产生重大怀疑的，企业应当在附注中披露导致对持续经营能力产生重大怀疑的因素以及企业拟采取的改善措施。

企业如有近期获利经营的历史且有财务资源支持，则通常表明以持续经营为基础编制财务报表是合理的。企业正式决定或被迫在当期或将在下一个会计期间进行清算或停止营业的，则表明以持续经营为基础编制财务报表不再合理。在这种情况下，企业应当采用其他基础编制财务报表，比如破产企业的资产采用可变现净值计量、负债按照其预计的结算金额计量等，并在附注中声明财务报表未以持续经营为基础编制的事实、披露未以持续经营为基础编制的原因和财务报表的编制基础。

(二) 附注披露与报表列示不可相互代替

企业不能用附注中披露的内容来代替最终确认结果和计量结果，也不应以充分披露有关会计条例为理由而不承认不合理的确认结果和计量结果。若依据规定所披露的信息不能满足报告使用方的信息需求，如无法完全掌握影响企业财务状况和经营成果的因素，企业还应当披露其他必要的信息。

(三) 采用正确的会计基础

企业在编制财务报表时应遵循权责发生制原则，但现金流量表的编制应遵循收付实现制原则。

(四) 保持各个会计期间财务会计报告项目列报的一致性

财务报表项目的列报在多个会计期间不应随意变化，但在以下情形中可以变更：（1）会计准则要求改变财务报表项目的列报；（2）企业经营业务的性质发生重大变化或对企业经营影响较大的交易或事项发生后，变更财务报表项目的列报能够提供更可靠、更相关的会计信息。

(五) 财务会计报告列报的重要性原则

根据重要性原则，性质或功能不同的项目，除了不重要的项目之外，都应在财务会计报告中逐一列出。一些具有相似性质或功能的项目，若其所属类别较重要，要在财务会计报告中逐一列报。一些项目重要性不足，不需要在资产负债表、现金流量表、利润表以及所有者权益变动表中列报，但对于附注来说较重要，要单独披露在附注里。在合理的预期下，财务报表某项目的省略或错报会影响使用者据此做出经济决策的，该项目具有重要性。项目是否重要主要从项目性质和项目金额两方面来判断，并结合企业所处的具体环境，且判断的标准一经确定，不得随意变更。判断项目性质的重要性，应当考虑该项目在性质上是否属于企业日常活动、是否显著影响企业的财务状况、经营成果和现金流量等因素；判断项目金额大小的重要性，应当考虑该项目金额占资产总额、负债总额、所有者权益总额、营业收入总额、营业成本总额、净利润、综合收益总额等直接相关项目金额的比重或所属报表单列项目金额的比重。如错报金额已占资产总额的5%以上，就具有重要性。

（六）各财务会计报告项目之间原则上不得相互抵销

财务会计报告中一些项目金额不得相互抵销，包括资产和负债项目的金额、收入和费用项目的金额、直接计入当期利润的利得项目和损失项目的金额。简单来说，企业欠客户的金额与其他客户欠本企业的金额不能抵销，否则就掩盖了交易的实质，但其他会计准则另有规定的除外。

一组类似交易形成的利得和损失应以净额列示，比如，汇兑损益是按照汇兑收益与汇兑损失之差进行列示的，但具有重要性的除外。

资产或负债项目按扣除备抵项目后的净额列示，不属于抵销。比如，存货是按照减去存货跌价准备之后的余额进行列示的。

非日常活动产生的利得和损失，以同一交易形成的收益扣减相关费用后的净额列示更能反映交易实质的，不属于抵消。例如，非流动资产处置收益，是按照处置收入扣除该资产的账面金额和相关税费后的净额进行列示的。

（七）比较数据的列报

当期财务报表的列报，至少应当提供所有列报项目上一个可比会计期间的比较数据，以及与理解当期财务报表相关的说明，但其他会计准则另有规定的除外。

若财务报表的列报项目发生变更，应当至少对可比期间的数据按照当期的列报要求进行调整，并在附注中披露调整的原因和性质，以及调整的各项目金额。对可比数据进行调整不切实可行的，应当在附注中披露不能调整的原因。

（八）关于表头信息的规定

企业应当在财务报表的显著位置至少披露下列各项：（1）编报企业的名称；（2）资产负债表日或财务报表涵盖的会计期间；（3）人民币金额单位；（4）财务报表是合并财务报表的，应当予以标明。

（九）财务报表的编制期间

企业至少应当按年编制财务报表。年度财务报表涵盖的期间短于一年的，应当披露年度财务报表的涵盖期间、短于一年的原因以及报表数据不具可比性的事实。

在沪深证券交易所上市的公司财务会计报告需要按照第一季度、半年、第三季度和年度进行披露。

（十）关于单列项目的规定

《企业会计准则第30号——财务报表列报》规定在财务报表中单独列报的项目，应当单独列报。其他会计准则规定单独列报的项目，应当增加单独列报项目。

四、财务会计报告编制前的准备工作

在编制财务会计报告前，要完成下列工作：

（一）财产清查

年度末，需要对企业所有财产物资、债权债务进行盘点和核对。如果发现问题，应及时查明原因，按规定程序报批后，进行相应的会计处理，以保证账面数据与实际数据一致，达到账实相符的要求。

（二）期末账项调整

为了正确区分是否为本期的收益和支出，准确计量损益，应按照权责发生制的要求，将已支付或已收到的款项，根据收益期适当调整。

除了按照权责发生制进行调整以外，还有大量的工作需要在年末集中进行。例如，所得税的年终清缴，员工各种奖金福利的计算以及因会计差错、会计政策变化等因素限制，必须对前期或本期相关项目进行调整的情况等。

（三）结账

对会计账簿的有关资料进行严格审查，在全部账项都入账的前提下，计算各账户的本期发生额和期末余额。

（四）对账

通过对账，保证账证、账账、账实相符。财务会计报告编制完成后，再对账表进行核对，以达到账表相符的目的。

此外，在手工环境下，为了便于财务会计报告的编制，还可以事先编制工作底稿，在底稿上完成账项调整、试算平衡和财务会计报告的编制工作。由于目前计算机软件的普及，财务会计报告的编制可以通过会计软件快速完成。

▸▸▸▸▸▸ 第二节　资产负债表

一、资产负债表的概念与作用

资产负债表能够体现某一时点企业的财务状况，它也是财务报表的一种，也称财务状

况表。财务状况是指企业资产、负债和所有者权益的构成以及各自的结构。因其所列报的是时点数据，故又称为“静态报表”。

资产负债表的作用主要有：（1）体现一定时点资产总数和构成，从资产负债表中可以得到该企业的资源分布；（2）体现一定时点负债总数和构成，预测企业未来需要偿还的资金数目和偿还时间；（3）体现企业的所有者权益，从而判定是否可以实现资产的保值或增值，以及是否可以承担负债风险。

二、资产负债表的列示要求

资产负债表应分类列报，分为资产、负债、所有者权益。

资产可分为流动资产和非流动资产，负债可分为流动负债和非流动负债，二者皆可分别分类进行列示。流动资产和非流动资产的合计项目应列示在资产负债表的资产类中；同理负债类也应如此列示；所有者权益类的合计项目应列示在所有者权益类中。

资产负债表中必须列出资产的总计项目，以及负债和所有者权益的总计项目，这两项总计项目金额应相同。

三、我国企业资产负债表的格式

资产负债表一般包括表首、正表两部分。其中，表首概括地说明报表名称、编制单位、报表日期、报表编号、货币名称、计量单位等。正表则列示了用以说明企业财务状况的各个项目，它一般有两种格式：报告式和账户式。报告式资产负债表是上下结构，上半部列示资产，下半部列示负债和所有者权益。具体排列形式又有两种：一是按“资产=负债+所有者权益”的原理排列；二是按“资产-负债=所有者权益”的原理排列。账户式资产负债表是左右结构，左边列示资产，右边列示负债和所有者权益。不管采取什么格式，资产各项目的合计等于负债和所有者权益各项目的合计这一等式关系不变。在我国，资产负债表采用账户式，资产负债表左右双方平衡，即资产总计等于负债和所有者权益总计。

资产按流动性在资产负债表中列示，也就是流动资产与非流动资产；负债也按照流动性列示，即流动负债和非流动负债；所有者权益列示为实收资本、资本公积、盈余公积、未分配利润等。

资产负债表的基本格式和内容见表10-1。

表10-1　　　　**资产负债表**　　　　会企01表

编制单位：　　　　年　月　日　　　　单位：元

资产	期末余额	上年年末余额	负债和所有者权益（或股东权益）	期末余额	上年年末余额
流动资产：			流动负债：		
货币资金			短期借款		
交易性金融资产			交易性金融负债		

续表

资产	期末余额	上年年末余额	负债和所有者权益（或股东权益）	期末余额	上年年末余额
衍生金融资产			衍生金融负债		
应收票据			应付票据		
应收账款			应付账款		
应收款项融资			预收款项		
预付款项			合同负债		
其他应收款			应付职工薪酬		
存货			应交税费		
合同资产			其他应付款		
持有待售资产			持有待售负债		
一年内到期的非流动资产			一年内到期的非流动负债		
其他流动资产			其他流动负债		
流动资产合计			流动负债合计		
非流动资产：			非流动负债：		
债权投资			长期借款		
其他债权投资			应付债券		
长期应收款			其中：优先股		
长期股权投资			永续债		
其他权益工具投资			租赁负债		
其他非流动金融资产			长期应付款		
投资性房地产			预计负债		
固定资产			递延收益		
在建工程			递延所得税负债		
生产性生物资产			其他非流动负债		
无形资产			非流动负债合计		
开发支出			负债合计		
商誉			所有者权益（或股东权益）：		
长期待摊费用			实收资本（或股本）		

续表

资产	期末余额	上年年末余额	负债和所有者权益（或股东权益）	期末余额	上年年末余额
递延所得税资产			其他权益工具		
其他非流动资产			其中：优先股		
非流动资产合计			永续债		
			资本公积		
			减：库存股		
			其他综合收益		
			专项储备		
			盈余公积		
			未分配利润		
			所有者权益（或股东权益）合计		
资产总计			负债和所有者权益（或股东权益）总计		

四、资产负债表的编制方法

（一）资产负债表中的“期末余额”和“上年年末余额”

企业会计准则规定：资产负债表最少要有两个时点的数据可以进行比较。也就是说，企业需要提供比较资产负债表，所以，资产负债表各项目需要分为“期末余额”和“上年年末余额”两栏分别填列。

表中“上年年末余额”栏中的所有数字，应以上一年年末资产负债表的“期末余额”为基础进行填写。如果出现上年度与本年度的资产负债表某些项目名字或内容不一样的情况，则需对上年的资产负债表项目名字和数字进行更改，保证与本年度的相一致，更改之后将新的结果在本表的“上年年末余额”一栏中填写。

某一会计期间结束的数字是“期末余额”。根据下列几种方法可以得到资产负债表中各种项目的“期末余额”：

1. 填写总账的余额。多用于“短期借款”“实收资本”等项目。

2. 以总账余额为基础进行计算得到。如“货币资金”等于“库存现金”“银行存款”“其他货币资金”这几项的期末余额之和。

3. 以明细账余额为基础计算得到。如“应付账款”项目，根据“应付账款”“预付账款”的相关明细账的期末贷方余额分析计算得到。

4. 分析总账和明细账余额得到。如“长期借款”=“长期借款”总账期末余额 -“长期借款”总账所属明细账中反映的、将于不满12个月到期且公司不能自主地将清偿义务展期的长期借款部分。

5. 根据有关账户余额扣除其备抵账户余额得到的净额进行填写。如“无形资产”项目是用“无形资产”账户期末余额扣除“累计摊销”账户期末余额，再扣除“无形资产减值准备”账户期末余额得到。

6. 结合上述方法综合运用。如“应收账款”项目，先计算“应收账款”和“预收账款”账户所属各明细账户的期末借方余额的和，再扣除“坏账准备”账户中关于应收账款计提的坏账准备期末余额后的金额得到。

（二）资产负债表中各项目的填列方法

1. “货币资金”项目。该项目需要根据“库存现金”“银行存款”“其他货币资金”总账的期末余额合计数填列。

2. “交易性金融资产”项目。该项目是指资产负债表日企业分类为以公允价值计量且其变动计入当期损益的金融资产，以及企业持有的指定为以公允价值计量且其变动计入当期损益的金融资产的期末账面价值。该项目应根据“交易性金融资产”账户的相关明细账户的期末余额分析填列。自资产负债表日起超过 1 年到期且预期持有超过 1 年的以公允价值计量且其变动计入当期损益的非流动金融资产的期末账面价值，在“其他非流动金融资产”项目反映。

3. “衍生金融资产”项目。该项目是指公司期末持有的衍生金融工具、套期工具、被套期项目中属于衍生金融资产的数额，以“衍生工具”、“套期工具”及“被套期项目”等项目的期末借方余额分析计算得到。

4. “应收票据”项目。该项目反映资产负债表日以摊余成本计量的，企业因销售商品、提供劳务等收到的商业汇票，包括银行承兑汇票和商业承兑汇票，应根据“应收票据”账户的期末余额，减去“坏账准备”账户中相关坏账准备期末余额后的金额分析填列。已向银行贴现和已背书转让的应收票据不包括在该项目内。

5. “应收账款”项目。该项目反映资产负债表日以摊余成本计量的，企业因销售商品、提供劳务等经营活动应收取的款项，应根据“应收账款”账户和“预收账款”账户所属各明细账的期末借方余额合计数，减去“坏账准备”账户中有关的坏账准备期末余额后的金额填列。如“应收账款”账户所属明细账期末有贷方余额，应在资产负债表“预收款项”项目内填列。

6. “应收款项融资”项目。该项目是指资产负债表日以公允价值计量且其变动计入其他综合收益的应收汇票和应收金额等。

7. “预付款项”项目。该项目反映企业预付给供应单位的款项，应根据“预付账款”账户和“应付账款”账户所属各明细账的期末借方余额合计数，减去“坏账准备”账户中相关坏账准备期末余额后的金额填列。如“预付账款”账户所属有关明细账期末有贷方余额，应在资产负债表“应付账款”项目内填列。

8. “其他应收款”项目。该项目反映企业除应收票据、应收账款、预付账款以外的应收和暂付其他单位和个人的款项，应根据“应收利息”“应收股利”“其他应收款”账户的期末余额合计数，减去“坏账准备”账户中相关坏账准备期末余额后的金额填列。其中的“应收利息”反映企业因债权投资而应收取的利息，应根据“应收利息”账户的期末余额确定；“应收股利”反映企业因股权投资而应收取的现金股利，以及企业应收其他单位的利润，应根据“应收股利”账户的期末余额确定。

9.“存货”项目。该项目反映企业期末库存、在途和加工中的各项存货的价值，包括各种材料、商品、在产品、半成品、包装物、低值易耗品等，应根据“在途物资”“原材料”“库存商品”“周转材料”“委托加工物资”“生产成本”等账户的期末余额合计数，减去“存货跌价准备”账户期末余额后的金额填列。原材料采用计划成本法核算的企业，还应根据“材料采购”和“材料成本差异”账户所属明细账户的期末余额分析填列。

10.“合同资产”项目。该项目反映企业已向客户转让商品而获得有条件收取对价的权利，应根据“合同资产”账户的相关明细账户期末余额，减去“合同资产减值准备”账户中相关的期末余额后的金额填列。

11.“持有待售资产”项目。该项目反映资产负债表日划分为持有待售类别的非流动资产及划分为持有待售类别的处置组中流动资产和非流动资产的期末账面价值，应根据“持有待售资产”账户的期末余额，减去“持有待售资产减值准备”账户的期末余额后的金额填列。

12.“一年内到期的非流动资产”项目。该项目是指预计自资产负债表日起一年内变现的非流动资产。对于按照相关会计准则采用折旧（或摊销、折耗）方法进行后续计量的固定资产、使用权资产、无形资产和长期待摊费用等非流动资产，折旧（或摊销、折耗）年限（或期限）只剩一年或不足一年的，或预计在一年内（含一年）进行折旧（或摊销、折耗）的部分，不得归类为流动资产，仍在各该非流动资产项目中填列，不转入“一年内到期的非流动资产”项目。

13.“其他流动资产”项目。该项目反映企业除以上流动资产项目外的其他流动资产，应根据有关账户的期末余额填列。如其他流动资产价值较大，应在会计报表附注中披露其内容和金额。

14.“债权投资”项目。该项目反映资产负债表日企业以摊余成本计量的长期债权投资的期末账面价值，应根据“债权投资”账户的相关明细账户期末余额，减去“债权投资减值准备”账户中相关减值准备的期末余额后的金额分析填列。自资产负债表日起一年内到期的长期债权投资的期末账面价值，在“一年内到期的非流动资产”项目反映。企业购入的以摊余成本计量的一年内到期的债权投资的期末账面价值，在“其他流动资产”项目反映。

15.“其他债权投资”项目。该项目反映资产负债表日企业分类为以公允价值计量且其变动计入其他综合收益的长期债权投资的期末账面价值，应根据“其他债权投资”账户的相关明细账户期末余额分析填列。自资产负债表日起一年内到期的长期债权投资的期末账面价值，在“一年内到期的非流动资产”项目反映。企业购入的以公允价值计量且其变动计入其他综合收益的一年内到期的债权投资的期末账面价值，在“其他流动资产”项目反映。

16.“长期应收款”项目。该项目反映企业应收期限在 1 年以上的款项，应根据“长期应收款”账户的期末余额减去相应的“未实现融资收益”账户期末余额和“坏账准备”账户相关期末余额，再减去所属相关明细账中将于 1 年内到期的部分后的金额填列。

17.“长期股权投资”项目。该项目反映企业不准备在 1 年内（含 1 年）变现的各种股权性质投资的可收回金额，应根据“长期股权投资”账户的期末余额，减去“长期股权投资减值准备”账户期末余额后的金额填列。

18.“其他权益工具投资”项目。该项目反映资产负债表日企业指定为以公允价值计量且其变动计入其他综合收益的非交易性权益工具投资的期末账面价值，应根据“其他权益工具投资”账户的期末余额填列。

19.“投资性房地产”项目。该项目反映企业拥有的用于出租的建筑物和土地使用权的金额，应根据“投资性房地产”账户的期末余额填列。

20.“固定资产”项目。该项目反映资产负债表日企业固定资产的期末账面价值和企业尚未清理完毕的固定资产清理净损益，应根据“固定资产”账户的期末余额，减去“累计折旧”和“固定资产减值准备”账户的期末余额后的金额，以及“固定资产清理”账户的期末余额填列。其中，“固定资产清理”项目，反映企业因出售、毁损、报废等原因转入清理但尚未清理完毕的固定资产的账面价值与固定资产清理过程中所发生的清理费用和变价收入等各项金额的差额，应根据“固定资产清理”账户期末余额填列。

21.“在建工程”项目。该项目反映资产负债表日企业尚未达到预定可使用状态的在建工程的期末账面价值和企业为在建工程准备的各种物资的期末账面价值，应根据“在建工程”账户的期末余额，减去“在建工程减值准备”账户的期末余额后的金额，以及“工程物资”账户的期末余额，减去“工程物资减值准备”账户的期末余额后的金额填列。

22.“生产性生物资产”项目。该项目是指企业基于生产农产品、供给劳动力等目的而拥有的生物资产，这些生物资产主要包括经济林、薪炭林、产役畜等。这个项目进行金额填列，需要切实反映出企业生产性生物资产所产出的资金的账面价值，还得依据“生产性生物资产”项目的期末余额减去“生产性生物资产累计折旧”项目的期末余额填列。

23.“无形资产”项目。该项目反映企业各项无形资产的期末可收回金额，应根据“无形资产”账户的期末余额，减去“累计摊销”和“无形资产减值准备”账户期末余额后的金额填列。

24.“开发支出”项目。该项目反映企业自行研究开发无形资产在期末尚未完成开发阶段的无形资产的价值，应根据“开发支出”账户的期末余额填列。

25.“商誉”项目，是指购买成本超过购买方在交易日所取得的可辨认净资产公允价值份额的部分，是购买方指望取得未来经济利益所作的支出。(1) 非同一控制下的控股合并：购买方一般应于购买日编制合并资产负债表，合并中取得的被购买方各项可辨认资产、负债应以其在购买日的公允价值计量，长期股权投资的成本大于合并中取得的被购买方可辨认净资产公允价值的差额，体现为合并财务报表中的商誉；(2) 非同一控制下的吸收合并：购买方在购买日应当将合并中取得的符合确认条件的各项可辨认资产、负债，按其公允价值确认为本企业的资产和负债，确定的企业合并成本与所取得的被购买方可辨认净资产公允价值之间的差额，视情况分别确认为商誉或是计入企业合并当期的损益。

26.“长期待摊费用”项目。该项目反映企业尚未摊销的摊销期限在1年以上（不含1年）的各种费用，如租入固定资产改良支出、摊销期限在1年以上（不含1年）的其他待摊费用，应根据“长期待摊费用”账户的期末余额填列。

27.“递延所得税资产”项目，是指未来预计可以用来抵税的资产，递延所得税是时间性差异对所得税的影响，在纳税影响会计法下才会产生递延税款，是根据可抵扣暂时性差异及适用税率计算、影响（减少）未来期间应交所得税的金额。本项目应当按照可抵扣暂时性差异等项目进行明细核算。

28.“其他非流动资产”项目。该项目反映企业除以上资产以外的其他非流动资产，应根据有关账户的期末余额填列。如其他非流动资产价值较大，应在会计报表附注中披露其内容和金额。

29.“短期借款”项目。该项目反映企业借入尚未归还的 1 年期以下（含 1 年）的借款，应根据“短期借款”账户的期末余额填列。

30.“交易性金融负债”项目。该项目反映资产负债表日企业承担的交易性金融负债，以及企业持有的直接指定为以公允价值计量且其变动计入当期损益的金融负债的期末账面价值，应根据“交易性金融负债”账户的相关明细账户期末余额填列。

31.“应付票据”项目。该项目反映资产负债表日以摊余成本计量的，企业因购买材料、商品和接受劳务等开出、承兑的商业汇票，包括银行承兑汇票和商业承兑汇票，应根据“应付票据”账户的期末余额填列。

32.“应付账款”项目。该项目反映资产负债表日以摊余成本计量的，企业因购买材料、商品和接受劳务等经营活动应支付的款项，应根据“应付账款”账户和“预付账款”账户所属各有关明细账的期末贷方余额合计数填列。如“应付账款”账户所属各明细账期末有借方余额，应在资产负债表“预付款项”项目内填列。

33.“衍生金融负债”项目。该项目是指企业期末持有的衍生金融工具、套期工具，被套期项目孵化出来的金融负债的金额。本项目需要根据“衍生金融工具”、“套期工具”和“被套期项目”等项目的期末贷方余额分析计算填列。

34.“合同负债”项目。该项目反映企业已收或应收客户对价而应履行向客户转让商品的义务，应根据“合同负债”账户的相关明细账户期末余额分析填列。

35.“应付职工薪酬”项目。该项目反映企业应付未付的职工薪酬。应付职工薪酬包括应付职工的工资、奖金、津贴和补贴、职工福利费和医疗保险费、养老保险费等各种保险费以及住房公积金等。本项目应根据“应付职工薪酬”账户期末贷方余额填列。如“应付职工薪酬”账户期末有借方余额，以“-”号填列。

36.“应交税费”项目。该项目反映企业期末未交、多交或未抵扣的各种税金和其他费用，应根据“应交税费”账户的期末贷方余额填列。如“应交税费”账户期末为借方余额，以“-”号填列。

37.“其他应付款”项目。该项目反映企业除应付票据、应付账款、应付职工薪酬、应交税费等以外的应付和暂收其他单位和个人的款项，应根据“应付利息”、“应付股利”和“其他应付款”账户的期末余额合计数填列。

38.“持有待售负债”项目。该项目反映资产负债表日处置组中与划分为持有待售类别的资产直接相关的负债的期末账面价值，应根据“持有待售负债”账户的期末余额填列。

39.“一年内到期的非流动负债”项目。该项目是指企业非流动资产项目中在一年内到期的金额，包括一年内到期的债权投资、其他债权投资、长期待摊费用和一年内可收回的长期应收款等，本项目应根据上述账户分析计算后填列。

40.“其他流动负债”项目。该项目反映企业除以上流动负债以外的其他流动负债，应根据有关账户的期末余额填列。如其他流动负债价值较大，应在会计报表附注中披露其内容及金额。

41.“长期借款”项目。该项目反映企业借入尚未归还的1年期以上（不含1年）的借款本息，应根据“长期借款”账户的期末余额填列。

42.“应付债券”项目。该项目反映企业发行的尚未偿还的各种长期债券的本息，应根据“应付债券”账户的期末余额填列。

43.“租赁负债”项目。该项目是资产负债表日承租人企业尚未支付的租赁付款额的期末账面价值。该项目应根据“租赁负债”账户的期末余额填列。自资产负债表日起一年内到期应予以清偿的租赁负债的期末账面价值，在“一年内到期的非流动负债”项目反映。

44.“长期应付款”项目。该项目反映资产负债表日企业除长期借款和应付债券以外的其他各种长期应付款项的期末账面价值，应根据“长期应付款”账户的期末余额，减去相关的“未确认融资费用”账户的期末余额，再减去所属相关明细账中将于1年内到期的部分后的金额，以及“专项应付款”账户的期末余额填列。其中的“专项应付款”，是指企业取得的政府作为企业所有者投入的具有专项或特定用途的款项。

45.“预计负债”项目。该项目反映企业确认的对外提供担保、未决诉讼、产品质量保证等事项的预计负债的期末余额，应根据“预计负债”账户的期末余额填列。

46.“递延收益”项目。该项目中摊销期限只剩1年或不足1年的，或预计在1年内（含1年）进行摊销的部分，不得归类为流动负债，仍在该项目中填列，不转入“一年内到期的非流动负债”项目。

47.“递延所得税负债”项目，是指根据应纳税暂时性差异计算的未来期间应付所得税的金额。主要包括：（1）企业根据所得税准则确认的应纳税暂时性差异产生的所得税负债；（2）应当按照应纳税暂时性差异项目进行明细核算；（3）递延所得税负债的主要账务处理。本项目应根据所得税准则应予确认的递延所得税负债进行填列。

48.“其他非流动负债”项目。该项目反映企业除以上非流动负债项目以外的其他非流动负债，应根据有关账户的期末余额填列。如其他非流动负债价值较大，应在会计报表附注中披露其内容和金额。

上述非流动负债各项目中将于1年内（含1年）到期的负债，应在“一年内到期的非流动负债”项目内单独反映。上述非流动负债各项目均应根据有关账户期末余额减去将于1年内（含1年）到期的非流动负债后的金额填列。

“所有者权益”项目，是指企业所拥有的资产除去负债之后，由企业的所有者拥有的余下部分，主要包括股本、资本公积、盈余公积等。

49.“实收资本（或股本）”项目。该项目反映企业各投资者实际投入的资本（或股本）总额，应根据“实收资本（或股本）”账户的期末余额填列。

50.“其他权益工具”项目。该项目主要是指资产负债表日企业发行在外的除普通股以外分类为权益工具的金融工具的期末账面价值。对于资产负债表日企业发行的金融工具，分类为金融负债的，应在“应付债券”项目填列，对于优先股和永续债，还应在“应付债券”项目下的“优先股”项目和“永续债”项目分别填列；分类为权益工具的，应在“其他权益工具”项目填列，对于优先股和永续债，还应在“其他权益工具”项目下的“优先股”项目和“永续债”项目分别填列。

51.“资本公积”项目。该项目反映企业资本公积的期末余额，应根据“资本公积”账户的期末余额填列。

52.“其他综合收益”项目。该项目是指企业根据其他会计准则的规定未在当期损益中确认的各项利得和损失。本项目应当按照前述其他综合收益的大类项下分子项目的期末余额填列。

53.“专项储备”项目。该项目是指高危行业企业按国家规定提取的安全生产费的期末账面价值。该项目应根据“专项储备”账户的期末余额填列。

54.“盈余公积”项目。该项目反映企业盈余公积的期末余额，应根据“盈余公积”账户的期末余额填列。

55.“未分配利润”项目。该项目反映企业尚未分配的利润，应根据“本年利润”账户和“利润分配”账户的余额计算填列。未弥补的亏损，在该项目内以“-”号填列。

▸▸▸▸▸▸ 第三节　利润表

一、利润表的概念与作用

利润表属于动态报表，是反映企业在一定会计期间经营成果的报表，主要提供公司的收入情况，同时统计同期的各项支出以及具体损耗。利润表可以动态反映出企业在一定时期内的资本增值变化状况。企业可以通过利润表对自身的运作情况以及收入状况有一个清晰的认知，通过对利润表的分析能够及时做出风险预测以及前景发展规划，并且利润表属于动态报表，也能够提供给公司管理者一个发现公司经营情况问题的方法，通过利润表做出实时的公司战略调整以及人员更替。

利润表的作用主要有：（1）反映企业一定会计期间收入的规模。收入可以较好地反映企业的市场地位和规模，世界《财富》500强的排名依据就是收入。（2）反映企业一定会计期间为取得收入而发生的费用情况。（3）反映企业的经营成果，据以判断企业的盈利能力。

二、利润表的列示要求

利润表主要反映企业利润的来源及其构成。其列示的基本要求如下：

（一）反映营业利润

企业营业利润主要来自企业日常从事的商业活动，具体可划分为两大部分，分别是间接活动、直接活动。直接活动涵盖制造与服务业务活动。制造业务活动通过生产产品、出售产品赚取收入；服务业务活动通过提供劳务赚取收入，如运输、物流、通信、安保等服务。这类活动在利润表中用营业收入项目列示。如果是因取得这类收入而发生的成本则归纳到营业成本并进行列示。此外，为赚取收入而发生的费用，按功能分为管理费用、销售费用、财务费用、研发费用，以及应由经营活动承担的税金及附加等分项列示。

间接活动主要是指通过投资金融产品获得收入的活动，如股权投资、债权投资等。间接活动赚取的利润用投资收益项目列示。需要说明的是，对于一般制造业，间接活动对利润的贡献不大，按照重要性原则，在利润表中，投资收益按净额列示。

此外，由于经营性资产（如存货、固定资产等）的实际账上的价格高于市场价，以及资产减值等问题，也要划分到营业利润中进行列示。

由政府进行的财产或其他补助则需要归纳到“其他收益”中进行独立的列示。

资产处置收益也列入营业利润。

（二）反映利润总额

根据定义，企业的利润总额为各项收入与支出之差。收入包含了营业外收入与营业内收入，而营业外收入与营业外支出都是公司的非日常行为产生的，营业外收支之间不存在任何的因果关系。

（三）反映净利润

净利润是指企业缴纳所得税之后的利润。具体的计算表达式如下：

净利润=利润总额−所得税费用

以规避风险为目的，净利润划分成了两部分，分别是终止以及持续经营利润。

（四）反映其他综合收益的税后利润

其他综合收益，是指企业根据其他会计准则规定未在当期损益中确认的各项利得和损失。

其他综合收益项目应当根据其他相关会计准则的规定分为下列两类列报：（1）以后会计期间不能重分类进损益的其他综合收益项目；（2）以后会计期间在满足规定条件时将重分类进损益的其他综合收益项目。

其他综合收益需要按照税后利润列示，以便与净利润口径一致。

（五）反映综合收益总额

根据基本定义，综合收益，是指企业在某一期间除与所有者以其所有者身份进行的交易之外的其他交易或事项所引起的所有者权益变动。综合收益总额项目反映净利润和其他综合收益扣除所得税影响后的净额相加后的合计金额。综合收益体现的是收益总括观。

（六）反映每股收益

每股收益是评价企业业绩的相对指标，具体被划分为两种：基本每股收益和稀释每股收益。具体来说，基本每股收益归纳在普通股收益中，具体计算方法是：

基本每股收益=归属于普通股股东的当期净利润÷发行在外普通股的加权平均数

除数是基本每股收益与稀释每股收益的区别，稀释每股收益考虑了今后可能影响普通股数量的因素。例如，可转换债券行权后，会增加企业股份数量，在业绩没有同步增长的情况下，就会稀释每股收益。

列示稀释每股收益是为了帮助财务会计报告使用者理解潜在股权变化给每股收益带来的影响。此外，在合并利润表中，企业应当在净利润项目下单独列示归属于母公司所有者的损益和归属于少数股东的损益，在综合收益总额项目下单独列示归属于母公司所有者的综合收益总额和归属于少数股东的综合收益总额。

三、我国企业利润表的格式

我国利润表由表首和正表两个部分组成。通俗来说，表首主要包含报表名称、编制单位、计量单位等；正表反映形成经营成果的各个项目和计算过程。

我国企业利润表正表的格式一般有两种：单步式、多步式。单步式利润表是将当期所有的收入列在一起，然后将所有的费用列在一起，两者相减得出当期净利润。多步式利润表是通过对当期的收入、费用、支出项目按性质或功能加以归类，按利润形成的主要环节列示一些中间性利润指标，如营业利润、利润总额、净利润，分步计算当期净利润。

在我国，利润表一般采用多步式。具体格式和内容见表10-2。

表10-2　　　　利润表　　　　会企02表

编制单位：　　　　年　月　　　　单位：元

项目	本期金额	上期金额
一、营业收入		
减：营业成本		
税金及附加		
销售费用		
管理费用		
研发费用		
财务费用		
其中：利息费用		
利息收入		
加：其他收益		
投资收益（损失以“-”号填列）		
其中：对联营企业和合营企业的投资收益		
以摊余成本计量的金融资产终止确认收益（损失以“-”号填列）		
净敞口套期收益（损失以“-”号填列）		
公允价值变动收益（损失以“-”号填列）		

续表

项目	本期金额	上期金额
信用减值损失（损失以“-”号填列）		
资产减值损失（损失以“-”号填列）		
资产处置收益（损失以“-”号填列）		
二、营业利润（亏损以“-”号填列）		
加：营业外收入		
减：营业外支出		
三、利润总额（亏损总额以“-”号填列）		
减：所得税费用		
四、净利润（净亏损以“-”号填列）		
（一）持续经营净利润（净亏损以“-”号填列）		
（二）终止经营净利润（净亏损以“-”号填列）		
五、其他综合收益的税后净额		
（一）不能重分类进损益的其他综合收益		
1.重新计量设定受益计划变动额		
2.权益法下不能转损益的其他综合收益		
3.其他权益工具投资公允价值变动		
4.企业自身信用风险公允价值变动		
⋮		
（二）将重分类进损益的其他综合收益		
1.权益法下可转损益的其他综合收益		
2.其他债权投资公允价值变动		
3.金融资产重分类计入其他综合收益的金额		
4.其他债权投资信用减值准备		
5.现金流量套期储备		
6.外币财务报表折算差额		
⋮		
六、综合收益总额		
七、每股收益：		
（一）基本每股收益		
（二）稀释每股收益		

四、利润表的编制方法

（一）利润表中的“本期金额”和“上期金额”

企业会计准则规定：会计报表至少应当反映相关两个期间的比较数据，因此利润表中的每一个项目都要进行划分，具体划分为“上期金额”与“本期金额”并分别进行列示。

利润表中“本期金额”栏反映各项目的本期实际发生数。利润表中“上期金额”栏反映各项目上年同期实际发生数，在编报某月、某季度、某半年利润表时，填列上年同期实际发生数；在编报年度利润表时，填列上年全年实际发生数。如果上年度利润表与本年度利润表的项目名称和内容不相一致，应对上年度利润表项目的名称和数字按本年度的规定进行调整，填入本表“上期金额”栏。

（二）利润表中各主要项目的填列方法

利润表中各项目的金额，一般是根据有关账户的本期发生额来填列的。“本期金额”栏内各项数字，根据以下方法填列：

1.“营业收入”项目。该项目反映企业经营主要业务和其他业务所取得的收入总额，应根据“主营业务收入”账户和“其他业务收入”账户的发生额合计分析填列。

2.“营业成本”项目。该项目反映企业经营主要业务和其他业务发生的实际成本总额，应根据“主营业务成本”账户和“其他业务成本”账户的发生额合计分析填列。

3.“税金及附加”项目。该项目反映企业经营业务应负担的消费税、城市维护建设税、资源税、教育费附加、房产税、城镇土地使用税、车船税、印花税等，应根据“税金及附加”账户的发生额分析填列。

4.“销售费用”项目。该项目反映企业在销售商品过程中发生的包装费、广告费等费用，以及为销售本企业商品而专设的销售机构的职工薪酬、业务费等经营费用，应根据“销售费用”账户的发生额分析填列。

5.“管理费用”项目。该项目反映企业为组织和管理生产经营发生的管理费用，应根据“管理费用”账户的发生额扣除“研发费用”明细账户的发生额分析填列。

6.“研发费用”项目。该项目反映企业进行研究与开发过程中发生的费用化支出，以及计入管理费用的自行开发无形资产的摊销，应根据“管理费用”账户下的“研发费用”明细账户的发生额，以及“管理费用”账户下的“无形资产摊销”明细账户的发生额分析填列。

7.“财务费用”项目。该项目反映企业为筹集生产经营所需资金而发生的利息支出等，应根据“财务费用”账户的发生额分析填列。

其中：“利息费用”项目，反映企业为筹集生产经营所需资金等而发生的应予费用化的利息支出，应根据“财务费用”账户的相关明细账户的发生额分析填列；“利息收入”项目，反映企业确认的利息收入，应根据“财务费用”账户的相关明细账户的发生额分析填列。

8.“其他收益”项目。该项目反映计入其他收益的政府补助，以及其他与日常活动相关且计入其他收益的项目，应根据“其他收益”账户的发生额分析填列。

9.“投资收益”项目。该项目反映企业以各种方式对外投资所取得的净收益，应根据“投资收益”账户的发生额分析填列。如为投资净损失，该项目以“-”号填列。

其中，对联营企业及合营企业的投资，按照《企业会计准则第2号——长期股权投资》的规定，应当采用权益法核算，在按持股比例等计算确认应享有或应分担被投资单位的净损益时，应当考虑以下因素：（1）投资企业与联营企业及合营企业之间发生的内部交易损益按照持股比例计算归属于投资企业的部分，应当予以抵销，在此基础上确认投资损益。投资企业与被投资企业发生的内部交易损失，按照《企业会计准则第8号——资产减值》等规定属于资产减值损失的，应当全额确认。（2）投资企业对于纳入其合并范围的子公司与其联营企业及合营企业之间发生的内部交易损益，也应当按照上述原则进行抵销，在此基础上确认投资损益。“以摊余成本计量的金融资产终止确认收益”项目反映企业因转让等情形导致终止确认以摊余成本计量的金融资产而产生的利得或损失。该项目应根据“投资收益”科目的相关明细科目的发生额分析填列，如为损失，以“-”号填列。

10.“净敞口套期收益”项目。该项目反映净敞口套期下被套期项目累计公允价值变动转入当期损益的金额或现金流量套期储备转入当期损益的金额，应根据“净敞口套期损益”账户的发生额分析填列。如为套期损失，该项目以“-”号填列。

11.“公允价值变动收益”项目。该项目反映企业资产因公允价值变动而发生的损益，应根据“公允价值变动损益”账户的发生额分析填列。如为净损失，该项目以“-”号填列。

12.“资产减值损失”项目。该项目反映企业因资产减值而发生的损失，应根据“资产减值损失”账户的发生额分析填列。如为净损失，该项目以“-”号填列。

13.“信用减值损失”项目。该项目反映企业计提的各项金融工具减值准备所形成的预期信用损失，应根据“信用减值损失”账户的发生额分析填列。如为净损失，该项目以“-”号填列。

14.“资产处置收益”项目。该项目反映企业出售划分为持有待售的非流动资产（金融工具、长期股权投资和投资性房地产除外）或处置组（子公司和业务除外）时确认的处置利得或损失，以及处置未划分为持有待售的固定资产、在建工程、生产性生物资产及无形资产而产生的处置利得或损失。债务重组中因处置非流动资产（金融工具、长期股权投资和投资性房地产除外）产生的利得或损失和非货币性资产交换中换出非流动资产（金融工具、长期股权投资和投资性房地产除外）产生的利得或损失也包括在本项目内。本项目应根据“资产处置收益”账户的发生额分析填列。如为处置损失，该项目以“-”号填列。

15.“营业利润”项目。该项目反映企业实现的营业利润，应根据上述项目计算填列。如为亏损，该项目以“-”号填列。

16.“营业外收入”项目。该项目反映企业发生的营业利润以外的收益，主要包括与企业日常活动无关的政府补助、盘盈利得、捐赠利得（企业接受股东或股东的子公司直接或间接的捐赠，经济实质属于股东对企业的资本性投入的除外）等。本项目应根据“营业外收入”账户的发生额分析填列。

17.“营业外支出”项目。该项目反映企业发生的营业利润以外的支出，主要包括公益性捐赠支出、非常损失、盘亏损失、非流动资产毁损报废损失等，应根据“营业外支出”账户的发生额分析填列。

18.“利润总额”项目。该项目反映企业实现的利润总额，应根据“营业利润”、“营业外收入”和“营业外支出”项目计算填列。如为亏损，该项目以“-”号填列。

19.“所得税费用”项目。该项目反映企业按规定从本期利润总额中减去的所得税，应根据“所得税费用”账户的发生额分析填列。

20.“净利润”项目。该项目反映企业实现的净利润，应根据“利润总额”和“所得税费用”项目计算填列。如为净亏损，该项目以“-”号填列。

其中：“（一）持续经营净利润”和“（二）终止经营净利润”项目，分别反映净利润中与持续经营相关的净利润和与终止经营相关的净利润；如为净亏损，以“-”号填列。该两个项目应按照《企业会计准则第42号——持有待售的非流动资产、处置组和终止经营》的相关规定分别列报。

21.“其他综合收益”项目。该项目是指企业未在当期损益中确认的各项利得和损失扣除所得税影响后的净额。“其他综合收益”项目根据有关账户的明细发生额分析计算填列。主要包括以下几个方面：

（1）“其他权益工具投资公允价值变动”项目，是指企业指定为以公允价值计量且其变动计入其他综合收益的非交易性权益工具投资发生的公允价值变动。该项目应根据“其他综合收益”账户的相关明细账户的发生额分析填列。

（2）“企业自身信用风险公允价值变动”项目，是指企业指定为以公允价值计量且其变动计入当期损益的金融负债，由企业自身信用风险变动引起的公允价值变动而计入其他综合收益的金额。该项目应根据“其他综合收益”账户的相关明细账户的发生额分析填列。

（3）“其他债权投资公允价值变动”项目，是指企业分类为以公允价值计量且其变动计入其他综合收益的债权投资发生的公允价值变动。企业将一项以公允价值计量且其变动计入其他综合收益的金融资产重分类为以摊余成本计量的金融资产，或重分类为以公允价值计量且其变动计入当期损益的金融资产时，之前计入其他综合收益的累计利得或损失从其他综合收益中转出的金额作为该项目的减项。该项目应根据“其他综合收益”账户下的相关明细账户的发生额分析填列。

（4）“金融资产重分类计入其他综合收益的金额”项目，是指企业将一项以摊余成本计量的金融资产重分类为以公允价值计量且其变动计入其他综合收益的金融资产时，计入其他综合收益的原账面价值与公允价值之间的差额。该项目应根据“其他综合收益”账户下的相关明细账户的发生额分析填列。

（5）“其他债权投资信用减值准备”项目，是指企业按照《企业会计准则第22号——金融工具确认和计量》第十八条分类为以公允价值计量且其变动计入其他综合收益的金融资产的损失准备。该项目应根据“其他综合收益”账户下的“信用减值准备”明细账户的发生额分析填列。

（6）“现金流量套期储备”项目，是指企业套期工具产生的利得或损失中属于套期有效的部分。该项目应根据“其他综合收益”账户下的“套期储备”明细账户的发生额分析填列。

22.“综合收益总额”项目。该项目是指净利润和其他综合收益扣除所得税影响后的净额相加后的合计数额。“综合收益总额”项目根据上述相关项目计算填列。

23.“基本每股收益”和“稀释每股收益”项目。这两个项目反映企业根据每股收益准则计算的两种每股收益指标的金额。

▸▸▸▸▸▸▸ 第四节　现金流量表

一、现金流量表的定义及作用

现金流量表是反映企业一定会计期间现金及现金等价物流入和流出情况的报表，属于动态报表。企业编制现金流量表的主要目的，是为财务会计报告使用者提供企业一定会计期间内现金和现金等价物流入和流出的信息，以便于财务会计报告使用者了解和评价企业获取现金和现金等价物的能力，并据以预测企业未来现金流量。

所以，现金流量表在评价企业经营业绩、衡量企业财务资源和财务风险以及预测企业未来前景方面，有着十分重要的作用。现金流量表有助于评价企业支付能力、偿债能力和周转能力；有助于预测企业未来现金流量；有助于分析企业收益质量及影响现金净流量的因素。

二、现金流量表的编制基础及分类

现金流量表以现金及现金等价物作为基础编制，这里的现金包括库存现金、可以随时用于支付的存款。具体包括以下内容：(1) 库存现金。库存现金，是指企业持有的、可随时用于支付的现金。(2) 银行存款。银行存款，是指企业存在金融企业、随时可以用于支付的存款，它与银行存款账户核算的银行存款基本一致，主要的区别是编制现金流量表所指的银行存款是可以随时用于支付的银行存款，如结算户存款、通知存款等。(3) 其他货币资金。其他货币资金，是指企业存在金融企业有特定用途的资金，也就是“其他货币资金”账户核算的银行存款，如外埠存款、银行汇票存款、银行本票存款、信用证保证金存款、在途货币资金等。(4) 现金等价物。现金等价物，是指企业持有的期限短、流动性强、易于转换为已知金额的现金、价值变动风险很小的投资。这一定义本身包含了判断一项投资是否属于现金等价物的四个条件，即期限短、流动性强、易于转换为已知金额的现金、价值变动风险很小。其中，期限短、流动性强，强调了变现能力，而易于转换为已知金额的现金、价值变动风险很小，则强调了支付能力的大小。

在现金流量表中，企业应当按照经营活动、投资活动和筹资活动对现金流量进行分类分项列示。

(一) 经营活动产生的现金流量

经营活动是指企业投资活动和筹资活动以外的所有交易和事项，即除投资活动和筹资活动以外的所有交易和事项，都可归属于经营活动。对于工商企业而言，经营活动主要包括：销售商品、提供劳务、购买商品、接受劳务、支付税费等。

通常情况下，经营活动产生的现金流入项目主要有：销售商品、提供劳务收到的现金；收到的税费返还；收到其他与经营活动有关的现金。经营活动产生的现金流出项目主要有：购买商品、接受劳务支付的现金；支付给职工以及为职工支付的现金；支付的各项税费；支付其他与经营活动有关的现金。

（二）投资活动产生的现金流量

投资活动是指企业长期资产的购建和不包括在现金等价物范围内的投资及其处置活动。

通常情况下，投资活动产生的现金流入项目主要有：收回投资收到的现金；取得投资收益收到的现金；处置固定资产、无形资产和其他长期资产收回的现金净额；处置子公司及其他营业单位收到的现金净额；收到其他与投资活动有关的现金。投资活动产生的现金流出项目主要有：购建固定资产、无形资产和其他长期资产支付的现金；投资支付的现金；取得子公司及其他营业单位支付的现金净额；支付其他与投资活动有关的现金。

（三）筹资活动产生的现金流量

筹资活动是指导致企业资本及债务规模和构成发生变化的活动。

通常情况下，筹资活动产生的现金流入项目主要有：吸收投资收到的现金；取得借款收到的现金；收到其他与筹资活动有关的现金。筹资活动产生的现金流出项目主要有：偿还债务支付的现金；分配股利、利润或偿付利息支付的现金；支付其他与筹资活动有关的现金。

需要注意的是，对于企业日常活动之外特殊的、不经常发生的项目，如自然灾害损失、保险赔款、捐赠等，企业应当将其归并到相关类别中单独反映。

三、现金流量表的格式

现金流量表分为两部分，第一部分为表首，第二部分为正表。

表首概括地说明报表名称、编制单位、报表所属年度、报表编号、货币名称、计量单位等。

正表反映现金流量表的各项目内容。正表有六项：一是经营活动产生的现金流量；二是投资活动产生的现金流量；三是筹资活动产生的现金流量；四是汇率变动对现金及现金等价物的影响；五是现金及现金等价物净增加额；六是期末现金及现金等价物余额。

现金流量表的基本格式见表10-3。

表 10-3　　**现金流量表**　　会企 03 表

编制单位：　　年　月　　单位：元

项目	本期金额	上期金额
一、经营活动产生的现金流量：		
销售商品、提供劳务收到的现金		

续表

项目	本期金额	上期金额
收到的税费返还		
收到其他与经营活动有关的现金		
经营活动现金流入小计		
购买商品、接受劳务支付的现金		
支付给职工以及为职工支付的现金		
支付的各项税费		
支付其他与经营活动有关的现金		
经营活动现金流入小计		
经营活动产生的现金流量净额		
二、投资活动产生的现金流量：		
收回投资收到的现金		
取得投资收益收到的现金		
处置固定资产、无形资产和其他长期资产收回的现金净额		
处置子公司及其他营业单位收到的现金净额		
收到其他与投资活动有关的现金		
投资活动现金流入小计		
购建固定资产、无形资产和其他长期资产支付的现金		
投资支付的现金		
取得子公司及其他营业单位支付的现金净额		
支付其他与投资活动有关的现金		
投资活动现金流出小计		
投资活动产生的现金流量净额		
三、筹资活动产生的现金流量：		
吸收投资收到的现金		
取得借款收到的现金		
收到其他与筹资活动有关的现金		

续表

项目	本期金额	上期金额
筹资活动现金流入小计		
偿还债务支付的现金		
分配股利、利润和偿付利息支付的现金		
支付其他与筹资活动有关的现金		
筹资活动现金流出小计		
筹资活动产生的现金流量净额		
四、汇率变动对现金及现金等价物的影响		
五、现金及现金等价物净增加额		
加：期初现金及现金等价物余额		
六、期末现金及现金等价物余额		

▸▸▸▸▸▸▸ 第五节　所有者权益（或股东权益）变动表

所有者权益（或股东权益）变动表是反映企业年末所有者权益（或股东权益）增减变动情况的报表。通过该表，可以了解企业某一会计年度所有者权益（或股东权益）的各项目，即实收资本（或股本）、资本公积、盈余公积和未分配利润等的增加、减少及其余额的情况，分析其变动原因及预测未来的变动趋势。

按照《企业会计准则第30号——财务报表列报》的规定，所有者权益变动表至少应当单独列示下列信息项目：(1) 综合收益总额；(2) 会计政策变更和差错更正的累计影响金额；(3) 所有者投入资本和向所有者分配利润等；(4) 按照规定提取的盈余公积；(5) 所有者权益各组成部分的期初和期末余额及其调节情况。

为了清楚地表明构成所有者权益的各组成部分当期的增减变动情况，所有者权益变动表应当以矩阵的形式：一方面，列示导致所有者权益变动的交易或事项，不再仅仅按照所有者权益的各组成部分反映所有者权益变动情况，而是从所有者权益变动的来源对一定时期所有者权益变动情况进行全面反映；另一方面，按照所有者权益各组成部分（包括实收资本、资本溢价、其他综合收益、盈余公积、未分配利润和库存股等）及其总额列示交易或事项对所有者权益的影响。此外，企业还需要提供比较所有者权益变动表，所有者权益变动表还就各项目再分为“本年金额”和“上年金额”两栏分别填列。

所有者权益变动表的具体格式见表10-4。

表 10-4

所有者权益变动表

会企 04 表

编制单位： 年度 单位：元

项目	本年金额											上年金额										
	实收资本（或股本）	其他权益工具			资本公积	减：库存股	其他综合收益	专项储备	盈余公积	未分配利润	所有者权益合计	实收资本（或股本）	其他权益工具			资本公积	减：库存股	其他综合收益	专项储备	盈余公积	未分配利润	所有者权益合计
		优先股	永续债	其他									优先股	永续债	其他							
一、上年年末余额																						
加：会计政策变更																						
前期差错更正																						
其他																						
二、本年年初余额																						
三、本年增减变动金额（减少以“-”号填列）																						
（一）综合收益总额																						
（二）所有者投入和减少资本																						
1.所有者投入的普通股																						
2.其他权益工具持有者投入资本																						
3.股份支付计入所有者权益的金额																						
4.其他																						

续表

项目	本年金额												上年金额											
	实收资本（或股本）	其他权益工具			资本公积	减：库存股	其他综合收益	专项储备	盈余公积	未分配利润	所有者权益合计		实收资本（或股本）	其他权益工具			资本公积	减：库存股	其他综合收益	专项储备	盈余公积	未分配利润	所有者权益合计	
		优先股	永续债	其他										优先股	永续债	其他								
（三）利润分配																								
1.提取盈余公积																								
2.对所有者（或股东）的分配																								
3.其他																								
（四）所有者权益内部结转																								
1.资本公积转增资本（或股本）																								
2.盈余公积转增资本（或股本）																								
3.盈余公积弥补亏损																								
4.设定受益计划变动额结转留存收益																								
5.其他综合收益结转留存收益																								
6.其他																								
四、本年年末余额																								

▸▸▸▸▸▸ 第六节　财务报表附注

一、财务报表附注的含义

财务报表附注是对在资产负债表、利润表、现金流量表和所有者权益变动表等报表中列示项目的文字描述或明细资料，以及对未能在这些报表中列示项目的说明等。

附注应当披露财务报表的编制基础，相关信息应当与资产负债表、利润表、现金流量表和所有者权益变动表等报表中列示的项目相互参照。

二、财务报表附注的内容

《企业会计准则第30号——财务报表列报》规定，附注一般应当按照下列顺序至少披露：

1. 企业的基本情况：（1）企业注册地、组织形式和总部地址；（2）企业的业务性质和主要经营活动；（3）母公司以及集团最终母公司的名称；（4）财务报告的批准报出者和财务报告的批准报出日，或者以签字人及其签字日期为准；（5）营业期限有限的企业，还应当披露有关营业期限的信息。

2. 财务报表的编制基础。

3. 遵循企业会计准则的声明。

企业应当声明编制的财务报表符合企业会计准则的要求，真实、完整地反映了企业的财务状况、经营成果和现金流量等有关信息。

4. 重要会计政策和会计估计。

重要会计政策的说明，包括财务报表项目的计量基础和在运用会计政策过程中所做的重要判断等。重要会计估计的说明，包括可能导致下一个会计期间内资产、负债账面价值重大调整的会计估计的确定依据等。

企业应当披露采用的重要会计政策和会计估计，并结合企业的具体实际披露其重要会计政策的确定依据和财务报表项目的计量基础，及其会计估计所采用的关键假设和不确定因素。

5. 会计政策和会计估计变更以及差错更正的说明。

企业应当按照《企业会计准则第 28 号——会计政策、会计估计变更和差错更正》的规定，披露会计政策和会计估计变更以及差错更正的情况。

6. 报表重要项目的说明。

企业应当按照资产负债表、利润表、现金流量表、所有者权益变动表及其项目列示的顺序，对报表重要项目的说明采用文字和数字描述相结合的方式进行披露。报表重要项目的明细金额合计，应当与报表项目金额相衔接。

企业应当在附注中披露费用按照性质分类的利润表补充资料，可将费用分为耗用的原材料、职工薪酬费用、折旧费用、摊销费用等。

7.或有和承诺事项、资产负债表日后非调整事项、关联方关系及其交易等需要说明的事项。

8.有助于财务报表使用者评价企业管理资本的目标、政策及程序的信息。

企业应当在附注中披露在资产负债表日后、财务报告批准报出日前提议或宣布发放的股利总额和每股股利金额（或向投资者分配的利润总额）。

本章小结

本章主要阐述了财务会计报告的概念、构成、作用、列报要求、编制要求以及主要财务会计报告的编制。

财务会计报告是指企业对外提供的反映企业某一特定日期的财务状况和某一会计期间的经营成果、现金流量等会计信息的文件，包括财务报表及其附注和其他应当在财务会计报告中披露的相关信息和资料。

财务会计报告可以按不同标志进行分类。国家在有关准则中规定了财务会计报告列报和编制的基本要求。

资产负债表是反映企业某一特定日期财务状况的报表。资产负债表的编制原理是“资产=负债+所有者权益”会计等式，其格式一般采用账户式，根据资产、负债和所有者权益的总分类账户和所属明细分类账户的期末余额编制。

利润表是反映企业一定会计期间经营成果的报表。利润表的编制原理是“收入-费用=利润”会计等式，其格式一般采用多步式，根据损益类账户的本期发生额编制。

现金流量表是反映企业一定会计期间内现金和现金等价物的流入和流出情况的报表。

所有者权益变动表是反映构成所有者权益各组成部分当期增减变动情况的报表。

附注是对资产负债表、利润表、现金流量表和所有者权益变动表等报表中列示项目的文字描述或明细资料，以及对未能在这些报表中列示项目的说明等。

需要注意的是：要更好地理解和掌握各种财务会计报告，必须很好地弄清资产、负债、所有者权益、收入、费用和利润的会计核算原理并按会计准则规定的报表编制要求编制。

课后习题

一、单项选择题

1.企业的净利润是指会计利润（　　）。

A.扣除已交所得税后的利润　　B.扣除销售税金后的利润

C.扣除所得税费用后的差额　　D.扣除应交利润后的差额

2.资产负债表的右方反映（　　）。

A.资产　　B.负债　　C.所有者权益　　D.权益

3.在资产负债表中，根据总分类账户的期末余额直接填列的项目是（　　）。

A.固定资产　　B.货币资金　　C.短期借款　　D.未分配利润

4.下列资产负债表项目中，应根据多个总账账户期末余额相加填列的是（　　）。

A.货币资金　　B.应收账款　　C.固定资产　　D.无形资产

5.财务会计报告编制的依据是（　　）。

A.原始凭证　　B.记账凭证　　C.账簿记录　　D.汇总记账凭证

二、多项选择题

1.在利润表中，应列入“税金及附加”项目中的税金有（　　）。

A.消费税　　B.城市维护建设税　　C.资源税

D.教育费附加　　E.增值税

2.利润表提供的信息包括（　　）。

A.实现的营业收入　　B.利润或亏损总额　　C.发生的营业成本

D.企业的财务状况　　E.其他业务利润

3.企业的下列报表中，不属于外送会计报表的有（　　）。

A.资产负债表　　B.制造成本表　　C.利润表

D.管理费用明细表　　E.现金流量表

4.资产负债表中根据多个明细账账户余额计算填列的有（　　）。

A.短期借款　　B.应收账款　　C.预付款项

D.货币资金　　E.存货

5在编制资产负债表时，根据总账账户的贷方余额直接填列的项目有（　　）。

A.短期借款　　B.实收资本　　C.应付账款

D.未分配利润　　E.存货

6.下列项目中，不属于资产负债表中的流动资产项目的有（　　）。

A.预收款项　　B.货币资金　　C.应收账款

D.长期待摊费用　　E.预付款项

7.会计报表包括（　　）。

A.资产负债表　　B.利润表　　C.会计报表附注

D.所有者权益变动表　　E.现金流量表

三、判断题

1.资产负债表反映企业某一特定日期的财务状况，主要根据有关账户的发生额填列。（　　）

2.账户式资产负债表的缺点是格式篇幅过大，不便阅读。（　　）

3.按流动性由强到弱依次排列的会计报表项目是资产负债表资产项目。（　　）

4.资产负债表中“长期待摊费用”项目应根据总账和明细账余额分析计算填列。（　　）

5.能够说明企业在一定会计期间内的经营成果的会计报表叫利润表。（　　）

四、业务题

1.资料：某企业2022年4月30日有关科目余额见表10-5。

表 10-5 **科目余额表** 单位：元

科目名称	借方余额	贷方余额
应收账款	60 000	
应付账款		15 000
坏账准备		800
预收账款		2 000
预付账款	37 000	
原材料	39 000	
生产成本	55 000	
库存商品	65 000	
材料成本差异		4 000
利润分配	183 500	
本年利润		235 000

要求：

（1）计算资产负债表中“应收账款”项目数额。

（2）计算资产负债表中“存货”项目数额。

（3）计算资产负债表中“未分配利润”项目数额。

2.某一般纳税企业2022年8月发生下列经济业务：

（1）企业销售甲产品2 000件，每件售价100元，货款已通过银行收讫。

（2）企业销售乙产品1 000件，每件售价50元，货款未收到。

（3）生产甲产品的成本为170 000元，生产乙产品的成本为40 000 元。企业结转已出售两种产品的成本数额。

（4）以银行存款支付本月销售费用1 500元，其中甲产品1 000元，乙产品500元。

（5）根据规定计算应交城市维护建设税17 500元。

（6）报销业务员小李差旅费350元。

（7）以现金2 000元支付厂部办公费。

（8）企业收到乙产品货款50 000元，并存入银行。

（9）某单位5 000元的包装物押金到期却没有退款。

（10）年初，用银行存款支付车间今明两年的材料仓库租赁费4 800元。

（11）租赁材料仓库提前花费的钱这个月需要报销。

（12）这期主营业务以及其他业务的收入需要按照以上经济业务处理相关账务。

（13）根据以上经济业务，结转本月主营业务成本、销售费用、税金及附加、管理费用等。

（14）根据本期实现的利润总额，按25%的税率计算应交企业所得税。

（15）以银行存款上缴城市维护建设税和企业所得税。

要求：根据本期存在的经济业务编写会计分录。

五、思考题

1. 什么是财务会计报告？为什么要编制财务会计报告？

2. 企业财务会计报告由哪些部分组成？

3. 什么是财务会计报告的列报？财务会计报告的列报有哪些基本要求？

4. 财务会计报告的编制有哪些基本要求？

5. 什么是资产负债表？资产负债表有什么作用？

6. 资产负债表的结构如何？怎样编制资产负债表？

7. 什么是利润表？利润表有什么作用？

8. 利润表的结构如何？怎样编制利润表？

9. 什么是现金流量表？现金流量表有什么作用？

10. 财务报表附注的作用是什么？它主要披露哪些内容？

六、案例讨论题

目的：对财务报告的基本要求有清晰的认识

资料：2022年6月京华公司成立，李强被任命为财务总监。李强在2023年1月25日召开的董事会上提交了资产负债表、利润表和财务预算报表三大基本财务报表。对于李强的工作，董事会感到很失望，并批评了他的几个不足之处：（1）三大基本财务报表不是资产负债表、利润表和财务预算报表；（2）编写财务报表的根据是公司会计制度；（3）财务报表的日期出错，应该在12月25日截止；（4）没有报表附注；（5）在资产负债表和利润表中，"未分配利润"一栏的数据与实际不符；（6）现金流量表未编制；（7）年底在编制财务报表前，未计算存货；（8）资产负债表"资产"栏中"待处理财产损溢"项目金额100 000元，不应列示；（9）资产负债表和利润表的编制日期填的都是2022年12月31日。

请问：董事会对李强的批评是否都对？为什么？

要求：

请上网查找一家上市公司的年度财务报告，回答以下问题：

（1）这家公司的资产负债表上，金额最大的资产是哪一项？这项资产为什么是该公司金额最大的？

（2）通过浏览该公司的利润表，该公司是赚了还是亏了？赚了或亏了的额度与总收入的比值为多少？

（3）这家公司发出存货采用了什么计价方法？如果当年物价上涨，公司准备从银行申请贷款，试分析公司选择什么样的发出存货的计价方法有利于取得贷款。

第十一章

会计核算组织程序

学习目标

1. 理解：会计核算组织程序是企业对交易或事项进行确认、计量、记录和报告的过程。主要包括：理解会计核算组织程序的概念及意义，会计核算组织程序各环节之间的关系，从整体上把握各会计核算组织程序之间的区别。

2. 了解：科目汇总表和汇总记账凭证核算组织程序的特点、步骤、优缺点、适用范围。

3. 掌握：记账凭证核算组织程序的特点、步骤、优缺点及适用范围，以及科目汇总表和汇总记账凭证的编制方法。

课程思政

1.价值塑造

•树立程序即秩序的理念。良好的程序是完成任务的根本保障；理解分工合作、协调配合是提高工作效率的内在机制；提高创新思维，针对会计核算组织程序，如何改进能更快、更好地提高工作效率。

2.知识传授

•通过本次课程的教学，要求学生掌握企业会计核算组织程序的种类，记账凭证核算组织程序的特点，汇总记账凭证核算组织程序的特点，科目汇总表核算组织程序的特点；理解企业会计核算组织程序的一般步骤；了解企业会计核算组织程序的概念与意义。

3.能力培养

培养流程思维能力，流程是保障工作有条不紊、符合规范的手段；培养学生创新思维能力，组织学生多参加“互联网+财会技能比赛”，利用现代信息技术，让学生充分讨论会计核算组织程序如何改革才能进一步提高效率。

▸▸▸▸▸▸▸ 第一节　会计核算组织程序概述

一、会计核算组织程序的概念及设计意义

（一）会计核算组织程序的基本概念

会计核算组织程序，又名账务处理程序、会计核算形式等，是指在会计循环中，会计主体采用的会计凭证、会计账簿、会计报表的种类和格式与记账程序有机结合的方法和步骤。

1.会计循环

会计循环是指一个会计主体在一定的会计期间内，从经济业务（也称交易或事项）发生取得或填制会计凭证起，到登记账簿，编制会计报表为止的一系列处理程序。它是按照划分的会计期间，周而复始进行的会计核算工作的内容。一个完整的会计循环过程中的内容可概括为：（1）根据原始凭证填制记账凭证；（2）根据编制的记账凭证登记有关账户，包括日记账、明细分类账和总分类账；（3）根据分类账户的记录，编制结账（调整）前试算表；（4）按照权责发生制的要求，编制调整分录并予以过账；（5）编制结账分录并登记入账，结清损益类账户（月末或年末）和利润类账户（年末）；（6）根据全部账户数据资料，编制结账（调整）后试算表；（7）根据账户的数据资料，编制会计报表，包括资产负债表和利润表等。

以上七个环节全面地反映了一个会计主体在一定会计期间内的会计核算工作的所有内容，构成了一个完整的会计循环。其中前三个环节属于会计主体日常的会计核算工作内容；后四个环节属于会计主体会计期末的会计核算工作内容。具体过程如图11-1所示。

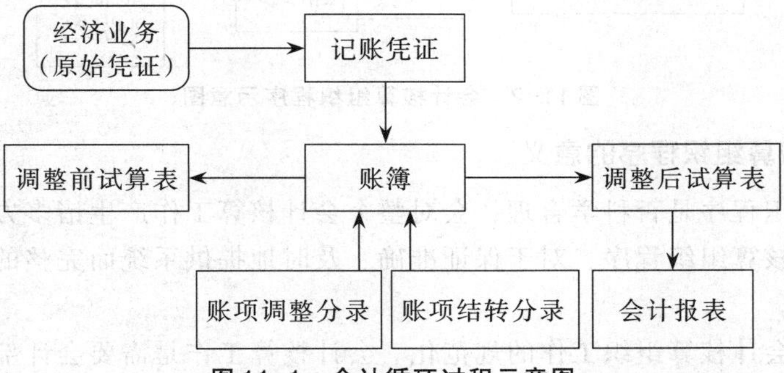

图11-1　会计循环过程示意图

在会计循环过程中，我们可以清楚地看到，任何会计主体要核算和监督所发生的经济业务，都应采用适合的会计核算方法，而会计凭证的取得和填制、会计账簿的登记和会计报表的编制，就是会计主体在会计核算中常用的三种方法。在持续经营企业的每一个会计期间，各种记账凭证的填制、各种账簿的登记和各种会计报表的编制工作，周而复始地不

断进行，从而形成了有序的会计循环。

2.记账程序

记账程序是指企业在会计循环中，利用不同种类和格式的会计凭证、会计账簿和会计报表对发生的经济业务进行记录和反映的具体做法。

会计凭证、会计账簿和会计报表是会计用以记录和储存会计信息的重要载体。在实务中所使用的会计凭证（特别是其中的记账凭证）、会计账簿和会计报表种类繁多，格式也各不相同。一个特定的会计主体应当根据选定的业务处理程序和方法，选择一定种类和格式的会计凭证（特别是其中的记账凭证）、会计账簿和会计报表。这就决定了不同的会计主体所采用的会计凭证、会计账簿和会计报表的种类及格式也有所不同。因而，对其所发生的经济业务如何进行具体处理，特别是如何在有关的总分类账户中进行登记，有着不同的做法。也就是说，即便进行账务处理的对象相同，由于所采用的会计凭证、会计账簿和会计报表的种类与格式不同，采用不同记账程序的会计主体也有着截然不同的方法，也就会形成不同的会计核算组织程序。

综合以上分析可知，会计主体在进行会计循环的过程中，将记账程序与会计账簿、会计报表、会计凭证的格式与种类相结合的处理方法和步骤就是会计核算组织程序。对会计核算组织程序的基本含义，可结合图11-2加以理解。

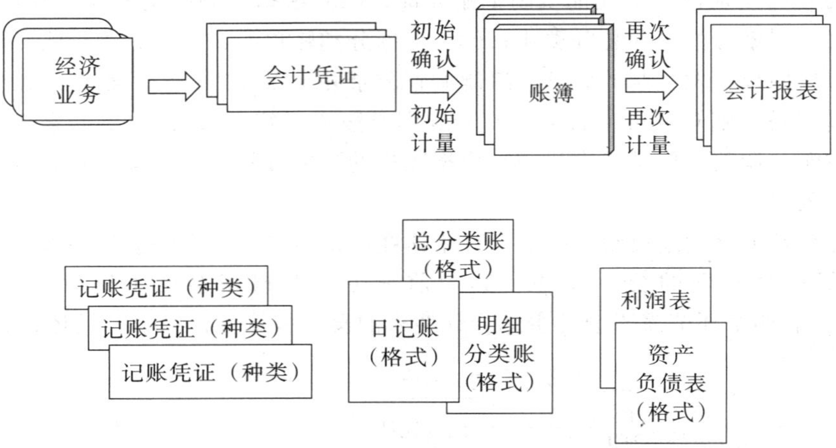

图11-2　会计核算组织程序示意图

（二）设计会计核算组织程序的意义

会计核算组织程序是否科学合理，会对整个会计核算工作产生诸多方面的影响。确定科学合理的会计核算组织程序，对于保证准确、及时地提供系统而完整的会计信息，具有十分重要的意义。

（1）有利于会计核算组织工作的规范化。会计核算工作是需要会计部门和各类会计人员之间密切配合的有机系统。只有建立了科学合理的会计核算组织程序，形成了规范的会计核算工作秩序，会计机构和会计人员在进行会计核算的过程中才能够做到有序可循，按照不同的责任分工，有条不紊地处理好各个环节上的会计核算工作内容。

（2）有利于保证会计核算工作的质量。在进行会计核算的过程中，保证会计核算工作的质量是对会计工作的基本要求。建立科学合理的会计核算组织程序，形成加工和生成会计信息的正常机制，是提高会计核算工作质量的重要保障，同时有利于提高会计信息质量。

（3）有利于会计核算工作效率的提高。会计核算工作是否具有高效性，直接关系到提供会计信息的及时性和相关性。按照既定的会计核算组织程序进行会计信息的处理，能够大幅度地提升会计核算的工作效率，保证会计信息整理、加工和对外报告的顺利进行，满足会计信息质量的及时性要求。

（4）有利于会计核算工作成本的降低。组织会计核算时需要消耗企业大量的人力、物力、财力，因此，要求会计核算本身也要讲求经济效益，根据“效益大于成本”原则设计会计核算组织程序。会计核算组织程序安排得科学合理，选用的会计凭证、会计账簿和会计报表种类适当，格式适用，数量适中，在一定程度上也能够降低会计核算工作的成本，节约会计核算方面的支出。

（5）有利于会计核算工作作用的发挥。计量、记录、确认与报告企业发生的交易和事项，并为会计信息使用者提供有助于其进行经济决策的信息，是会计核算工作的一个关键作用，因此，我们应当对记录的完整性、正确性与合理性做出一定的保障，这种作用是通过会计核算和监督职能的发挥而体现出来的。建立规范的会计核算组织程序，可以保证会计核算工作质量，提高会计核算工作效率，也能够在为会计信息使用者提供相关信息等方面更好地发挥会计核算工作的作用。

二、设计会计核算组织程序的原则

（1）应从会计主体的实际情况出发。在进行会计核算工作之前，应当对会计主体经济管理的特点、经济活动的性质、经济业务的繁简等因素加以充分考虑，使会计核算组织程序与本单位会计核算工作的需要相适应。一般而言，在经济活动内容比较庞杂、规模比较大、经济业务繁多的企业，其会计核算组织程序相对也比较复杂，反之则比较简单。

（2）应以保证会计核算质量为立足点。保证会计信息资料能够被及时、完整并且准确地提供，从而使会计信息使用者了解会计信息，帮助他们做出经济决策，这是会计核算组织程序的目的。因而，会计核算组织程序应以保证会计信息质量为根本立足点。

（3）应努力减少会计核算所需成本。精简会计核算所需的手续，节省核算所消耗的时间，并保证会计核算工作质量、工作需要且提高一定工作效率，从而减少会计核算成本，这是会计核算组织程序的努力方向。

（4）应对会计工作岗位责任制的建立做出一定的贡献。会计核算组织程序的设立，应帮助会计部门与其工作人员更好地实现分工合作，从而明确各个工作岗位的职责，并应有利于不同步骤之间的相互牵制，使各个处理环节分工明确、责任清楚、约束力强。

以上各项是建立会计核算组织程序的基本要求，但在实际工作中，由于各个会计主体的具体情况不同，会计核算组织程序也不可能完全相同。会计核算组织程序有几种常见的形式，如：记账凭证核算组织程序、科目汇总表核算组织程序、汇总记账凭证核算组织程序、日记总账核算组织程序等。

▸▸▸▸▸▸▸ 第二节 记账凭证核算组织程序

一、记账凭证核算组织程序的基本内容

(一) 记账凭证核算组织程序的定义

记账凭证核算组织程序是根据各种记账凭证直接逐笔登记总分类账，并定期编制会计报表的一种账务处理程序。

该程序是核算组织程序中最基本的一种，也是其他核算组织程序的基石，通过该程序的演化与发展才形成了其他核算组织程序。

(二) 记账凭证核算组织程序下的记账凭证、会计账簿和会计报表的种类与格式

在记账凭证核算组织程序下，记账凭证可以采用收款凭证、付款凭证和转账凭证等专用记账凭证，也可采用通用记账凭证。

会计账簿一般应设置借、贷、余（或收、付、余）三栏式“库存现金”和“银行存款”日记账；各总分类账均采用借、贷、余三栏式；明细分类账可根据核算需要，采用借、贷、余三栏式或数量金额式，抑或多栏式。记账凭证核算组织程序下记账凭证与会计账簿系统如图 11-3 所示。

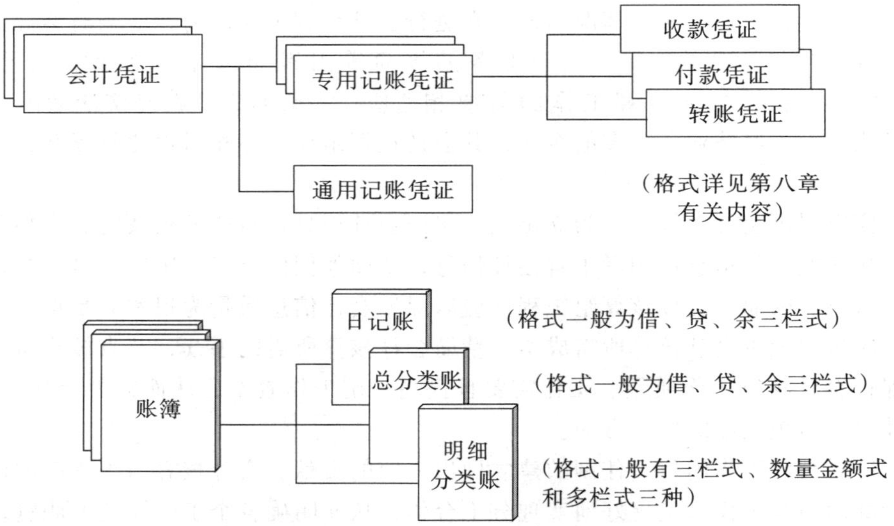

图 11-3 记账凭证核算组织程序下记账凭证与会计账簿系统示意图

现金流量表、资产负债表、利润表都可作为记账凭证核算组织程序所使用的会计报表，不同的报表种类所依据的格式也不尽相同。各种会计报表的格式参见第十章的有关内容。由于在国家颁布的会计准则或会计制度中对会计报表的种类和格式已有统一规定，因此，不管采用哪种会计核算组织程序，会计报表的标准与类别都不会随之产生巨大的改变。因此，在介绍会计核算组织程序的过程中，对会计报表的种类与格式问题不再作更多探讨。

（三）记账凭证核算组织程序下账务处理的基本步骤

在记账凭证核算组织程序中，如果需要对经济业务进行账务处理，一般需要经过六个步骤：

（1）产生了经济业务后，需要以相关的原始凭证或者原始凭证汇总表为依据对各种专用的记账凭证进行填写（转账凭证、收款凭证、付款凭证等）；

（2）以付款凭证与收款凭证为依据对银行存款日记账与库存现金日记账进行登记；

（3）以原始凭证汇总表或原始凭证为参考并依据填写好的记账凭证，对各个明细分类账进行逐笔登记；

（4）以各种记账凭证为依据，对总分类账进行逐笔登记；

（5）月末，核对总分类账中与明细分类账、日记账相对应账户的余额；

（6）月末，以明细分类账和总分类账中的数据对会计报表进行编制。

记账凭证核算组织程序账务处理步骤如图11-4所示。

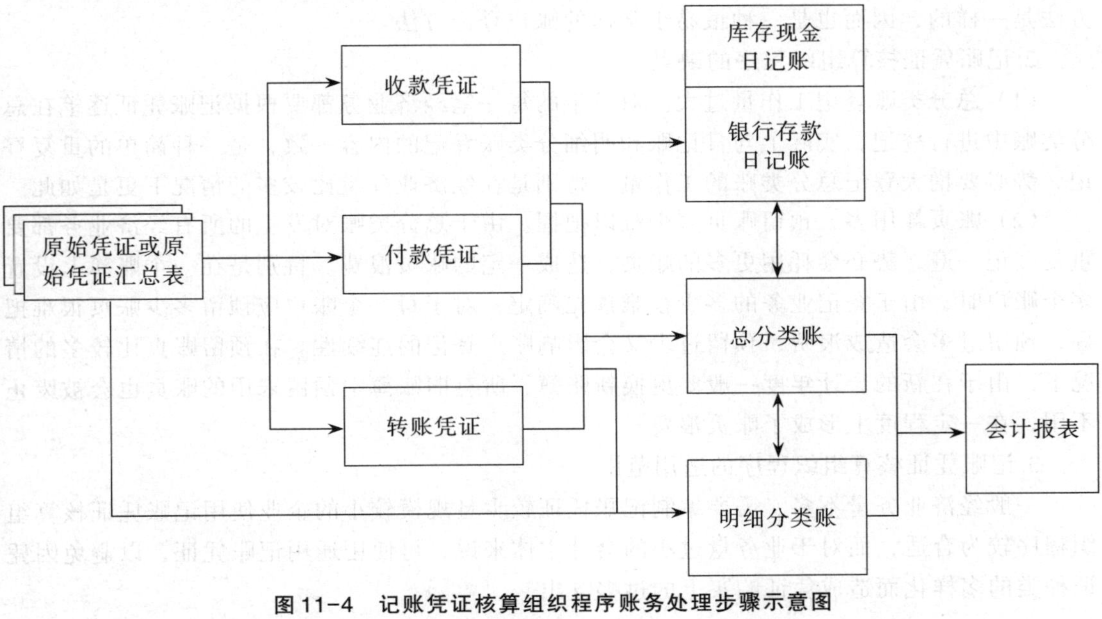

图11-4　记账凭证核算组织程序账务处理步骤示意图

二、对记账凭证核算组织程序的评价

（一）记账凭证核算组织程序的特点

记账凭证核算组织程序具有直接根据各种记账凭证对总分类账进行逐笔登记的特点，各种会计核算组织程序在账务处理的做法上有共同之处，比如，登记各种日记账和明细分类账，不论是在记账凭证核算组织程序下，还是在其他核算组织程序下，其做法基本上是相同的。将各种会计核算组织程序相比较，它们的特点主要体现在对总分类账户的登记依据和方法上。记账凭证核算组织程序所具有的一个鲜明的特点是直接根据记账凭证登记总分类账，这是记账凭证核算组织程序所独有的，也是其他核算组织程序无法做到的。

（二）记账凭证核算组织程序的优点、缺点及适用范围

1.记账凭证核算组织程序的优点

（1）账户之间的对应关系可以在记账凭证上被清晰地反映。使用通用记账凭证或专用记账凭证进行记账是记账凭证核算组织程序的一个特点，当完成了一个简单的经济业务以后，这笔经济业务的会计分录可以使用一张记账凭证就完整地编出；而在比较复杂的经济业务发生以后，也可以利用多张凭证为其编制简单分录，或编制涉及两个以上会计科目的复杂分录。因而，在每一张记账凭证上，都能一眼看出不同账户之间的对应关系。

（2）经济业务的发生情况在总分类账上能够完整地表示出来。不仅各种明细分类账与日记账需要逐笔进行登记，对于总分类账，登记方法也是如此，这是记账凭证核算组织程序的一个重要特点。因此，经济业务的发生情况在总分类账上能够完整地表示出来。

（3）登记总分类账的方法简单，且容易理解。直接按照记账凭证的内容对总分类账进行逐笔登记，是记账凭证核算组织程序的特点，总分类账的登记方法与明细分类账的登记方法是一样的，因而也是一种最易于掌握的账户登记方法。

2.记账凭证核算组织程序的缺点

（1）总分类账登记工作量过大。对发生的每一笔经济业务都要根据记账凭证逐笔在总分类账中进行登记，实际上与日记账和明细分类账登记的内容一致，是一种简单的重复登记，势必要增大登记总分类账的工作量，特别是在经济业务量比较多的情况下更是如此。

（2）账页耗用多，预留账页多少难以把握。由于总分类账对发生的所有经济业务都要重复登记一遍，势必会耗用更多的账页，造成一定的账页浪费。特别是在一个账簿上设置多个账户时，由于登记业务的多少很难预先确定，对于每一个账户应预留多少账页很难把握，预留过多会造成浪费，预留过少又会影响账户登记的连续性。在预留账页比较多的情况下，由于在新的会计年度一般要更换新账簿，所有旧账簿中预留未用的账页也会被废止不用，在一定程度上形成了账页浪费。

3.记账凭证核算组织程序的适用范围

一般经济业务量不多、需要编制记账凭证较少且规模较小的企业使用记账凭证核算组织程序较为合适，而对于业务量过小的会计主体来说，可使用通用记账凭证，以避免因凭证种类的多样化而造成凭证购买上的过多支出。

▸▸▸▸▸▸▸ 第三节　科目汇总表核算组织程序

一、科目汇总表核算组织程序的基本内象

（一）科目汇总表核算组织程序的定义

科目汇总表核算组织程序是指根据各种记账凭证先定期（或月末一次）汇总编制科目汇总表，然后根据科目汇总表登记总分类账，并定期编制会计报表的账务处理程序。科目汇总表核算组织程序是在记账凭证核算组织程序的基础上发展和演变而来的，也是会计实

务中应用最为广泛的一种会计核算组织程序。

（二）科目汇总表核算组织程序下的记账凭证、会计账簿的种类与格式

科目汇总表核算组织程序采用的记账凭证与记账凭证核算组织程序相比，存在着较大差别。其独特的做法是要设置“科目汇总表”这种具有汇总性质的记账凭证。使用的会计账簿与记账凭证核算组织程序基本相同。科目汇总表核算组织程序下记账凭证与会计账簿系统如图11–5所示。

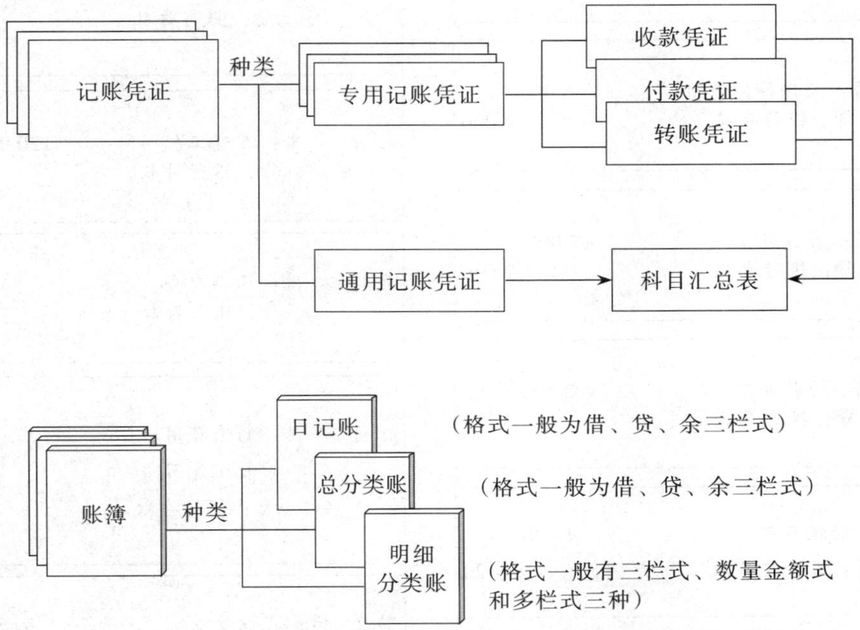

图11–5　科目汇总表核算组织程序下记账凭证与会计账簿系统示意图

（三）科目汇总表的编制方法

1.编制科目汇总表的基本方法

专用记账凭证（或通用记账凭证）是科目汇总表编写的基础，后者是通过对前者进行汇总编制而成的。其基本编制方法是：按照相同会计科目，定期对会计期间编制的所有记账凭证进行归类，并每间隔一定的时间（每10天或15天，或每月一次），分别对各个账户的借、贷双方的发生额进行汇总，同时将数据在科目汇总表中的对应位置进行填写，以此对所有账户的借、贷双方发生额进行反映。根据科目汇总表登记总分类账时，只需要将该表中汇总起来的各科目的本期借、贷方发生额的合计数，分次或月末一次记入相应总分类账的借方或贷方即可。

2.科目汇总表的编制举例

例11–1

某企业在2×15年6月份发生如下经济业务，在记账凭证上编制的会计分录如图11–6所示。

现收 1　借：库存现金　80
　　贷：其他应收款　80

现付 2　借：管理费用　813
　　贷：库存现金　813

银付 2　借：长期待摊费用　6 000
　　贷：银行存款　6 000

银付 4　借：在途物资　7 000
　　贷：银行存款　7 000

银付 6　借：应收账款　2 400
　　贷：银行存款　2 400

转 1　借：管理费用　1 420
　　贷：其他应收款　1 420

转 3　借：原材料　83 200
　　贷：在途物资　83 200

转 4　借：生产成本　3 000
　　贷：制造费用　3 000

现付 1　借：应付职工薪酬　85 000
　　贷：库存现金　85 000

银付 1　借：在途物资　73 000
　　应交税费　9 490
　　贷：银行存款　82 490

银付 3　借：在建工程　120 000
　　贷：银行存款　120 000

银付 5　借：库存现金　85 000
　　贷：银行存款　85 000

银付 7　借：制造费用　3 000
　　管理费用　2 500
　　贷：银行存款　5 500

转 2　借：在途物资　3 200
　　贷：应付账款　3 200

转 5　借：生产成本　36 200
　　在建工程　10 000
　　贷：原材料　46 200

图 11-6　编制科目汇总表业务举例示意图

在图 11-6 所示的经济业务记账凭证中，编制的会计分录涉及了很多会计科目。在对这些会计科目分别按借、贷方发生额进行汇总时，可以先编制科目汇总表工作底稿。科目汇总表工作底稿的格式以及本例的汇总情况见表 11-1。

应提醒注意的是：科目汇总表工作底稿中采用的汇总形式从表面上看酷似“T”形账户，但并不是“T”形账户。运用这种形式的目的是对各个会计科目的发生额（不包括余额）进行汇总，以便于编制科目汇总表。另外，科目汇总表可以每月编制一次，也可以根据会计核算的需要定期分次编制。本例假定是月末一次编制。

根据表 11-1 的汇总结果编制科目汇总表，见表 11-2。

表 11-1

科目汇总表工作底稿

2×15 年 6 月

库存现金

现收 1	80	现付 1	85 000
银付 5	85 000	现付 2	813
合计	85 080	合计	85 813

在途物资

银付 1	73 000	转 3	83 200
银付 4	7 000		
转 2	3 200		
合计	83 200	合计	83 200

原材料

转 3	83 200	转 5	46 200
合计	83 200	合计	46 200

其他应收款

		现收 1	80
		转 1	1 420
合计	0	合计	1 500

管理费用

现付 2	813		
银付 7	2 500		
转 1	1 420		
合计	4 733	合计	0

生产成本

转 4	3 000		
转 5	36 200		
合计	39 200	合计	0

应付账款

		转 2	3 200
合计	0	合计	3 200

银行存款

		银付 1	82 490
		银付 2	6 000
		银付 3	120 000
		银付 4	7 000
		银付 5	85 000
		银付 6	2 400
		银付 7	5 500
合计	0	合计	308 390

应收账款

银付 6	2 400		
合计	2 400	合计	0

长期待摊费用

银付 2	6 000		
合计	6 000	合计	0

在建工程

银付 3	120 000		
转 5	10 000		
合计	130 000	合计	0

制造费用

银付 7	3 000	转 4	3 000
合计	3 000	合计	3 000

应交税费

银付 1	9 490		
合计	9 490	合计	0

应付职工薪酬

现付 1	85 000		
合计	85 000	合计	0

表11-2

科目汇总表

2×15年6月

会计科目	本期发生额		总账页数
	借方	贷方	
库存现金	85 080	85 813	
银行存款	0	308 390	
在途物资	83 200	83 200	
原材料	83 200	46 200	
应收账款	2 400	0	
其他应收款	0	1 500	
长期待摊费用	6 000	0	
在建工程	130 000	0	
管理费用	4 733	0	
生产成本	39 200	0	
制造费用	3 000	3 000	
应交税费	9 490	0	
应付账款	0	3 200	
应付职工薪酬	85 000	0	
合计	531 303	531 303	

可以对总分类账进行汇总登记，这是编制科目汇总表所能表现出的一个重要作用。在利用科目汇总表对总分类账进行登记时，只要将科目汇总表中有关各科目的本期借、贷方发生额合计数，分次或月末一次记入相应总分类账的借方或贷方即可。这一方法可以对登记总分类账的工作进行极大的简化，同时对账簿登记的准确性有一定的提高作用。此外，在编制科目汇总表时，需要改变登记总分类账所依据凭证的编号方法，按月以“科汇字第×号”字样连续进行编号。

（四）科目汇总表核算组织程序下账务处理的基本步骤

采用科目汇总表核算组织程序时，如果需要对经济业务进行账务处理，一般需要经过七个步骤才能完成，分别为：

（1）产生了经济业务后，需要以相关的原始凭证或者原始凭证汇总表为依据对各种专用记账凭证进行填写（转账凭证、收款凭证、付款凭证等）；

（2）以付款凭证与收款凭证为依据对银行存款日记账与库存现金日记账进行登记；

（3）以原始凭证汇总表或原始凭证为参考并依据填写好的记账凭证，对各个明细分类账进行逐笔登记；

（4）根据各种记账凭证汇总编制科目汇总表；

（5）根据科目汇总表，对总分类账进行汇总登记；

（6）月末，核对总分类账中与明细分类账、日记账相对应账户的余额；

（7）月末，以明细分类账和总分类账中的数据对会计报表进行编制。

图11-7是科目汇总表核算组织程序的账务处理步骤。

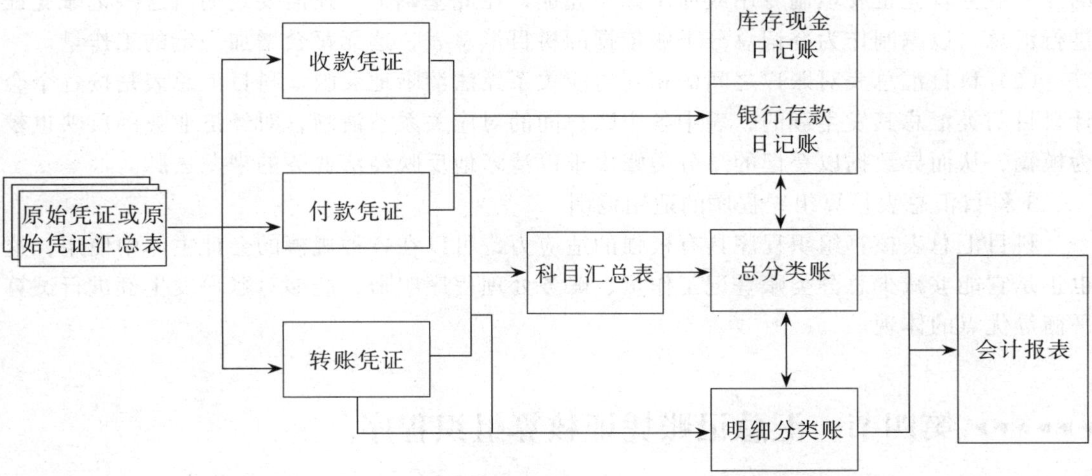

图11-7 科目汇总表核算组织程序下账务处理步骤示意图

二、对科目汇总表核算组织程序的评价

（一）科目汇总表核算组织程序的特点

定期以所有的记账凭证为依据汇总编制科目汇总表，并以此表所登记的汇总数字对总分类账进行登记，这是科目汇总表核算组织程序所具有的特点。

（二）科目汇总表核算组织程序的优点、缺点及适用范围

1.科目汇总表核算组织程序的优点

（1）利用科目汇总表的汇总结果，可以账户发生额为对象，开展试算平衡。该表显示的汇总结果反映了在一定会计期间内，所有账户贷方发生额与借方发生额二者之间具有相等关系，利用这种发生额之间的相等关系，可以进行全部账户记录的试算平衡，借以检验账户发生额的准确性。

（2）在试算平衡的基础上记账，总分类账登记的正确性能够得到保证。总分类账是以科目汇总表所登记的汇总数字为依据进行登记的，这是科目汇总表核算组织程序所规定的。由于在登记总分类账之前，能够通过科目汇总表的汇总结果检验所填制的记账凭证是否正确，就等于在记账前进行了一次试算平衡，对汇总过程中可能存在的错误也容易发现。在所有账户借、贷方发生额相等的基础上再记账，在一定程度上能够保证总分类账登记的正确性。

（3）可以使登记总分类账的工作量大幅度减少。在科目汇总表核算组织程序下，通过编制出的科目汇总表上有关账户的汇总发生额，在月中定期或月末一次性将总分类账全部登记完成，能够极大地减少登记总分类账的工作量。

（4）相比于汇总记账凭证核算组织程序与记账凭证核算组织程序，科目汇总表核算组

织程序具有适用范围较广的特点。该程序可适用于任何规模的会计主体，具有许多优点。

2.科目汇总表核算组织程序的缺点

（1）科目汇总表的编制会产生很大的工作量。在科目汇总表核算组织程序下，对发生的经济业务首先也要填制专用或通用记账凭证，在此基础上，还需要定期对这些记账凭证进行汇总，以编制作为登记总分类账依据的科目汇总表，这无疑会增加一定的工作量。

（2）科目汇总表对账户之间的相互对应关系无法清晰地反映。科目汇总表是按各个会计科目归类汇总其发生额的，表中各个账户间的对应关系不清晰，对经济业务的反映也较为模糊，从而导致据以登记的总分类账中难以清晰地反映经济业务的来龙去脉。

3.科目汇总表核算组织程序的适用范围

科目汇总表核算组织程序具有极强的适应力，可以在各种规模的会计主体中使用，这也正是它能够减少总分类账登记工作量、账务处理程序明晰、能够对账户发生额进行试算平衡等优点的体现。

►►►►►► 第四节 汇总记账凭证核算组织程序

一、汇总记账凭证核算组织程序的基本内容

（一）汇总记账凭证核算组织程序的定义

汇总记账凭证核算组织程序是指根据记账凭证定期汇总编制汇总记账凭证，然后根据汇总记账凭证登记总分类账，并定期编制会计报表的一种账务处理程序。

将日常会计核算过程中所填写的专用记账凭证按凭证种类，通过一定的方法定期进行汇总，而重新填制的记账凭证就是汇总记账凭证。在采用汇总记账凭证核算组织程序的情况下，不需要以专用记账凭证为依据对总分类账户进行逐笔登记，可以根据各种汇总记账凭证上的汇总数字登记有关的总分类账户，这样可以减少登记总分类账户的工作量。由此可见，汇总记账凭证核算组织程序也是在记账凭证核算组织程序的基础上发展演变而来的会计核算组织程序。

（二）汇总记账凭证核算组织程序下的记账凭证、会计账簿的种类与格式

在汇总记账凭证核算组织程序下，采用的记账凭证与会计账簿种类也很多。从记账凭证的角度来看，使用汇总记账凭证，包括汇总收款凭证、汇总付款凭证和汇总转账凭证，是汇总记账凭证核算组织程序的独特之处。使用的会计账簿与记账凭证或科目汇总表核算组织程序基本相同，不再赘述。汇总记账凭证核算组织程序下记账凭证与会计账簿系统如图11-8所示。

（三）汇总记账凭证的编制方法

汇总记账凭证是在填制的各种专用记账凭证的基础上，按照一定的方法进行汇总编制而成的。汇总记账凭证的种类不同，汇总编制的方法也有所不同。

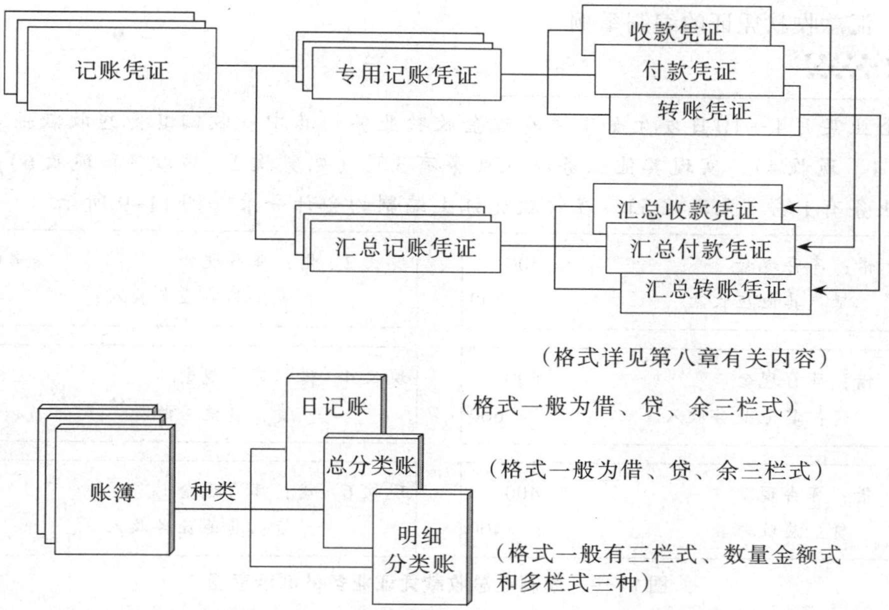

图11-8　汇总记账凭证核算组织程序下记账凭证与会计账簿系统示意图

1.汇总收款凭证的编制方法

（1）编制汇总收款凭证的基本方法

汇总收款凭证的编制方法是：按日常核算工作中所填制的专用记账凭证中的收款凭证上会计分录的借方科目设置汇总收款凭证，按分录中相应的贷方科目定期（如每5天或10天等）进行汇总，每月编制一张。汇总时计算出每一个贷方科目发生额合计数，填入汇总收款凭证的相应栏次。

汇总收款凭证是根据专用记账凭证中的收款凭证汇总编制而成的。在编制汇总收款凭证时，首先应确定是以记账凭证上的哪一个会计科目为主进行汇总的。由于收款凭证上反映的是收款业务，因而必须围绕反映货币资金收入的会计科目（如“库存现金”或“银行存款”科目等）进行汇总。在借贷记账法下，这些科目的增加又应在借方登记，因而，编制汇总收款凭证时要求按借方科目设置，实际上就是要求按“库存现金”或“银行存款”科目设置汇总收款凭证上的主体科目，以其为主进行汇总。

“按分录中相应的贷方科目汇总”，“贷方科目”意思就是“库存现金”或者“银行存款”的对应科目。尽管在一定的会计期间内，企业可能会发生若干笔收款业务，但由于有些经济业务是重复发生的，就需要填制若干份在会计科目上完全相同的收款凭证。例如，企业每次销售产品收到货款存入银行，会计分录都是借记“银行存款”，贷记“主营业务收入”和“应交税费”等。在这种情况下，就可以根据贷方科目在一定会计期间内的若干次发生额定期进行汇总，编制汇总收款凭证。

经过上述汇总过程得到的各个贷方科目发生额的合计数，就是这些账户在一定会计期间发生额的总和。可以根据各次的汇总数分次登记到有关账户中，也可以在月末对各次汇总数字相加，求得该账户的全月发生额合计，一次性登记有关账户。对以上各账户的发生额合计数进行合计，也就是所汇总的主体科目“库存现金”或“银行存款”在该会计期间的借方发生额总额，可据其分次或月末一次登记“库存现金”账户或“银行存款”账户。

（2）汇总收款凭证的编制举例

例 11-2

某企业某月1—10日发生如下库存现金收款业务。其中：收回其他应收款业务有两笔（见现收1、现收4）；实现其他业务收入业务有3笔（见现收2、现收3和现收6）；收回应收账款业务有1笔（见现收5）。在收款凭证上编制的会计分录如图11-9所示。

现收1　借：库存现金　　300
　　　　贷：其他应收款　　300

现收2　借：库存现金　　4 000
　　　　贷：其他业务收入　　4 000

现收3　借：库存现金　　600
　　　　贷：其他业务收入　　600

现收4　借：库存现金　　60
　　　　贷：其他应收款　　60

现收5　借：库存现金　　400
　　　　贷：应收账款　　400

现收6　借：库存现金　　800
　　　　贷：其他业务收入　　800

图11-9　编制汇总收款凭证业务举例示意图

在图11-9现金收款业务的记账凭证中，会计分录的借方科目均为“库存现金”；涉及的贷方科目有3个。其中：涉及“其他应收款”科目的有2份凭证，涉及“其他业务收入”科目的有3份凭证，涉及“应收账款”科目的有1份凭证。

按借方科目“库存现金”设置汇总收款凭证，按贷方科目“其他应收款”、“其他业务收入”和“应收账款”进行汇总，可以计算出该企业该月1—10日对应“库存现金”科目的其他会计科目的发生额为：

“其他应收款”科目发生额为：300+60 = 360（元）

“其他业务收入”科目发生额为：4 000+600+800 = 5 400（元）

“应收账款”科目发生额为：400元

根据1—10日的汇总结果，填入该企业本月汇总收款凭证的相应栏次，如图11-10所示（11—20日、21—30日为另外两次汇总结果的假定数）。

汇总收款凭证

按借方科目设置

借方科目：库存现金

贷方科目	金额				总账页数	
	1—10日凭证 1号—6号	11—20日凭证 7号—10号	21—30日凭证 11号—15号	合计		
其他应收款	360	640	400	1 400		
其他业务收入	5 400	1 250	500	7 150		
应收账款	400	600	800	1 800		
合计	6 160	2 490	1 700	10 350		

月终合计，记入有关总分类账户的贷方

按贷方科目汇总填列

记入“库存现金”总分类账户的借方

图11-10　汇总收款凭证编制方法示意图

（3）编制汇总收款凭证的注意事项

因为汇总收款凭证是按借方科目设置的，所以为了便于编制汇总收款凭证，在日常编制收款凭证时，最好使用“一借”，也就是一借一贷或者一借多贷的形式，而不是“多借”的会计分录形式。

多借一贷的形式不利于编制汇总收款凭证，会造成收款凭证在汇总过程中由于被多次重复使用而产生汇总错误，或者造成会计账户之间的对应关系变得模糊难辨。多借多贷的形式也是如此。

多借一贷或多借多贷会计分录对编制汇总收款凭证的影响如图11-11所示。

如果在收款凭证上编制多借一贷分录：		
借：库存现金	1 000	
银行存款	2 000	
贷：应收账款		3 000
如果在收款凭证上编制多借多贷分录：		
借：库存现金	800	
银行存款	4 000	
贷：应收账款		2 800
其他应收款		2 000

问题1：在编制汇总收款凭证时，收款凭证会被反复使用，容易出错

问题2：账户之间的对应关系不够清晰

图11-11 多借一贷或多借多贷会计分录对编制汇总收款凭证的影响示意图

2.汇总付款凭证的编制方法

（1）编制汇总付款凭证的基本方法

汇总付款凭证的编制方法是：按日常核算工作中所填制的专用记账凭证中的付款凭证上会计分录中的贷方科目（如“库存现金”或“银行存款”等）设置汇总付款凭证，按它们相应的借方科目定期（如每5天或10天等）进行汇总，每月编制一张。汇总时计算出每一个借方科目发生额合计数，填入汇总付款凭证的相应栏次。

（2）汇总付款凭证的编制举例

例11-3

某企业某月1—10日发生如下银行存款付款业务。其中：偿还应付账款业务有2笔（见银付1、银付5）；交纳税金业务有1笔（见银付2）；购置固定资产业务有2笔（见银付3、银付6）；归还短期借款业务有1笔（见银付4）。在付款凭证上编制的会计分录如图11-12所示。

在图11-12银行存款付款业务的记账凭证中，会计分录的贷方科目均为“银行存款”；涉及的借方科目有4个。其中：涉及“应付账款”科目的有2份凭证，涉及“应交税费”科目的有1份凭证，涉及“固定资产”科目的有2份凭证，涉及“短期借款”科目的有1份凭证。

按贷方科目“银行存款”设置汇总付款凭证，按借方科目“应付账款”、“应交税费”、“固定资产”和“短期借款”进行汇总，可以计算出该企业本月1—10日对应“银行存款”科目的其他会计科目的发生额：

“应付账款”科目发生额为：1 500+10 000=11 500（元）

“应交税费”科目发生额为：4 000元

银付 1　借：应付账款　1 500 　　　　贷：银行存款　1 500	银付 2　借：应交税费　4 000 　　　　贷：银行存款　4 000
银付 3　借：固定资产　50 000 　　　　贷：银行存款　50 000	银付 4　借：短期借款　3 000 　　　　贷：银行存款　3 000
银付 5　借：应付账款　10 000 　　　　贷：银行存款　10 000	银付 6　借：固定资产　3 200 　　　　贷：银行存款　3 200

图 11-12　编制汇总付款凭证业务举例示意图

“固定资产”科目发生额为：50 000+3 200=53 200（元）

“短期借款”科目发生额为：3 000元

根据1—10日的汇总结果，填入该企业本月汇总付款凭证的相应栏次，如图11-13所示（11—20日、21—30日为另外两次汇总结果的假定数）。

汇总付款凭证

按贷方科目设置

贷方科目：银行存款

借方科目	金　额				总账页数	
	1—10日凭证 1号—6号	11—20日凭证 7号—10号	21—30日凭证 11号—14号	合计	借方	贷方
应付账款	11 500	2 500	6 000	20 000		
应交税费	4 000			4 000		
固定资产	53 200			53 200		
短期借款	3 000			3 000		
合　计	71 700	2 500	6 000	80 200		

月终合计，记入有关总分类账户的借方

按借方科目汇总填列

记入“银行存款”总分类账户的贷方

图 11-13　汇总付款凭证编制方法示意图

（3）编制汇总付款凭证的注意事项

因为汇总付款凭证是依据贷方科目设置的，所以为了便于编制汇总付款凭证，在日常编制付款凭证时，最好使用“一贷”，也就是一借一贷或者多借一贷的形式，而不是“多贷”的会计分录形式。

多贷一借的形式不利于编制汇总付款凭证，会造成付款凭证在汇总过程中由于被多次重复使用而产生汇总错误，或者造成会计账户之间的对应关系变得模糊难辨。多借多贷的形式也是如此。

3.汇总转账凭证的编制方法

（1）编制汇总转账凭证的基本方法

汇总转账凭证的编制方法是：按日常核算工作中所填制的专用记账凭证中的转账凭证上会计分录的贷方科目（如“原材料”“固定资产”等）设置汇总转账凭证，按它们相应的借方科目定期（如每5天或10天等）进行汇总，每月编制一张。汇总时计算出每一个借方科目发生额合计数，填入汇总转账凭证的相应栏次。

（2）汇总转账凭证的编制举例

例11-4

现仅以某企业某月1—10日发生的发出材料的转账业务为例，说明汇总转账凭证的编制方法。假定该企业在该月10日内发出材料业务共6笔。其中：用于生产产品业务的有2笔（见转1、转4）；制造部门一般耗用业务有2笔（见转2、转6）；与产品的销售有关的耗用业务有1笔（见转3）；企业管理部门耗用业务有1笔（见转5）。在转账凭证上编制的会计分录如图11-14所示。

转1　借：生产成本 　　　贷：原材料	2 500 2 500	转2　借：制造费用 　　　贷：原材料	1 000 1 000
转3　借：销售费用 　　　贷：原材料	200 200	转4　借：生产成本 　　　贷：原材料	3 000 3 000
转5　借：管理费用 　　　贷：原材料	400 400	转6　借：制造费用 　　　贷：原材料	200 200

图11-14　编制汇总转账凭证业务举例示意图

在图11-14的转账业务记账凭证中，会计分录的贷方科目均为“原材料”；涉及的借方科目有4个。其中：涉及“生产成本”科目的有2份凭证，涉及“制造费用”科目的有2份凭证，涉及“销售费用”科目的有1份凭证，涉及“管理费用”科目的有1份凭证。

按贷方科目“原材料”设置汇总转账凭证，按借方科目“生产成本”、“制造费用”、“销售费用”和“管理费用”进行汇总，可以计算出该企业该月1—10日对应“原材料”科目 的其他会计科目的发生额：

“生产成本”科目发生额为：2 500+3 000=5 500（元）

“制造费用”科目发生额为：1 000+200=1 200（元）

“销售费用”科目发生额为：200元

“管理费用”科目发生额为：400元

根据1—10日的汇总结果，填入该企业本月以“原材料”科目为汇总科目的汇总转账凭证的相应栏次，如图11-15所示（11—20日、21—30日为另外两次汇总结果的假定数）。

汇总转账凭证

贷方科目：原材料

借方科目	金额				总账页数	
	1—10日凭证 1号—6号	11—20日凭证 7号—10号	21—30日凭证 11号—16号	合计	借方	贷方
生产成本	5 500	4 500	6 000	16 000		
制造费用	1 200			1 200		
销售费用	200			200		
管理费用	400			400		
合计	7 300	4 500	6 000	17 800		

月终合计，记入有关总分类账户的借方

按借方科目汇总填列

记入“原材料”总分类账户的贷方

图 11-15　汇总转账凭证编制方法示意图

（3）编制汇总转账凭证的注意事项

因为汇总转账凭证是依据贷方科目设置的，所以为了便于编制汇总转账凭证，在日常编制转账凭证时，最好使用“一贷”，也就是一借一贷或者多借一贷的形式，而不是“多贷”的会计分录形式。

一借多贷的形式不利于编制汇总转账凭证，会造成转账凭证在汇总过程中由于被多次重复使用而产生汇总错误，或者造成会计账户之间的对应关系变得模糊难辨。多借多贷的形式也是如此。

一借多贷或多借多贷会计分录对编制汇总转账凭证的影响如图 11-16 所示。

如果在转账凭证上编制一借多贷分录：

借：生产成本	10 000	
贷：原材料		2 000
制造费用		8 000

如果在转账凭证上编制多借多贷分录：

借：生产成本	4 000	
制造费用	1 000	
贷：原材料		4 800
材料成本差异		200

问题 1：在编制汇总转账凭证时，转账凭证会被反复使用，容易出错

问题 2：账户之间的对应关系不够清晰

图 11-16　一借多贷或多借多贷会计分录对编制汇总转账凭证的影响示意图

以上介绍了各种汇总记账凭证的编制方法。需要注意的是：即使编制每种汇总记账凭证的方式不一样，但是它们都是基于相同的专用记账凭证即收款、转账以及付款这三种凭证进行汇总编制的，编制完成后形成对应的汇总收款、汇总转账以及汇总付款凭证。在上一节中已经介绍了另外一种经过汇总以后形成的表格，即科目汇总表，应注意二者在汇总上所采用的不同方法，以及汇总以后形成的不同形式。此外，采用汇总记账凭证时，凭证的编号方法也有一定变化。应在汇总记账凭证种类前加“汇”字，如“汇现收字第×号”、

“汇现付字第×号”、“汇银收字第×号”、“汇银付字第× 号” 和 “汇转字第×号” 等。

(四) 汇总记账凭证核算组织程序下账务处理的基本步骤

在汇总记账凭证核算组织程序下，对经济业务进行账务处理的程序大体要经过以下七个步骤：

(1) 经济业务发生以后，根据有关的原始凭证或原始凭证汇总表填制各种专用记账凭证（收款凭证、付款凭证和转账凭证）；

(2) 将相应的付款以及收款凭证上的数据填写到日记账上，即银行存款日记账以及库存现金日记账；

(3) 依据原始凭证或原始凭证汇总表以及记账凭证，逐笔登记各种明细分类账；

(4) 根据各种记账凭证分别编制汇总收款凭证、汇总付款凭证和汇总转账凭证；

(5) 根据各种汇总记账凭证汇总登记总分类账；

(6) 月末，将日记账、明细分类账的余额与总分类账中相应账户的余额进行核对；

(7) 月末，根据总分类账和明细分类账的记录编制会计报表。

汇总记账凭证核算组织程序的账务处理步骤如图 11-17 所示。

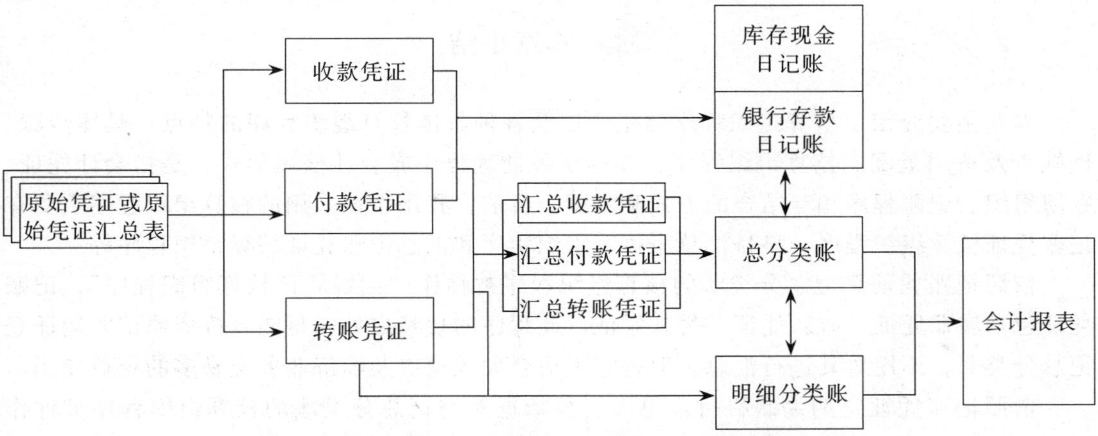

图 11-17 汇总记账凭证核算组织程序账务处理步骤示意图

二、对汇总记账凭证核算组织程序的评价

(一) 汇总记账凭证核算组织程序的特点

汇总记账凭证核算组织程序的特点是：定期将全部记账凭证分别编制汇总收款凭证、汇总付款凭证和汇总转账凭证，根据各种汇总记账凭证上的汇总数字登记总分类账。

(二) 汇总记账凭证核算组织程序的优点、缺点及适用范围

1. 汇总记账凭证核算组织程序的优点

(1) 此程序应用的是专用记账凭证和汇总记账凭证，其中汇总记账凭证可以明确地反映账户间的对应关系，因为它是依照会计科目对应关系进行分类汇总的。

(2) 能使录入总分类账的任务更简洁轻松。因为在此程序下，能够依照汇总记账凭证

中有关账户的汇总发生额，在月份当中定期或月末一次性登记总分类账，可以使登记总分类账的工作量大为减少。

2.汇总记账凭证核算组织程序的缺点

（1）定期编制汇总记账凭证的任务较繁重。对于存在的经济业务，需先填制专用记账凭证，即收款凭证、付款凭证和转账凭证，在此基础上，还需要定期分类地对这些专用记账凭证进行汇总，编制作为登记总分类账依据的汇总记账凭证，增加了编制汇总记账凭证的工作量。

（2）对汇总过程中可能存在的错误难以发现。编制汇总记账凭证是一项比较复杂的工作，容易产生汇总错误。而且汇总记账凭证本身又不能体现出有关数字之间的平衡关系，即使存在汇总错误也很难发现。

3.汇总记账凭证核算组织程序的适用范围

因为汇总记账凭证核算组织程序具有能够明确地反映出账户之间的对应关系和能够减少登记总分类账的工作量等优点，所以它一般适用于规模较大、专用记账凭证以及经济业务交易量比较多的会计主体。

本章小结

本章主要介绍了核算组织程序的概念以及各种具体核算组织程序的特点、具体步骤、优缺点及适用范围。核算组织程序，亦称账务处理程序或会计核算形式，是指会计凭证、账簿组织、记账程序相互结合的方式和步骤。目前，我国企业采用的核算组织程序主要有记账凭证核算组织程序、科目汇总表核算组织程序和汇总记账凭证核算组织程序等。

依照记账凭证登记总分类账的核算组织程序被称作“记账凭证核算组织程序”，记账凭证包括转账凭证、收款凭证、付款凭证。此程序的独特之处就是能直接依照记账凭证登记总分类账，不用对其进行汇总。但是它不适合大规模以及经济业务交易多的企业使用。

依照记账凭证定期编制科目汇总表，再依据其登记总分类账的核算组织程序被称作“科目汇总表核算组织程序”。它的好处就是能减少登记总分类账的工作量，还能减少登记账簿的出错概率，有试算平衡的好处。它的不足之处就是无法显示总账以及科目汇总表中的科目间的对应关系，因此不便于对经济业务的来龙去脉进行分析，也不便于进行会计检查。此程序适合经济业务交易多的企业使用。

依照记账凭证汇总编制汇总记账凭证，再依照它登记总分类账的核算组织程序被称作“汇总记账凭证核算组织程序”，它适用于大规模且经济业务多的企业，对于小规模和经济业务较少的企业不适用。

系统不断循环地处理并且加工相关的会计信息的工作就是会计循环。每个会计循环都由顺序完成的各步骤所组成，并且每一个会计期间都需要进行一个会计循环。

核算组织程序和会计循环之间存在着很多相同之处。它们全都注重处理会计信息的过程以及方式。但前者更加注重概括归纳账簿以及凭证还有记账程序这三者之间的融合方法，后者更加注重每个会计工作阶段之间的相接次序。会计循环工作的主要步骤就包括后者中的记账程序。

课后习题

一、思考题

1. 什么是会计核算组织程序？设计会计核算组织程序的意义是什么？应当遵循哪些原则？

2. 什么是记账凭证核算组织程序？这种核算组织程序有哪些优点？记账凭证核算组织程序下的账务处理步骤是怎样的？

3. 什么是科目汇总表核算组织程序？这种核算组织程序有哪些优点？科目汇总表核算组织程序下的账务处理步骤是怎样的？

4. 怎样编制科目汇总表？科目汇总表的主要作用是什么？

5. 什么是汇总记账凭证核算组织程序？其账务处理步骤是怎样的？

6. 怎样进行汇总收款凭证、汇总付款凭证和汇总转账凭证的编制？

二、自测题

1.记账凭证核算组织程序下登记总分类账的依据是（　　）。

A.记账凭证　　B.汇总记账凭证　　C.科目汇总表　　D.原始凭证

2.在下列核算组织程序中，被称为最基本的会计核算组织程序的是（　　）。

A.记账凭证核算组织程序　　B.汇总记账凭证核算组织程序

C.科目汇总表核算组织程序　　D.日记总账核算组织程序

3.科目汇总表的基本编制方法是（　　）。

A. 按照不同会计科目进行归类定期汇总

B. 按照相同会计科目进行归类定期汇总

C. 按照借方会计科目进行归类定期汇总

D. 按照贷方会计科目进行归类定期汇总

4.科目汇总表核算组织程序的特点是（　　）。

A. 根据各种记账凭证直接登记总分类账

B. 根据科目汇总表登记总分类账

C. 根据汇总记账凭证登记总分类账

D. 根据科目汇总表登记明细分类账

5.汇总记账凭证核算组织程序的特点是（　　）。

A. 根据各种汇总记账凭证直接登记明细分类账

B. 根据各种汇总记账凭证直接登记总分类账

C. 根据各种汇总记账凭证直接登记日记账

D. 根据各种记账凭证直接登记总分类账

三、练习题

业务计算题

目的：练习记账凭证账务处理程序。

资料：

1.新华厂为一般纳税企业。增值税税率13%。9月份各总账及明细账月初余额见表11-3。

表 11-3　　**总分类账户及有关明细分类账户月初余额表**　　单位：元

账　户	借方	贷方
库存现金	3 000	
银行存款	200 000	
应收账款	57 000	
原材料——甲材料10 000千克，单价5元	50 000	
——乙材料8 000千克，单价3元	24 000	
库存商品	50 500	
固定资产	260 000	
累计折旧		150 000
应付账款——光明工厂		36 000
——三星工厂		10 000
——信达公司		14 000
应付职工薪酬		10 000
应交税费		15 500
实收资本		400 000
盈余公积		4 000
本年利润		95 000
利润分配	90 000	
合计	734 500	734 500

2.该厂9月份发生下列经济业务：

（1）1日，向光明工厂购进甲材料6 000千克，单价5元，买价30 000元，增值税税额3 900元，款项尚未支付。

（2）1日，以银行存款支付购进甲材料的运杂费500元。

（3）2日，上列材料已验收入库，结转甲材料的实际采购成本。

（4）2日，生产A产品领用甲材料7 000千克，单价5元，计35 000元。领用乙材料3 000千克，单价3元，计9 000元。

（5）2日，生产B产品领用乙材料2 000千克，单价3元，计6 000元。

（6）3日，以银行存款交纳上月应交税费10 500元。

（7）5日，计算并结转本月应付职工薪酬10 500元。其中：A产品生产工人薪酬5 000元；B产品生产工人薪酬3 000元；车间管理人员薪酬2 000元；厂部管理人员薪酬500元。

（8）5日，从银行提取现金10 500元备发工资。以现金10 500元发放职工工资。

（9）9日，以银行存款偿还前欠光明工厂货款30 000元。

（10）12日，以银行存款支付厂部报刊订阅费300元。

（11）15日，销售A产品1 000件，单价50元，计50 000元；销售B产品300件，单价40元，计12 000元，增值税共计8 060元，款均未收到。

（12）15日，以银行存款支付以上售出产品的运杂费200元。

（13）16日，以银行存款购置全新汽车一辆，买价100 000元，增值税13 000元。

（14）17日，以现金支付车间办公费60元。

（15）18日，以银行存款支付车间财产保险费2 000元。

（16）18日，向三星工厂购买乙材料5 000千克，单价3.1元，计15 500元，增值税税额2 015元，款项尚未支付。

（17）19日，以银行存款支付购进乙材料的运杂费200元。

（18）19日，上列材料已验收入库，结转乙材料的实际采购成本。

（19）20日，以银行存款偿还前欠三星工厂货款10 000元。

（20）25日，接到银行通知，支付本月银行短期借款利息4 850元。

（21）28日，以银行存款支付厂部固定资产的大修理支出600元。

（22）28日，以银行存款支付水电费500元，其中：车间耗用300元，厂部耗用200元。

（23）30日，清查财产时，发现欠信达公司的14 000元货款，因该公司撤销而无法支付，经批准，列作营业外收入处理。

（24）30日，按照规定的折旧率，计提本月固定资产折旧3 000元，其中：车间固定资产折旧2 000元，厂部固定资产折旧1 000元。

（25）30日，将本月发生的制造费用6 360元，按生产工人薪酬比例进行分摊，计入A、B产品的生产成本。（A3 975元 B2 385元）

（26）30日，A产品1 200件，B产品600件已全部完工验收入库，计算并结转完工产品的实际生产成本。（A52 975元 B11 385元）

（27）30日，计算并结转本月销售产品的生产成本。（A44 150元 B5 694元）

（28）30日，将本月的主营业务收入62 000元、营业外收入14 000元转入财务成果账户。

（29）30日，将本月的主营业务成本49 844元、销售费用200元、管理费用2 600元、财务费用4 850元转入财务成果账户。

（30）30日，按25%的所得税税率计算结转应交所得税4 626.50元，并将所得税费用结转到本年利润账户。

（31）30日，将税后利润13 879.5元，全部计提为盈余公积。

要求：

（1）根据资料1，开设总分类账户及库存现金日记账、银行存款日记账和“原材料”“应付账款”明细分类账，并登记期初余额。“库存现金”“银行存款”“原材料”“应付账款”总账用正式账页。其他总账用“T”形账户。

（2）根据9月份发生的经济业务，编制会计分录。

（3）根据会计分录登记“库存现金”“银行存款”“原材料”“应付账款”等总分类账以及库存现金日记账、银行存款日记账和有关明细分类账。

（4）月末，结出各账户的本期发生额及期末余额。

（5）各账户核对并据以编制总账试算平衡表。

（6）月末，在账账相符的基础上，编制本月资产负债表和利润表。

四、案例讨论题

目的：对比不同的会计核算组织程序，探讨哪种会计核算组织程序更能够提高企业的工作效率。

资料：在科技的高速进步和管理概念创新的背景下，国内外很多企业纷纷调整自己的管理模式，对业务流程进行重组从而加强企业的经营管理，提升了相关企业在社会中的竞争能力。创新的管理模式打压着以前的管理方式，想要不被当下淘汰，不被时代落下，就要对会计业务流程进行整合。为了企业财务业务之间处理流程中信息技术的运用满足现代化企业的管理需求，达到财务业务一体化，下面将从如下几个角度进行分析：

一、电算化会计核算数据步骤及缺陷

电算化会计核算数据工作的大体内容：在实际操作中，不同单位的电算化会计运行的具体过程会随着其规模和软件以及类型的不同而变化，但基本的会计处理步骤是相同的，与人工方法相比，这种方法只提供数据，不需要人为记录，而是由计算机来汇总计算并收集相关数据，并且因为提前设定好的记账程序可以自动、准确、快速地完成记账工作，所以可以没有对账过程。而且，会计人员可以利用计算机处理数据的快速性，高效地查询，并整理以及选择数据。尽管电算化核算与人工模式相比具有不可比拟的优点，但此系统自身具有固有缺陷，随着信息化的日益普及，固有缺陷越来越突出。

电算化会计核算数据现存的问题：①对会计人员计算机技能的要求不断提高，人才成本不断上升。②如果只是被一个单一的财务部门使用，而不是扩展到其他部门，信息的流动就会存在障碍。③企业无法及时获取相关、全面的财务和非财务信息等。

二、基于事项凭证的财务业务一体化核算流程的应用分析

第一，能保证经济业务活动的完整。将事项凭证作为经济业务基础信息的完整记录，经过事项凭证设计、分类、存储和管理等多个过程，确保完整记录经济业务运行情况，以便于信息使用者及时、全面、快速地查找与筛选所需信息，更符合现代信息化发展理念及用户的各种需求。

第二，数据集成、信息高度共享，会消除信息分割的现象，保证信息流动的畅通。该流程在信息技术、数据库技术的强有力的支持下，各子系统或模块间衔接性大大增强，各部门发生的经济业务通过事项凭证实现了信息高度共享，“信息孤岛”现象将不复存在。

第三，使企业及时控制和得到有效的会计信息。当发生业务交接时，检测器（信息系统的事件采集模块）快速获取此项业务的信息并存入数据库，同一时间驱动控制器从数据库中得到控制的规则和标准，对每项事件实现实时监控，对那些在准则或标准规定之外的经济业务进行剔除，不予反映。对于符合准则及标准规定的经济业务，首先，经济业务发起部门必须依据经济业务类型选择合适的项目单据类别填写业务数据。其次，关系到其他部门的必须根据业务规则从同一个项目单据中选择不同的业务数据。最后，将事项凭证保存在自己的事项凭证库中。通过控制器驱动下的动态会计平台，将事项凭证实时生成会计凭证并将其保存在数据库中，用户只要进行决策模型或报告模型的选择就可以实时获得所需的财务信息及非财务信息。

三、基于事项凭证的财务业务一体化核算流程及其优越性

随着计算机技术、数据库技术和通信技术的蓬勃发展，业务处理和核算正朝着全自动化的方向发展。财务以及管理会计对数据信息的分类，即“同源分流”可以通过高效的信息传递来完成，基于这样的技术和需求背景，现有的会计制度和流程已不能满足实际需要，迫切需要建立一种数据处理与控制流程相结合的新机制。

（一）关于事项凭证的内容

每个部门的登记信息，都是由系统规定好样式的事项凭证来登记的，从事项凭证的创造过程中可以看出业务事项的处理要求，每家公司都需依照经济事项的种类，并融合其自身的业务处理步骤，根据业务事项进行处理。有经济业务发生的时候，公司各部门根据业务交易类型选择合适的事项凭证。然后根据业务交易的处理规则收集原始的真实信息，并将生成的事项凭证保存到事项凭证库中。用户可以从模型库中选择一个预设模型，通过电算化处理事项凭证库中的信息，得到需要的信息。

（二）财务业务一体化核算的内容

财务业务一体化是将数据处理和数据控制相结合，形成完整的会计核算体系。该项工作侧重于真实信息的收集和控制，并由强大的信息系统和优化的流程提供支持。应不断优化公司的会计系统，为信息使用者提供更及时、相关和全面的财务和非财务信息。

（三）结合个性化处理需求

这一流程的另一个特点体现在信息集成环境下系统的自动化和个性化处理环节。自动化体现在整个系统建立在高度自动化、强大的信息技术和数据库技术的坚实基础之上。完成了凭证的同步制作以及会计账簿的自动化，无须人工操作，业务信息就可以自行转化为会计信息。系统的个性化主要体现在，在各种决策和报告模型的强力支持下，大部分需要信息的人员能够依照本身的方法和对信息的要求，决定适当的决策以及报告的模型，获取他们自己需要的、适当的信息。

（四）账务处理流程呈现一体化趋势

手工会计的账务处理过程，简单地说，就是会计人员的工作，是专注于填制真实的会计凭证，制作会计报表的过程，其中有填写制作凭证、查看账目、结算账单、对账、试算平衡、登记账簿，以及编制报表等过程。而对于电算化系统运行操作，有三个阶段，一个是输入，一个是处理，另一个是输出。电算化系统会一次性采集会计数据，这些数据来源于人工会计中全部相关的会计职位，然后输入数据到计算机中，最后软件会依照相关规则进行自动输入和运行处理，不需要人为操作。从记账凭证的录入到记账凭证的输出，所有的中间环节都在机器中自动进行，可以通过系统提供的查询功能查询需要的所有中间数据，真正实现了凭证中的所有内容数据交换（同时创建必要的报表）。整个会计流程具有高度的连续性和严谨性，并呈现一体化趋势，大大提高了财务报告的及时性。这样，手工会计中非常费时、费力、烦琐、乏味的工作就变成了计算机系统中的简单指令或任务。填写收据、管理账户、填写表格等劳动密集型任务只需要少量的数据录入人员。因此，在一体化会计条件下不再需要区分不同的会计核算，而可以采用统一的会计核算，这为在电算化系统中会计核算形式的通用化提供了前提。

四、总结

综上所述，财务业务一体化具有较高的信息集成度，其将企业业务与财务联系起来，保证各项工作能够稳定有序地运行，而且为后续事项的顺利进行创造条件。利用事件搜索，使以前分散、烦琐的管理过程变得迅速、高效，得到的数据不但精确，而且不会重复，与此同时加强了所有数据间的关联，解决了数据和报表不一致的问题，能够高效地确保相关财务资料、信息的质量，加快了机器的操作速度，所以企业的管理以及工作水平有了很大的提高。

讨论：基于上述对电算化会计核算数据流程及现存的问题的描述，还有包括财务业务一体化形式的核算流程的应用，财务以及对于相关的一体化核算程序的应用的报告过程等，其程序是基于事项凭证的财务业务，一体化核算流程的应用等的报告内容，还有讨论怎样才能提高财务核算工作效率以及企业管理水平？

第十二章

会计工作组织

学习目标

1. 掌握：我国会计规范体系的构成；会计档案管理内容及保管要求。

2. 理解：会计机构与会计人员相关的会计基础规范内容及其意义。

3. 了解：会计职业道德内容与会计职业发展。

课程思政

1. 价值塑造

•树立没有规矩不成方圆的信念，培养学生成为懂法、守法的合格会计人才。

•坚持原则，熟悉财经法律法规和国家统一会计制度，确保会计信息真实、准确、完整，维护国家利益、社会公众利益和正常的经济秩序。

•养成重要文件归档管理的习惯，有案可稽是一个国家文明的底色，尤其是重大经济档案的保管具有震慑作用。

2. 知识传授

•会计是讲规则、讲原则的，会计业务处理必须按照准则的要求，按照一定程序有条不紊地进行。会计工作的根本大法是《会计法》。会计工作除了遵守《会计法》外，还要遵守《证券法》《公司法》《税法》以及国务院、各部委颁布的部门规章、制度和行政法规。

•会计通过会计机构展开工作，从事会计工作需要具备一定的资格，会计工作分企业内部会计工作和外部会计工作（即在会计师事务所从事鉴证工作的注册会计师）。

•从事会计工作，必须遵守职业道德。会计师遵守会计人员职业道德，注册会计师遵守《审计机关审计人员职业道德准则》。

3. 能力培养

•培养学生将遵纪守法内化于心，外化为能够做出合乎逻辑、有道德的商业决策的能力。

•法律作为人与人之间相互协作的基本规范，是社会有效运转的基石。通过对会计行业各项规章制度的介绍，不仅提高学生的中国制度自信，更要培养学生遵纪守法的良好素质，使学生主动践行诚实守信的职业品格和职业信念。

•培养区分他律和自律的能力，做有道德修养的社会主义接班人。通过讲述会计职业道德的性质，让学生在内心深处体会会计职业道德是自律与他律的辩证统一，是行为约束与核心价值的辩证统一，引导学生以优秀的中国传统道德文化对自身的职业道德进行体悟、修炼与实践。

•培养自觉抵制做假账的能力。结合案例，分析会计舞弊行为在微观、中观和宏观上的危害性，引导学生理解和认识中国经济和资本市场的健康发展必须以遵纪守法和良好道德行为作为基础和前提。

•培养凭证整理、装订成册、归档管理的能力。

▸▸▸▸▸▸▸ 第一节　会计机构与会计人员

一、会计机构

(一) 会计机构设置

会计机构是指各企事业单位内部直接从事和组织领导会计工作的职能部门。《中华人民共和国会计法》第三十六条明确规定:“各单位应当根据会计业务的需要,设置会计机构,或者在有关机构中设置会计人员并指定会计主管人员;不具备条件设置的,可以委托经批准设立从事会计代理记账业务的中介机构代理记账。”各单位应当建立健全会计机构,配备一定数量的会计人员,这是各单位顺利执行会计工作,充分发挥会计各项职能的重要保障。会计机构和会计人员是会计工作的主要承担者。

会计机构有以下三种类型:

1.国家管理部门设置的会计机构

《中华人民共和国会计法》规定,国务院财政部门主管全国会计工作。县级以上地方各级人民政府的财政部门管理本行政区域内的会计工作。国家各级管理部门分别设置会计司、处、科等。国家管理部门会计机构的主要任务包括:组织、指导、监督所属单位的会计工作;审核、汇总所属单位上报的会计报表;核算本单位和上、下级之间缴、拨款等事项。

目前,会计师事务所的管理,是由财政部下属的中国注册会计师协会负责的。

2.行政事业单位设置的会计机构

行政事业单位设置的会计机构,不仅需满足对经费收支及时进行核算和报告的要求,同时也需遵循内部控制的原则,以保证各该单位预算资金的安全与合理地使用。行政事业单位会计机构的设置和会计人员的配备,应当符合国家统一行政事业单位会计制度的规定。从有效发挥会计职能作用的角度看,实行企业化管理的事业单位,应当设置会计机构;业务较多的行政单位、社会团体和其他组织也应设置会计机构。

3.企业单位设置的会计机构

企业单位,指的是那些自负盈亏、自主经营、自我发展的盈利单位,包括各种类型的企业组织。一般而言,除了那些规模小、业务简单而不需要设立专门会计机构的单位外(但必须进行正常的会计核算),所有的企业单位都必须设置会计机构。会计机构负责有效地进行会计核算和监督,制定本单位会计制度、政策,会计机构内部应进行合理的分工,按照会计核算的流程设置责任岗位,配备会计人员。

大型国有企业还应当设立总会计师,全面负责本单位会计工作。此外,会计机构内部的岗位分工,应符合内部控制制度的要求,以保证各项财产物资的安全完整。

总之,会计机构是单位的一个重要的职能管理部门。没有设置会计机构或者配备会计人员的单位,应当根据《代理记账管理办法》的规定,委托会计师事务所或者持有代理记账许可证书的代理记账机构进行代理记账。比如，某些个体工商户、民营企业，它们的营业规模比较小、人员也不多，没有必要设立专门的会计机构或配备专职会计人员。这些经济组织可以委托代理记账机构进行会计核算工作。

（二）会计机构负责人

会计机构负责人是指在一个单位内具体负责会计工作的中层领导人员。设置会计机构，应当配备会计机构负责人；在有关机构中配备专职会计人员，应当在专职会计人员中指定会计主管人员，行使会计机构负责人的职权。会计机构负责人、会计主管人员应当按照有关法律法规的规定任免。《会计基础工作规范》规定会计机构负责人、会计主管人员应当具备以下基本条件：

（1）坚持原则，廉洁奉公；

（2）具备会计师以上专业技术职务资格或者从事会计工作不少于三年；

（3）熟悉国家财经法律、法规、规章和方针、政策，掌握本行业业务管理的有关知识；

（4）有较强的组织能力；

（5）身体状况能够适应本职工作的要求。

二、会计人员

为了提高会计管理工作的效率，恰当分配工作量，各单位除了要结合管理需要设置会计机构外，还应当配备会计人员。

依据《会计基础工作规范》，各单位应当根据会计业务需要配备会计人员，督促其遵守职业道德和国家统一的会计制度。

各单位应当根据会计业务需要设置会计工作岗位。

会计工作岗位一般可分为：会计机构负责人或者会计主管人员，出纳，财产物资核算，工资核算，成本费用核算，财务成果核算，资金核算，往来结算，总账报表，稽核，档案管理等。开展会计电算化和管理会计的单位，可以根据需要设置相应工作岗位，也可以与其他工作岗位相结合。

会计工作岗位，可以一人一岗、一人多岗或者一岗多人。但出纳人员不得兼管稽核、会计档案保管和收入、费用、债权债务账目的登记工作。

会计人员的工作岗位应当有计划地进行轮换。

会计人员应当具备必要的专业知识和专业技能，熟悉国家有关法律、法规、规章和国家统一会计制度，遵守职业道德。

会计人员应当按照国家有关规定参加会计业务的培训。各单位应当合理安排会计人员的培训，保证会计人员每年有一定时间用于学习和参加培训。

各单位领导人应当支持会计机构、会计人员依法行使职权；对忠于职守，坚持原则，做出显著成绩的会计机构、会计人员，应当给予精神的和物质的奖励。

国家机关、国有企业、事业单位任用会计人员应当实行回避制度。单位领导人的直系亲属不得担任本单位的会计机构负责人、会计主管人员。会计机构负责人、会计主管人员的直系亲属不得在本单位会计机构中担任出纳工作。需要回避的直系亲属关系包括：夫妻关系、直系血亲关系、三代以内旁系血亲以及配偶亲关系。

三、会计工作交接

会计人员工作调动或者因故离职，必须将本人所经管的会计工作全部移交给接替人员。没有办清交接手续的，不得调动或者离职。接替人员应当认真接管移交工作，并继续办理移交的未了事项。

会计人员办理移交手续前，必须及时做好以下工作：

（1）已经受理的经济业务尚未填制会计凭证的，应当填制完毕。

（2）尚未登记的账目，应当登记完毕，并在最后一笔余额后加盖经办人员印章。

（3）整理应该移交的各项资料，对未了事项写出书面材料。

（4）编制移交清册，列明应当移交的会计凭证、会计账簿、会计报表、印章、现金、有价证券、支票簿、发票、文件、其他会计资料和物品等内容；实行会计电算化的单位，从事该项工作的移交人员还应当在移交清册中列明会计软件及密码、会计软件数据磁盘（磁带等）及有关资料、实物等内容。

会计人员办理交接手续，必须有监交人负责监交。一般会计人员交接，由单位会计机构负责人、会计主管人员负责监交；会计机构负责人、会计主管人员交接，由单位领导人负责监交，必要时可由上级主管部门派人会同监交。

移交人员在办理移交时，要按移交清册逐项移交；接替人员要逐项核对点收。

（1）现金、有价证券要根据会计账簿有关记录进行点交。库存现金、有价证券必须与会计账簿记录保持一致。不一致时，移交人员必须限期查清。

（2）会计凭证、会计账簿、会计报表和其他会计资料必须完整无缺。如有短缺，必须查清原因，并在移交清册中注明，由移交人员负责。

（3）银行存款账户余额要与银行对账单核对，如不一致，应当编制银行存款余额调节表调节相符，各种财产物资和债权债务的明细账户余额要与总账有关账户余额核对相符；必要时，要抽查个别账户的余额，与实物核对相符，或者与往来单位、个人核对清楚。

（4）移交人员经管的票据、印章和其他实物等，必须交接清楚；移交人员从事会计电算化工作的，要对有关电子数据在实际操作状态下进行交接。

会计机构负责人、会计主管人员移交时，还必须将全部财务会计工作、重大财务收支和会计人员的情况等，向接替人员详细介绍。对需要移交的遗留问题，应当写出书面材料。

交接完毕后，交接双方和监交人员要在移交清册上签名或者盖章，并应在移交清册上注明：单位名称，交接日期，交接双方和监交人员的职务、姓名，移交清册页数以及需要说明的问题和意见等。移交清册一般应当填制一式三份，交接双方各执一份，存档一份。

接替人员应当继续使用移交的会计账簿，不得自行另立新账，以保持会计记录的连续性。

会计人员临时离职或者因病不能工作且需要接替或者代理的，会计机构负责人、会计主管人员或者单位领导人必须指定有关人员接替或者代理，并办理交接手续。临时离职或者因病不能工作的会计人员恢复工作的，应当与接替或者代理人员办理交接手续。移交人员因病或者其他特殊原因不能亲自办理移交的，经单位领导人批准，可由移交人员委托他人代办移交，但委托人应当承担《会计基础工作规范》第三十五条规定的责任。

单位撤销时，必须留有必要的会计人员，会同有关人员办理清理工作，编制决算。未移交前，不得离职。接收单位和移交日期由主管部门确定。单位合并、分立的，其会计工作交接手续比照上述有关规定办理。

移交人员对所移交的会计凭证、会计账簿、会计报表和其他有关资料的合法性、真实性承担法律责任。

四、会计监督

各单位的会计机构、会计人员对本单位的经济活动进行会计监督。会计机构、会计人员进行会计监督的依据是：

（1）财经法律、法规、规章；

（2）会计法律、法规和国家统一会计制度；

（3）各省、自治区、直辖市财政厅（局）和国务院业务主管部门根据《中华人民共和国会计法》和国家统一会计制度制定的具体实施办法或者补充规定；

（4）各单位根据《中华人民共和国会计法》和国家统一会计制度制定的单位内部会计管理制度；

（5）各单位内部的预算、财务计划、经济计划、业务计划等。

会计机构、会计人员应当对原始凭证进行审核和监督。对不真实、不合法的原始凭证，不予受理。对弄虚作假、严重违法的原始凭证，在不予受理的同时，应当予以扣留，并及时向单位领导人报告，请求查明原因，追究当事人的责任。对记载不准确、不完整的原始凭证，予以退回，要求经办人员更正、补充。

会计机构、会计人员对伪造、变造、故意毁灭会计账簿或者账外设账行为，应当制止和纠正；制止和纠正无效的，应当向上级主管单位报告，请求做出处理。

会计机构、会计人员应当对实物、款项进行监督，督促建立并严格执行财产清查制度。发现账簿记录与实物、款项不符时，应当按照国家有关规定进行处理。超出会计机构、会计人员职权范围的，应当立即向本单位领导报告，请求查明原因，做出处理。

会计机构、会计人员对指使、强令变造、篡改财务报告行为，应当制止和纠正；制止和纠正无效的，应当向上级主管单位报告，请求处理。

会计机构、会计人员应当对财务收支进行监督。

（1）对审批手续不全的财务收支，应当退回，要求补充、更正。

（2）对违反规定不纳入单位统一会计核算的财务收支，应当制止和纠正。

（3）对违反国家统一的财政、财务、会计制度规定的财务收支，不予办理。

（4）对认为是违反国家统一的财政、财务、会计制度规定的财务收支，应当制止和纠正；制止和纠正无效的，应当向单位领导人提出书面意见请求处理。单位领导人应当在接到书面意见起十日内做出书面决定，并对决定承担责任。

（5）对违反国家统一的财政、财务、会计制度规定的财务收支，不予制止和纠正，又不向单位领导人提出书面意见的，也应当承担责任。

（6）对严重违反国家利益和社会公众利益的财务收支，应当向主管单位或者财政、审计、税务机关报告。

会计机构、会计人员对违反单位内部会计管理制度的经济活动，应当制止和纠正；制止和纠正无效的，向单位领导人报告，请求处理。

会计机构、会计人员应当对单位制定的预算、财务计划、经济计划、业务计划的执行情况进行监督。

各单位必须依照法律和国家有关规定接受财政、审计、税务等机关的监督，如实提供会计凭证、会计账簿、会计报表和其他会计资料以及有关情况，不得拒绝、隐匿、谎报。

按照法律规定应当委托注册会计师进行审计的单位，应当委托注册会计师进行审计，并配合注册会计师的工作，如实提供会计凭证、会计账簿、会计报表和其他会计资料以及有关情况，不得拒绝、隐匿、谎报，不得示意注册会计师出具不当的审计报告。

▸▸▸▸▸▸ 第二节　会计规范体系

会计规范体系是指国家权力机关或其他授权机构制定的，用于指导和约束会计核算实务、规范会计基础工作、规定会计主体和相关人员会计责任等的会计法律、法规、制度等的总称。它是组织和从事会计工作必须遵守的规范，是人们在从事与会计有关的活动时，所应遵循的约束性或指导性的行为准则。根据我国法律规范体系的构成层次，我国的会计规范主要由会计法律规范、会计行政法规、会计规章及部门规范性文件等构成。建立健全会计规范体系，是做好会计工作的前提条件，也是维护社会经济秩序的一项重要工作。

会计人员在履行对企业经营管理活动的反映和监督职能时，必须掌握相应的法律知识。我国现行的会计规范体系见表12-1。

表12-1　　我国现行会计规范体系中的部分规范

规范体系	规范示例	发布日期	修正日期
法律规范	《中华人民共和国会计法》	1985.01.21	1993.12.29 1999.10.31 2017.11.04
	《中华人民共和国公司法》	1993.12.29	1999.12.25 2004.08.28 2013.12.28 2018.10.26
	《中华人民共和国企业所得税法》	2007.03.16	2017.02.24 2018.12.29
	《中华人民共和国税收征收管理法》	1992.09.04	2015.04.24
	《中华人民共和国注册会计师法》	1993.10.31	2014.08.31

续表

规范体系	规范示例	发布日期	修正日期
法律规范	《中华人民共和国预算法》	1994.03.22	2014.08.31 2018.12.29
行政法规	《总会计师条例》	1990.12.31	2011.01.08
	《企业财务会计报告条例》	2000.06.21	—
会计规章	《企业会计准则——基本准则》	2006.02.15	2014.07.23
	《注册会计师统一考试办法》	2009.03.23	2014.04.23
	《代理记账管理办法》	2016.02.16	2019.03.14
	《财政部门实施会计监督办法》	2001.02.20	—
其他规范性文件	《企业会计准则第1号——存货》等42项具体会计准则	2006.02.15	陆续修订10份具体准则，发布4份新的具体准则
	《小企业会计准则》	2011.10.18	—
	《会计基础工作规范》	1996.06.17	2019.03.14
	《会计档案管理办法》	2015.12.11	—
	《会计人员职业道德规范》	2023.01.12	—

一、法律规范

法律规范是指由国家制定或认可，并由国家强制力保证实施的行为规则。会计法律规范是在单位经济活动中调整会计关系的法律规范。会计法律规范是会计在社会法治方面的具体体现，是社会法律制度有机构成部分。一旦违反会计法律，势必受到惩处。

我国会计法律规范集中体现在1985年5月1日实施的《中华人民共和国会计法》（以下简称《会计法》）。《会计法》是为了规范会计行为，保证会计资料真实、完整，加强经济管理和财务管理，提高经济效益，维护社会主义市场经济秩序而制定的一项我国重要的经济法规。它是规范会计工作的“宪法”。除了《会计法》等表12-1所列示的之外，还有其他涉及会计问题的法律，比如《中华人民共和国全民所有制工业企业法》《中华人民共和国外商投资法》《中华人民共和国民法典》等。这些法律规范从不同方面对会计工作进行了会计行为规范，对《会计法》起着重要的补充作用。

以下简要介绍会计相关的主要法律包括《中华人民共和国会计法》《中华人民共和国税收征收管理法》《中华人民共和国刑法》。

《中华人民共和国会计法》，1985年1月21日第六届全国人民代表大会常务委员会第九次会议通过，根据1993年12月29日第八届全国人民代表大会常务委员会第五次会议《关于修改〈中华人民共和国会计法〉的决定》第一次修正，1999年10月31日第九届全国人民代表大会常务委员会第十二次会议修订，根据2017年11月4日第十二届全国人民代表大会常务委员会第三十次会议《关于修改〈中华人民共和国会计法〉等十一部法律的决定》第二次修正。《中华人民共和国会计法》强调了会计信息的真实、完整，严格禁止虚假信息；强调任何单位不得以虚假的经济业务事项或者资料进行会计核算。要求各单位应当建立、健全本单位内部会计监督制度。强调各单位应当根据会计业务的需要，设置会计机构，或者在有关机构中设置会计人员并指定会计主管人员；不具备设置条件的，应当委托经批准设立从事会计代理记账业务的中介机构代理记账。

《中华人民共和国刑法》第一百六十一条规定，依法负有信息披露义务的公司、企业向股东和社会公众提供虚假的或者隐瞒重要事实的财务会计报告，或者对依法应当披露的其他重要信息不按照规定披露，严重损害股东或者其他人利益，或者有其他严重情节的，对其直接负责的主管人员和其他直接责任人员，处五年以下有期徒刑或者拘役，并处或者单处罚金；情节特别严重的，处五年以上十年以下有期徒刑，并处罚金。第一百六十二条规定，公司、企业进行清算时，隐匿财产，对资产负债表或者财产清单作虚伪记载或者在未清偿债务前分配公司、企业财产，严重损害债权人或者其他人利益的，对其直接负责的主管人员和其他直接责任人员，处五年以下有期徒刑或者拘役，并处或者单处二万元以上二十万元以下罚金。隐匿或者故意销毁依法应当保存的会计凭证、会计账簿、财务会计报告，情节严重的，处五年以下有期徒刑或者拘役，并处或者单处二万元以上二十万元以下罚金。第二百二十九条规定，承担资产评估、验资、验证、会计、审计、法律服务、保荐、安全评价、环境影响评价、环境监测等职责的中介组织的人员故意提供虚假证明文件，情节严重的，处五年以下有期徒刑或者拘役，并处罚金；有下列情形之一的，处五年以上十年以下有期徒刑，并处罚金：（一）提供与证券发行相关的虚假的资产评估、会计、审计、法律服务、保荐等证明文件，情节特别严重的；（二）提供与重大资产交易相关的虚假的资产评估、会计、审计等证明文件，情节特别严重的；（三）在涉及公共安全的重大工程、项目中提供虚假的安全评价、环境影响评价等证明文件，致使公共财产、国家和人民利益遭受特别重大损失的。第一款规定的人员，严重不负责任，出具的证明文件有重大失实，造成严重后果的，处三年以下有期徒刑或者拘役，并处或者单处罚金。

《中华人民共和国税收征收管理法》第二章第二节账簿、凭证管理的第十九条规定，纳税人、扣缴义务人按照有关法律、行政法规和国务院财政、税务主管部门的规定设置账簿，根据合法、有效凭证记账，进行核算。第二十条规定从事生产、经营的纳税人的财务、会计制度或者财务、会计处理办法和会计核算软件，应当报送税务机关备案。第二十二条规定增值税专用发票由国务院税务主管部门指定的企业印制；其他发票，按照国务院税务主管部门的规定，分别由省、自治区、直辖市国家税务局、地方税务局指定企业印制。第二十四条规定从事生产、经营的纳税人、扣缴义务人必须按照国务院财政、税务主管部门规定的保管期限保管账簿、记账凭证、完税凭证及其他有关资料。账簿、记账凭证、完税凭证及其他有关资料不得伪造、变造或者擅自损毁。

二、会计行政法规

《中华人民共和国立法法》第五十六条规定，国务院根据宪法和法律，制定行政法规。会计行政法规是指调整经济生活中某方面会计关系的法律规范。会计行政法规由国务院制定发布或者国务院有关部门拟定经国务院批准发布，制定依据是《会计法》。会计行政法规在法律效力上仅次于《会计法》。

会计相关的行政法规主要有《企业财务会计报告条例》《总会计师条例》。

《企业财务会计报告条例》是为了规范企业财务会计报告，保证财务会计报告的真实、完整而制定的。该条例对财务会计报告的构成、编制、对外提供等做出了相关规定，企业（包括公司，下同）编制和对外提供财务会计报告，应当遵守本条例。

《总会计师条例》是为了确定总会计师的职权和地位，发挥总会计师在加强经济管理、提高经济效益中的作用而制定的，对总会计师的职责、职限、任免与奖惩做了规定。

三、会计规章

会计规章包括会计部门规章和会计地方政府规章。会计部门规章主要是指由财政部就会计工作中的某些方面所制定的规范性文件，会计规章要根据法律和国务院的行政法规、决定、命令制定。国务院其他各部门根据其职责权限制定的会计方面的规范性文件也属于会计规章，但必须报财政部审核或者报备。会计规章的制定依据是《会计法》，法律效力低于《会计法》和会计行政法规。

《企业会计准则——基本准则》是具体准则、应用指南和解释等的制定依据，在企业会计准则体系中扮演概念基础框架的角色，对具体准则等起统驭作用，地位十分重要。

《企业财务通则》是对企业财务制度进行的全面改革和创新，改革财政对企业财务的管理方式，改革企业职工的福利财务制度等，为企业管理工作打造了新的平台。

四、其他规范性文件

规范性文件是指除政府规章外，行政机关及法律、法规授权的具有管理公共事务职能的组织，在法定职权范围内依照法定程序制定并公开发布的针对不特定的多数人和特定事项，涉及或者影响公民、法人或者其他组织权利义务，在本行政区域或其管理范围内具有普遍约束力，在一定时间内相对稳定、能够反复适用的行政措施、决定、命令等行政规范文件的总称。

（一）其他规范性文件概览

会计规范性文件是国务院主管会计部门财政部就会计工作中某些内容所制定并印发的规范性文件，其制定依据是会计法律、会计行政法规和会计规章。会计规范性文件包括《企业会计准则第1号——存货》等42项具体准则；《企业会计准则——应用指南》；《企业会计制度》；《小企业会计准则》；《会计基础工作规范》；《会计档案管理办法》等。

2006年，我国会计改革建立了企业会计准则体系，其内容借鉴国际会计准则、国际财务报告准则的公认会计原则，形成了与国际会计准则“实质性趋同”的准则体系。这一体系由1项《企业会计准则——基本准则》、42项具体会计准则和9份企业会计准则解释组成，迄今已推行于大中型企业和上市公司。

（二）会计准则概览

1. 会计准则构成。

会计准则（accounting standards）是反映经济活动、确认产权关系、规范收益分配的会计技术标准，是生成和提供会计信息的重要依据，也是政府调控经济活动、规范经济秩序和开展国际经济交往等的重要手段。我国已颁布的会计准则有《企业会计准则》《政府会计准则》《小企业会计准则》《事业单位会计准则》。

2. 企业会计准则。

企业会计准则体系包括《企业会计准则——基本准则》、具体准则、会计准则应用指南和解释等。2006年2月，财政部发布了《企业会计准则——基本准则》，同时发布了《企业会计准则第1号——存货》等38项具体准则，自2007年1月1日起在上市公司范围内施行，并鼓励其他企业执行。财政部2014年7月公布修改后的《企业会计准则——基本准则》，对公允价值的定义给出了新的表述。

2014年1月以来，财政部陆续修订了15项具体准则，发布了4项新的具体准则，见表12-2。

表12-2 **企业会计准则中的具体准则一览表**

准则编号	准则名称	发布日期	修订日期
第1号	存货	2006.02.15	—
第2号	长期股权投资	2006.02.15	2014.03.13
第3号	投资性房地产	2006.02.15	—
第4号	固定资产	2006.02.15	—
第5号	生物资产	2006.02.15	—
第6号	无形资产	2006.02.15	—
第7号	非货币性资产交换	2006.02.15	2019.05.09
第8号	资产减值	2006.02.15	—
第9号	职工薪酬	2006.02.15	2014.01.27
第10号	企业年金基金	2006.02.15	—
第11号	股份支付	2006.02.15	—
第12号	债务重组	2006.02.15	2019.05.16
第13号	或有事项	2006.02.15	—
第14号	收入	2006.02.15	2017.07.05
第15号	建造合同	2006.02.15	—
第16号	政府补助	2006.02.15	2017.05.10
第17号	借款费用	2006.02.15	—

续表

准则编号	准则名称	发布日期	修订日期
第18号	所得税	2006.02.15	—
第19号	外币折算	2006.02.15	—
第20号	企业合并	2006.02.15	—
第21号	租赁	2006.02.15	2018.12.07
第22号	金融工具确认和计量	2006.02.15	2017.03.31
第23号	金融资产转移	2006.02.15	2017.03.31
第24号	套期会计	2006.02.15	2017.03.31
第25号	原保险合同	2006.02.15	2020.12.19
第26号	再保险合同	2006.02.15	2020.12.19
第27号	石油天然气开采	2006.02.15	—
第28号	会计政策、会计估计变更和差错更正	2006.02.15	—
第29号	资产负债表日后事项	2006.02.15	—
第30号	财务报表列报	2006.02.15	2014.01.26
第31号	现金流量表	2006.02.15	—
第32号	中期财务报告	2006.02.15	—
第33号	合并财务报表	2006.02.15	2014.02.17
第34号	每股收益	2006.02.15	—
第35号	分布报告	2006.02.15	—
第36号	关联方披露	2006.02.15	—
第37号	金融工具列报	2006.02.15	2014.06.20 2017.05.02
第38号	首次执行企业会计准则	2006.02.15	—
第39号	公允价值计量	2014.01.26	—
第40号	合营安排	2014.02.17	—
第41号	在其他主体中权益的披露	2014.03.14	—
第42号	持有待售的非流动资产、处置组和终止经营	2017.04.28	—

3.小企业会计准则。

《小企业会计准则》于2011年10月18日由中华人民共和国财政部以财会〔2011〕17号印发，该《准则》包括总则、资产、负债、所有者权益、收入、费用、利润及利润分配、外币业务、财务报表、附则10章90条，自2013年1月1日起施行。财政部2004年发布的《小企业会计制度》（财会〔2004〕2号）予以废止。

《小企业会计准则》适用于在我国境内依法设立的、符合《中小企业划型标准规定》所规定的小型企业标准的企业。下列三类小企业除外：（1）股票或债券在市场上公开交易的小企业；（2）金融机构或其他具有金融性质的小企业；（3）企业集团内的母公司和子公司。符合工业和信息化部、国家统计局、国家发展和改革委员会、财政部于2011年6月联合发布的《中小企业划型标准规定》所规定的微型企业标准的企业，参照执行《小企业会计准则》。

4.政府会计准则。

我国政府会计准则体系由政府会计基本准则、具体准则和应用指南三部分组成。

《政府会计准则——基本准则》经财政部部务会议审议通过，自2017年1月1日起施行。为了规范政府的会计核算，保证会计信息质量，根据《会计法》《中华人民共和国预算法》和其他有关法律、行政法规制定《政府会计准则——基本准则》。

《政府会计准则——基本准则》的出台，是全面深化财税体制改革的重要举措，对于构建统一、科学、规范的政府会计准则体系具有重要的基础性作用，在我国政府会计改革进程中具有重要的里程碑意义。为了适应权责发生制政府综合财务报告制度改革需要，规范政府存货、投资、固定资产和无形资产的会计核算，提高会计信息质量，根据《政府会计准则——基本准则》，2016年7月，财政部发布《政府会计准则第1号——存货》《政府会计准则第2号——投资》《政府会计准则第3号——固定资产》《政府会计准则第4号——无形资产》。2017年4月，财政部发布《政府会计准则第5号——公共基础设施》。2017年7月，财政部发布《政府会计准则第6号——政府储备物资》。2018年10月财政部发布《政府会计准则第7号——会计调整》。2018年11月财政部发布《政府会计准则第8号——负债》。2018年12月财政部发布《政府会计准则第9号——财务报表编制和列报》。2019年7月财政部发布《政府会计准则制度解释第1号》。2019年12月财政部发布《政府会计准则制度解释第2号》。2019年12月财政部发布《政府会计准则第10号——政府和社会资本合同项目合同》。2020年10月财政部发布《政府会计准则制度解释第3号》。2021年12月财政部发布《政府会计准则制度解释第4号》。2022年9月财政部发布《政府会计准则制度解释第5号》。

5.事业单位会计准则。

2012年12月，财政部修订发布了《事业单位会计准则》，自2013年1月1日起在各级各类事业单位施行。该准则对我国事业单位的会计工作进行了规范。2017年10月，财政部发布《政府会计制度——行政事业单位会计科目和报表》。2019年12月，财政部发布《事业单位成本核算基本指引》。2022年9月，财政部先后发布《事业单位成本核算具体指引——高等学校》《事业单位成本核算具体指引——科学事业单位》。

▶▶▶▶▶▶▶ 第三节　会计职业道德与职业发展

一、会计职业道德规范体系

自改革开放以来，中国会计职业相关管理部门，如财政部与审计署，以及协会组织，如中国注册会计师协会、中国内部审计协会、中国总会计师协会等均制定了与其管理对象相适应的会计职业道德规范，并进行持续修订。截至2021年3月，以中国注册会计师协会于2020年最新颁布的《中国注册会计师职业道德守则》、《中国注册会计师协会非执业会员职业道德守则》以及财政部于2023年1月印发的《会计人员职业道德规范》最为成熟，体系最为完整、详尽。

（一）《中国注册会计师职业道德守则》

为了保证中国注册会计师行业的健康发展、树立良好的职业形象，中国注册会计师协会（CICPA）自其组建以来一直非常重视职业道德教育和道德标准建设。

CICPA在深入调研和广泛征求意见、全面总结以往职业道德建设实践经验、充分研究借鉴国际会计师联合会职业道德准则建设成果的基础上，于2009年首次制定发布了与国际会计师联合会全面趋同的《中国注册会计师职业道德守则》和《中国注册会计师协会非执业会员职业道德守则》，自2010年7月1日起施行。其中《中国注册会计师职业道德守则》由五项准则共同组成，即《中国注册会计师职业道德守则第1号——职业道德基本原则》《中国注册会计师职业道德守则第2号——职业道德概念框架》《中国注册会计师职业道德守则第3号——提供专业服务的具体要求》《中国注册会计师职业道德守则第4号——审计和审阅业务对独立性的要求》《中国注册会计师职业道德守则第5号——其他鉴证业务对独立性的要求》。《中国注册会计师协会非执业会员职业道德守则》是由连续的9章构成的一项独立准则，分别是：总则、职业道德基本原则、职业道德概念框架、潜在冲突、信息的编制和报告、专业知识和技能、经济利益、礼品和款待、附则。

此外，为了给注册会计师正确理解职业道德守则、解决实务问题提供细化指导和提示，中国注册会计师协会于2014年发布《中国注册会计师职业道德守则问题解答》，自2015年1月1日起施行。

2020年12月17日，为顺应经济社会发展对注册会计师诚信和职业道德水平提出的更高要求，规范中国注册会计师协会会员的职业行为，进一步提高职业道德水平，维护职业形象，保持与国际职业会计师道德守则的持续动态趋同，CICPA发布了最新修订的《中国注册会计师职业道德守则》和《中国注册会计师协会非执业会员职业道德守则》。主要内容有总则、职业道德基本原则、职业道德概念框架、利益冲突、信息的编制和列报，并在职业道德概念框架、礼品和款待、会计师应对违反法律法规行为、会计师事务所长期审计某一客户、关键审计合伙人轮换、“冷却期”、为审计客户提供非鉴证服务、非执业会员编制和列报信息、与非执业会员面临违反职业道德基本原则的压力等方面做出了相应的修订。

（二）《会计基础工作规范》

1984年，财政部发布的《会计人员工作规则》对单位会计人员的职业道德进行了规范。1996年，财政部发布《会计基础工作规范》取代《会计人员工作规则》，并于2019年3月进行了修订（中华人民共和国财政部令第98号）。2019年版《会计基础工作规范》在其"第二章　会计机构和会计人员"之"第二节　会计人员职业道德"中对单位会计人员的职业道德提出了八条总括性的规范：爱岗敬业、诚实守信、廉洁自律、客观公正、坚持准则、提高技能、参与管理、强化服务。

（三）《国家审计准则》

审计署于2019年4月发布了最新版的《中华人民共和国国家审计准则》（以下简称《国家审计准则》），在第二章"审计机关和审计人员"中对国家审计人员的职业道德进行了规范。

（四）《第1201号内部审计准则——内部审计人员职业道德规范》

2013年，中国内部审计协会发布《第1201号内部审计准则——内部审计人员职业道德规范》，它由总则、一般原则、对原则的解释和附则构成。

（五）《中国总会计师职业道德与行为规范（试行）》

为提高总会计师职业道德水准，规范总会计师行为，中国总会计师协会于2010年发布了《中国总会计师职业道德与行为规范（试行）》，它由总则、职业道德、行为规范、奖惩和附则构成。此外，中国总会计师协会于2019年发布了《中国管理会计职业能力框架》团体标准，对管理会计师的职业道德也做出规范。

二、会计职业道德基本原则

2020年12月17日，中国注册会计师协会印发了《中国注册会计师职业道德守则》与《中国注册会计师协会非执业会员职业道德守则》，前者（针对注册会计师）将诚信、客观公正、独立性、专业胜任能力和勤勉尽责、保密以及良好职业行为这六项设定为职业道德基本原则，后者（针对非执业会员）即单位内部会计人员，将诚信、客观公正、专业胜任能力和勤勉尽责、保密以及良好职业行为这五项设定为职业道德基本原则。2023年2月1日财政部印发《会计人员职业道德规范》，将坚持诚信、守法奉公、坚持准则、守责敬业、坚持学习、守正创新作为基本行为规范。

1.诚信

诚信原则要求注册会计师应当在所有的职业活动中保持正直、诚实守信，秉公处事、实事求是。

2.客观公正

客观公正原则要求注册会计师应当遵循客观公正原则，公正处事、实事求是，不得由于偏见、利益冲突或他人的不当影响而损害自己的职业判断。

3.独立性

独立性原则通常是对注册会计师而非非执业会员提出的要求。在执行审计和审阅业务、其他鉴证业务时，注册会计师应当遵循独立性原则，从实质上和形式上保持独立性，不得因任何利害关系影响其客观公正。实质上的独立性是一种内心状态，使得注册会计师在提出结论时不受损害职业判断的因素影响，诚信行事，遵循客观和公正原则，保持职业怀疑态度；形式上的独立性是一种外在表现，使得一个理性且掌握充分信息的第三方，在权衡所有相关事实和情况后，认为会计师事务所或审计项目组成员没有损害诚信原则、客观和公正原则或职业怀疑态度。

4.专业胜任能力和勤勉尽责

注册会计师应当遵循专业胜任能力和勤勉尽责原则。根据该原则的要求，注册会计师应当：（1）获取并保持应有的专业知识和技能，确保为客户提供具有专业水准的服务；（2）做到勤勉尽责。

注册会计师应当通过教育、培训和执业实践获取和保持专业胜任能力。

注册会计师应当持续了解并掌握当前法律、技术和实务的发展变化，将专业知识和技能始终保持在应有的水平。在运用专业知识和技能时，注册会计师应当合理运用职业判断。注册会计师应当勤勉尽责，即遵守职业准则的要求并保持应有的职业怀疑，认真、全面、及时地完成工作任务。注册会计师应当采取适当措施，确保在其授权下从事专业服务的人员得到应有的培训和督导。在适当的时候，注册会计师应当使客户或专业服务的其他使用者了解专业服务的固有局限。

5.保密

注册会计师应当遵循保密原则，对职业活动中获知的涉密信息保密。

6.良好职业行为

注册会计师应当遵循良好职业行为原则，爱岗敬业，遵守相关法律法规，避免发生任何可能损害职业声誉的行为。

三、会计职业发展

国家按照有利于经济发展、社会公认、国际可比、事关公共利益的原则，在涉及国家、人民生命财产安全的专业技术工作领域，实行专业技术人员职业资格制度。2007年12月，《国务院办公厅关于清理规范各类职业资格相关活动的通知》（国办发〔2007〕73号）要求清理规范职业资格的设置。该办法从职业资格清理规范的原则、范围、内容、步骤和要求等方面做出了相关工作要求和整改。职业资格必须在职业分类的基础上统一规划、规范设置。对于涉及公共安全、人身健康、人民生命财产安全等特定职业（工种），国家依据有关法律、行政法规或国务院决定设置行政许可类职业资格；对于社会通用性强、专业性强、技能要求高的职业（工种），根据经济社会发展需要，由国务院人事、劳动保障部门会同国务院有关主管部门制定职业标准，建立能力水平评价制度（非行政许可类职业资格）；对于重复交叉设置的职业资格，逐步进行归并。凡是依据有关法律、行政法规或国务院决定设置的行政许可类职业资格，予以保留并向社会公布。

目前，就会计相关职业资格而言，注册会计师考试属于职业准入类职业资格考试，会计专业技术资格考试、注册税务师考试、注册资产评估师考试属于职业水平评价类职业资格考试。

（一）会计人员专业技术职务

《会计专业技术资格考试暂行规定》是由财政部、人事部于1992年3月21日颁布的一项部门规章。为了完善会计专业技术资格考试制度，科学、客观、公正地评价会计专业人员的学识水平和业务能力，财政部、人事部于2000年9月8日对原《会计专业技术资格考试暂行规定》和《会计专业技术资格考试暂行规定实施办法》进行了修订，并发布《关于修订印发〈会计专业技术资格考试暂行规定〉及其实施办法》。财政部、人事部于1992年3月21日联合颁布的《会计专业技术资格考试暂行规定》同时废止。

会计专业技术资格分为：初级资格（专业职务名称为会计员、助理会计师）、中级资格（专业职务名称为会计师）和高级资格（专业职务名称为高级会计师）。此外，部分省、自治区进行了教授级高级会计师（与教授级高级工程师、教授、研究员相当，俗称“正高”级）资格评审的试点。

初级和中级会计资格的取得需参加全国统一考试，并且成绩合格；高级会计资格实行考试与评审相结合的评价办法，凡申请参加高级会计资格评审的人员，考试合格后，方可参加评审。初级会计资格考试科目有初级会计实务和经济法基础，中级会计资格考试科目有中级会计实务、财务管理和经济法。全部考试科目通过后，取得相应的会计资格。取得初级、中级会计资格表明已具备相应级别会计专业技术职务的任职资格。会计专业技术职务是区别会计人员业务技能的技术等级，只有取得会计任职资格，才可以被单位聘任或任命为助理会计师、会计师等会计专业技术职务。

要报名参加全国统一的会计职称考试，无论是初级、中级还是高级职称，都需满足下列三个基本条件：

第一，坚持原则，具备良好的职业道德品质。

第二，认真执行《会计法》和国家统一的会计制度，以及有关财经法律、法规、规章制度，无严重违反财经纪律的行为。

第三，履行岗位职责，热爱本职工作。

财政部会计资格评价中心负责全国会计专业技术资格考试组织实施和会计人才评价工作。考生可以通过财政部会计财务评价中心官网“全国会计资格评价网”的链接进入各省级财政厅（局）的会计考试管理网站进行网上报名，或者通过财政部“会计行业管理网”（www.acc.gov.cn）进行网上报名。

（二）注册会计师执业资格的获得

《中华人民共和国注册会计师法》规定，注册会计师是依法取得注册会计师证书并接受委托从事审计和会计咨询、会计服务业务的执业人员。会计师事务所是依法设立并承办注册会计师业务的机构。注册会计师执行业务，应当加入会计师事务所。注册会计师和会计师事务所执行业务，必须遵守法律、行政法规。注册会计师和会计师事务所依法独立、公正执行业务，受法律保护。参加注册会计师全国统一考试成绩合格，并从事审计业务工作二年以上的，可以向省、自治区、直辖市注册会计师协会申请注册。

“注册会计师”是指通过注册会计师执业资格考试并取得注册会计师证书，且在会计师事务所执业的专业人员，从事审计及相关鉴证工作。所以，注册会计师并不是什么“独立的职业”，而是必须在会计师事务所执业。截至2021年12月31日，全国共有会计师事务所（含分所）10 142家，注册会计师97 563人，非执业会员212 278人。

2014年4月，财政部部务会议审议通过《财政部关于修改〈注册会计师全国统一考试办法〉的决定》（财政部令第75号，以下简称《决定》），财政部2001年8月1日发布的《注册会计师全国统一考试办法》（财会〔2001〕1053号）同时废止。《注册会计师全国统一考试办法》规定，符合下列条件的中国公民，可以报名参加注册会计师全国统一考试：（1）具有完全民事行为能力；（2）具有高等专科以上学校毕业学历，或者具有会计或者相关专业中级以上技术职称。考试划分为专业阶段考试和综合阶段考试。考生在通过专业阶段考试的全部科目后，才能参加综合阶段考试。

专业阶段考试设会计、审计、财务成本管理、公司战略与风险管理、经济法、税法6个科目；综合阶段考试设职业能力综合测试1个科目。专业阶段考试的单科考试合格成绩5年内有效。对在连续5个年度考试中取得专业阶段考试全部科目考试合格成绩的考生，财政部考委会颁发注册会计师全国统一考试专业阶段考试合格证书。

对取得综合阶段考试科目考试合格成绩的考生，财政部考委会颁发注册会计师全国统一考试全科考试合格证书。

注册会计师全国统一考试报名均通过中国注册会计师协会“注册会计师全国统一考试网上报名系统”进行。详情可登录中国注册会计师协会网站（www.cicpa.org.cn）查询。

（三）总会计师

我国1985年颁布实施的《中华人民共和国会计法》，首次以法律的形式明确了设置总会计师的要求，充分肯定了总会计师制度，从而大大推动了我国总会计师制度的发展。1990年12月，国务院发布了《总会计师条例》。《总会计师条例》结合我国改革的新形势、新要求，对总会计师的地位、职责、权限、任免与奖惩作了完整、全面、系统、具体的规定，使我国总会计师制度进入了一个全新的发展时期。1993年修正《中华人民共和国会计法》时再次明确规定：“大、中型企业，事业单位和业务主管部门可以设置总会计师。总会计师由具有会计师以上专业技术任职资格的人员担任。”当然，对设置总会计师的范围又有了新的规定，即“国有的和国有资产占控股地位或者主导地位的大、中型企业”，且是“必须设置总会计师”。

《总会计师条例》规定，总会计师是单位行政领导成员，协助单位主要行政领导人工作，直接对单位主要行政领导人负责。

总会计师负责组织本单位的下列工作：（1）编制和执行预算、财务收支计划、信贷计划，拟订资金筹措和使用方案，开辟财源，有效地使用资金；（2）进行成本费用预测、计划、控制、核算、分析和考核，督促本单位有关部门降低消耗、节约费用、提高经济效益；（3）建立、健全经济核算制度，利用财务会计资料进行经济活动分析；（4）承办单位主要行政领导人交办的其他工作。

▸▸▸▸▸▸▸ 第四节　会计档案管理办法

一、会计档案的概念和内容

（一）会计档案的概念

2015年12月，财政部、国家档案局印发新修订的《会计档案管理办法》（中华人民共和国财政部　国家档案局令第79号），其中所称的会计档案（accounting archives, accounting files），是指单位在进行会计核算等过程中接收或形成的，记录和反映单位经济业务事项的，具有保存价值的文字、图表等各种形式的会计资料，包括通过计算机等电子设备形成、传输和存储的电子会计档案。

单位应当加强会计档案管理工作，建立和完善会计档案的收集、整理、保管、利用和鉴定销毁等管理制度，采取可靠的安全防护技术和措施，保证会计档案的真实、完整、可用、安全。单位的档案机构或者档案工作人员所属机构（以下统称单位档案管理机构）负责管理本单位的会计档案。单位也可以委托具备档案管理条件的机构代为管理会计档案。

（二）会计档案的内容

《会计档案管理办法》规定，下列会计资料应当进行归档：

（1）会计凭证，包括原始凭证、记账凭证；

（2）会计账簿，包括总账、明细账、日记账、固定资产卡片及其他辅助性账簿；

（3）财务会计报告，包括月度、季度、半年度、年度财务会计报告；

（4）其他会计资料，包括银行存款余额调节表、银行对账单、纳税申报表、会计档案移交清册、会计档案保管清册、会计档案销毁清册、会计档案鉴定意见书及其他具有保存价值的会计资料。

（三）电子会计档案

单位可以利用计算机、网络通信等信息技术手段管理会计档案。

同时满足下列条件的，单位内部形成的属于归档范围的电子会计资料可仅以电子形式保存，形成电子会计档案：

（1）形成的电子会计资料来源真实有效，由计算机等电子设备形成和传输；

（2）使用的会计核算系统能够准确、完整、有效接收和读取电子会计资料，能够输出符合国家标准归档格式的会计凭证、会计账簿、财务会计报表等会计资料，设定了经办、审核、审批等必要的审签程序；

（3）使用的电子档案管理系统能够有效接收、管理、利用电子会计档案，符合电子档案的长期保管要求，并建立了电子会计档案与相关联的其他纸质会计档案的检索关系；

（4）采取有效措施，防止电子会计档案被篡改；

（5）建立电子会计档案备份制度，能够有效防范自然灾害、意外事故和人为破坏的影响；

（6）形成的电子会计资料不属于具有永久保存价值或者其他重要保存价值的会计档案。

满足上述规定条件，单位从外部接收的电子会计资料附有符合《中华人民共和国电子签名法》规定的电子签名的，可仅以电子形式归档保存，形成电子会计档案。

二、会计档案的保管

（一）会计档案的归档

单位的会计机构或会计人员所属机构（以下统称单位会计管理机构）按照归档范围和归档要求，负责定期将应当归档的会计资料整理立卷，编制会计档案保管清册。

当年形成的会计档案，在会计年度终了后，可由单位会计管理机构临时保管一年，再移交单位档案管理机构保管。因工作需要确需推迟移交的，应当经单位档案管理机构同意。单位会计管理机构临时保管会计档案最长不超过三年。临时保管期间，会计档案的保管应当符合国家档案管理的有关规定，且出纳人员不得兼管会计档案。

单位会计管理机构在办理会计档案移交时，应当编制会计档案移交清册，并按照国家档案管理的有关规定办理移交手续。纸质会计档案移交时应当保持原卷的封装。电子会计档案移交时应当将电子会计档案及其元数据一并移交，且文件格式应当符合国家档案管理的有关规定。特殊格式的电子会计档案应当与其读取平台一并移交。单位档案管理机构接收电子会计档案时，应当对电子会计档案的准确性、完整性、可用性、安全性进行检测，符合要求的才能接收。

2020年3月财政部、国家档案局印发《关于规范电子会计凭证报销入账归档的通知》（财会〔2020〕6号），2021年2月国家档案局办公室、财政部办公厅、商务部办公厅、国家税务总局办公厅联合印发《关于进一步扩大增值税电子发票电子化报销、入账、归档试点工作的通知》（档办发〔2021〕1号）。

电子会计凭证，是指单位从外部接收的电子形式的各类会计凭证，包括电子发票、财政电子票据、电子客票、电子行程单、电子海关专用缴款书、银行电子回单等电子会计凭证。来源合法、真实的电子会计凭证与纸质会计凭证具有同等法律效力。

除法律和行政法规另有规定外，同时满足下列条件的，单位可以仅使用电子专票进行报销入账归档：

（1）接收的电子会计凭证经查验合法、真实；

（2）电子会计凭证的传输、存储安全、可靠，对电子会计凭证的任何篡改能够及时被发现；

（3）使用的会计核算系统能够准确、完整、有效接收和读取电子会计凭证及其元数据，能够按照国家统一的会计制度完成会计核算业务，能够按照国家档案行政管理部门的规定格式输出电子会计凭证及其元数据，设定了经办、审核、审批等必要的审签程序，且能有效防止电子会计凭证重复入账；

（4）电子会计凭证的归档及管理符合《会计档案管理办法》（财政部国家档案局令第

79号）等要求。

单位以电子会计凭证的纸质打印件作为报销入账归档依据的，必须同时保存打印该纸质件的电子会计凭证。

文件均对包括电子专票在内的各类电子发票的归档保存工作做出了明确规定。

（1）已建立电子档案管理系统的单位，实施了会计信息系统，与电子发票相关的记账凭证、报表凭证等已全部实现电子化（不包括纸质凭证扫描，下同），可将电子发票与相关的记账凭证、报销凭证等电子会计凭证通过归档接口或手工导入电子档案管理系统进行整理、归档并长期保存，归档方法可参照《企业电子文件归档和电子档案管理指南》（档办发〔2021〕1号）。

（2）无电子档案管理系统的单位，如果实施了会计信息系统，与电子发票相关的记账凭证、报销凭证等已全部实现电子化，可将电子发票与相关的记账凭证、报销凭证等移交会计档案管理人员保存，编制档号；同时，建立电子会计档案台账或者目录。

如果未实施会计信息系统，与电子发票相关的记账凭证、报销凭证未实现电子化，则应将电子发票以电子形式移交会计档案管理人员保存；同时，建立电子发票台账或者目录。

（二）会计档案的保管期限

会计档案的保管期限分为永久、定期两类。定期保管期限一般分为10年和30年。会计档案的保管期限，从会计年度终了后的第一天算起。各类会计档案的保管期限原则上应当按照《会计档案管理办法》附表执行，《会计档案管理办法》规定的会计档案保管期限为最低保管期限。

企业和其他组织会计档案保管期限具体如下：

1. 需永久保存的会计档案包括年度财务会计报告、会计档案保管清册、会计档案销毁清册、会计档案鉴定意见书；

2. 保管期限为30年的会计档案包括会计凭证、会计账簿、会计档案移交清册；

3. 保管期限为10年的会计档案包括月度、季度和半年度财务会计报告、银行存款余额调节表、银行对账单、纳税申报表；

4. 固定资产卡片账需在固定资产报废清理后保管5年。

财政总预算、行政单位、事业单位和税收会计档案保管期限见表12-3。

表12-3 财政总预算、行政单位、事业单位和税收会计档案保管期限表

序号	档案名称	保管期限			备注
		财政总预算	行政单位事业单位	税收会计	
一	会计凭证				
1	国家金库编送的各种报表及缴库退库凭证	10年		10年	
2	各收入机关编送的报表	10年			
3	行政单位和事业单位的各种会计凭证		30年		包括：原始凭证、记账凭证和传票汇总表

续表

序号	档案名称	保管期限			备注
		财政总预算	行政单位事业单位	税收会计	
4	财政总预算拨款凭证和其他会计凭证	30年			包括：拨款凭证和其他会计凭证
二	会计账簿				
5	日记账		30年	30年	
6	总账	30年	30年	30年	
7	税收日记账（总账）			30年	
8	明细分类、分户账或登记簿	30年	30年	30年	
9	行政单位和事业单位固定资产卡片				固定资产报废清理后保管5年
三	财务会计报告				
10	政府综合财务报告	永久			下级财政、本级部门和单位报送的保管2年
11	部门财务报告		永久		所属单位报送的保管2年
12	财政总决算	永久			下级财政、本级部门和单位报送的保管2年
13	部门决算		永久		所属单位报送的保管2年
14	税收年报（决算）			永久	
15	国家金库年报（决算）	10年			
16	基本建设拨、贷款年报（决算）	10年			
17	行政单位和事业单位会计月、季度报表		10年		所属单位报送的保管2年
18	税收会计报表			10年	所属税务机关报送的保管2年
四	其他会计资料				
19	银行存款余额调节表	10年	10年		
20	银行对账单	10年	10年	10年	
21	会计档案移交清册	30年	30年	30年	
22	会计档案保管清册	永久	永久	永久	
23	会计档案销毁清册	永久	永久	永久	
24	会计档案鉴定意见书	永久	永久	永久	

注：税务机关的税务经费会计档案保管期限，按行政单位会计档案保管期限规定办理。

(三) 会计档案的查阅和复制

单位应当严格按照相关制度利用会计档案，在进行会计档案查阅、复制、借出时履行登记手续，严禁篡改和损坏。

单位保存的会计档案一般不得对外借出。确因工作需要且根据国家有关规定必须借出的，应当严格按照规定办理相关手续。

会计档案借用单位应当妥善保管和利用借入的会计档案，确保借入会计档案的安全完整，并在规定时间内归还。

(四) 会计档案的鉴定和销毁

单位应当定期对已到保管期限的会计档案进行鉴定，并形成会计档案鉴定意见书。经鉴定，仍需继续保存的会计档案，应当重新划定保管期限；对保管期满，确无保存价值的会计档案，可以销毁。

会计档案鉴定工作应当由单位档案管理机构牵头，组织单位会计、审计、纪检监察等机构或人员共同进行。

经鉴定可以销毁的会计档案，应当按照以下程序销毁：

（1）单位档案管理机构编制会计档案销毁清册，列明拟销毁会计档案的名称、卷号、册数、起止年度、档案编号、应保管期限、已保管期限和销毁时间等内容。

（2）单位负责人、档案管理机构负责人、会计管理机构负责人、档案管理机构经办人、会计管理机构经办人在会计档案销毁清册上签署意见。

（3）单位档案管理机构负责组织会计档案销毁工作，并与会计管理机构共同派员监销。监销人在会计档案销毁前，应当按照会计档案销毁清册所列内容进行清点核对；在会计档案销毁后，应当在会计档案销毁清册上签名或盖章。

保管期满但未结清的债权债务会计凭证和涉及其他未了事项的会计凭证不得销毁，纸质会计档案应当单独抽出立卷，电子会计档案应当单独转存，保管到未了事项完结时为止。单独抽出立卷或转存的会计档案，应当在会计档案鉴定意见书、会计档案销毁清册和会计档案保管清册中列明。

(五) 特殊情形下的会计档案保管要求

1.单位合并、分立的情形。

单位因撤销、解散、破产或其他原因而终止的，在终止或办理注销登记手续之前形成的会计档案，按照国家档案管理的有关规定处置。

单位分立后原单位存续的，其会计档案应当由分立后的存续方统一保管，其他方可以查阅、复制与其业务相关的会计档案。单位分立后原单位解散的，其会计档案应当经各方协商后由其中一方代管或按照国家档案管理的有关规定处置，各方可以查阅、复制与其业务相关的会计档案。单位分立中未结清的会计事项所涉及的会计凭证，应当单独抽出由业务相关方保存，并按照规定办理交接手续。单位因业务移交其他单位办理所涉及的会计档案，应当由原单位保管，承接业务单位可以查阅、复制与其业务相关的会计档案。对其中未结清的会计事项所涉及的会计凭证，应当单独抽出由承接业务单位保存，并按照规定办理交接手续。

单位合并后原各单位解散或者一方存续其他方解散的，原各单位的会计档案应当由合并后的单位统一保管。单位合并后原各单位仍存续的，其会计档案仍应当由原各单位保管。

2.单位之间移交会计档案的情形。

建设单位在项目建设期间形成的会计档案，需要移交给建设项目接受单位的，应当在办理竣工财务决算后及时移交，并按照规定办理交接手续。

单位之间交接会计档案时，交接双方应当办理会计档案交接手续。移交会计档案的单位，应当编制会计档案移交清册，列明应当移交的会计档案名称、卷号、册数、起止年度、档案编号、应保管期限和已保管期限等内容。交接会计档案时，交接双方应当按照会计档案移交清册所列内容逐项交接，并由交接双方的单位有关负责人负责监督。交接完毕后，交接双方经办人和监督人应当在会计档案移交清册上签名或盖章。

电子会计档案应当与其元数据一并移交，特殊格式的电子会计档案应当与其读取平台一并移交。档案接收单位应当对保存电子会计档案的载体及其技术环境进行检验，确保所接收电子会计档案的准确、完整、可用和安全。

单位的会计档案及其复制件需要携带、寄运或者传输至境外的，应当按照国家有关规定执行。

3.代理记账情形下的管理责任。

单位委托中介机构代理记账的，应当在签订的书面委托合同中，明确会计档案的管理要求及相应责任。

本章小结

会计工作的根本大法是《中华人民共和国会计法》。会计工作除了要遵守《中华人民共和国会计法》外，还要遵守《公司法》《税法》等各项规章制度和行政法规。

会计通过各单位设置的会计机构开展工作。设置会计机构，应当配备会计机构负责人，同时配备专职会计人员。

会计人员在会计工作中应当遵守职业道德，诚实守信，严格按照会计工作规范参与会计工作，严守各项工作纪律，同时要具备一定的专业资格和专业技能。

会计档案如原始凭证、记账凭证、会计账簿等都是重要的会计文件，要遵守《会计档案管理办法》，不能随意销毁、伪造，需要归档保存。保存一定年限后经批准才能销毁。

课后习题

一、思考题

1.简述我国会计规范体系的构成。

2.会计机构类型有哪些？设置会计机构应符合哪些要求？

3.会计人员配备应遵循哪些原则？

4.什么是会计档案？它包括哪些内容？请简要阐释其保管要求。

5.本章你所掌握的国家会计相关法律法规有哪些？会计规范的意义是什么？请谈谈你的认识。

二、案例讨论题

目的：提升解决会计职业道德问题的能力，培养敬畏法律和规则的意识。

资料：山东胜通集团股份有限公司（以下简称胜通集团）成立于1997年4月14日，注册地位于东营市垦利县胜坨镇，法定代表人为王秀生。经营范围包括钢帘线、金属加工机械制品、玻璃钢制品、电气设备、金刚石及硬质合金复合片的加工、销售；资质许可的建筑工程及市政工程施工，装饰装修；采油注剂、层状结晶二硅酸钠、钻井注剂的生产、销售；进出口业务。

2021年7月，证监会对胜通集团下发《中国证监会行政处罚决定书》。决定书显示，胜通集团虚增收入和利润信息如下：

因融资需要，2013年至2017年，在胜通集团时任董事长、法定代表人及实际控制人王秀生的决策并组织下，胜通集团以胜通钢帘线、山东胜通化工有限公司（以下简称胜通化工，该公司于2013年停产）和山东胜通光学材料科技有限公司（以下简称胜通光科）等三家子公司为造假实体，通过复制真实账套后增加虚假记账凭证生成虚假账套及虚构购销业务等方式实施财务造假，胜通集团将虚假账套数据提供给审计机构。

1.通过制作虚假财务账套等方式虚增收入和利润。

（1）2013年度至2017年度，胜通集团通过上述三家子公司虚增主营业务收入金额共计615.40亿元，各年度分别为86.54亿元、98.87亿元、142.53亿元、141.84亿元、145.62亿元，占当年对外披露营业收入的比例分别为59.44%、67.30%、71.41%、70.20%、68.50%。

（2）虚增利润情况。

2013年度至2017年度，由虚增主营业务收入扣除虚增主营业务成本、税金及附加，胜通集团虚增利润总额共计113.00亿元，各年度分别为16.54亿元、20.24亿元、20.67亿元、23.06亿元、32.49亿元，占当年对外披露利润总额的比例分别为121.61%、138.39%、142.23%、117.64%、164.24%。

（3）通过直接修改2016年度、2017年度经审计后的合并会计报表的方式虚增利润。

胜通集团在审计机构中天运会计师事务所（特殊普通合伙）（以下简称中天运）出具的2016年度、2017年度的审计报告后，直接修改经审计后的胜通集团合并会计报表，在修改后的会计报表上加盖虚假的中天运印章后将报表对外披露。通过该方式，胜通集团2016年度虚减营业成本4.41亿元，导致虚增利润总额4.41亿元；2017年度虚减销售费用2.30亿元，虚增财务费用0.60亿元，共计虚减费用总额1.70亿元，导致虚增利润总额1.70亿元。

证监会对山东胜通集团股份有限公司给予警告，并处以60万元罚款；对王秀生给予警告，并处以90万元罚款，其中作为直接负责的主管人员处以30万元罚款，作为实际控制人处以60万元罚款，并对6位责任主体予以行政处罚。

要求：

1. 胜通集团虚增营业收入和利润违背了哪些会计原则？

2. 胜通集团虚增营业收入和利润给投资者和证券市场带来什么损害？

3. 结合会计职业和社会主义核心价值观，请谈谈会计专业大学生应该塑造什么样的价值观？

参考文献

[1] 杨纪琬，阎达五．论会计管理［J］．经济理论与经济管理，1982（8）．

[2] 企业会计准则编审委员会．企业会计准则详解与实务［M］．北京：人民邮电出版社，2022.

[3] 国家税务总局．中华人民共和国税收基本法规（2022年版）［M］．北京：中国税务出版社，2022.

[4] 陈国辉，迟旭升．基础会计［M］．7版.大连：东北财经大学出版社，2021.

[5] 张庆龙．下一代财务：数字化与智能化［M］．北京：中国财政经济出版社，2021.

[6] 刘永泽，陈文铭．会计学［M］．7版.大连：东北财经大学出版社，2021.

[7] 中华人民共和国财政部．企业会计准则（2022年版）［M］．上海：立信会计出版社，2021.

[8] 中华人民共和国财政部．企业会计准则应用指南（2022年版）［M］．上海：立信会计出版社，2021.

[9] 企业会计准则编审委员会，企业会计准则案例讲解（2022年版）［M］．上海：立信会计出版社，2021.

[10] 潘琰．会计学原理［M］．2版．北京：科学出版社，2020.

[11] 李贺．基础会计［M］．2版．上海：上海财经大学出版社，2020.

[12] 陈汉文，韩洪灵．商业伦理与会计职业道德［M］．北京：中国人民大学出版社，2020.

[13] 叶陈刚，吴卫星，张建军．商业伦理与会计职业道德［M］．4版．大连：东北财经大学出版社，2019.

[14] 郭大伟，黄明．会计学［M］．6版．上海：立信会计出版社，2019.

[15] 徐晔，张文贤，祁新娥．会计学原理［M］．6版．上海：复旦大学出版社，2018.

[16] 朱小平，周华，秦玉熙．初级会计学［M］．8版．北京：中国人民大学出版社，2017.

[17] 王振武，刘媛媛．会计信息系统［M］．3版．大连：东北财经大学出版社，2014.

[18] 杨明，李庆云，陈志宏．会计职业道德［M］．北京：中国财政经济出版社，2013.

[19] 张捷．基础会计［M］．北京：中国人民大学出版社，2013.

[20] 孙光国，基础会计［M］．大连：大连出版社，2012.

［21］吴水涉．会计学原理［M］．北京：经济科学出版社，2011.
［22］中国会计学会编写组．初级会计电算化［M］．北京：经济科学出版社，2011.
［23］文兴斌，张育强．财务软件的比较与维护［M］．成都：西南财经大学出版社，2010.
［24］刘峰，潘琰，林斌．会计学基础［M］．3版．北京：高等教育出版社，2009.